LICITAÇÕES DE OBRAS PÚBLICAS
Transparência enquanto mecanismo de prevenção à prática de ilícitos

Dados Internacionais de Catalogação na Publicação (CIP)

M149l   Machado, Juliano Rodrigues.
              Licitações de obras públicas : transparência enquanto mecanismo de prevenção à prática de ilícitos / Juliano Rodrigues Machado. – Porto Alegre : Livraria do Advogado, 2023.
              186 p. ; 23 cm.
              Inclui bibliografia.
              ISBN 978-65-86017-86-1

              1. Licitação pública - Obras públicas. 2. Transparência na administração pública. 3. Atos ilícitos - Prevenção. 4. Brasil. [Lei n.14.133, de 1º de abril de 2021]. I. Título.

CDU 351.712.2(094.5)

Índice para catálogo sistemático:
1. Licitação pública : Obras públicas   351.712.2(094.5)

(Bibliotecária responsável: Sabrina Leal Araujo – CRB 8/10213)

Juliano Rodrigues Machado

LICITAÇÕES DE OBRAS PÚBLICAS
Transparência enquanto mecanismo de prevenção à prática de ilícitos

Porto Alegre, 2023

© Juliano Rodrigues Machado, 2023

Capa, projeto gráfico e diagramação
Livraria do Advogado Editora

Revisão
Rosane Marques Borba

Imagem da capa
canva.com/design

Direitos desta edição reservados por
Comércio de Livros dos Advogados Ltda.
Livraria do Advogado Editora
Rua Riachuelo, 1334 s/105
90010-273 Porto Alegre RS
Fone: (51) 3225-3311
livraria@doadvogado.com.br
www.livrariadoadvogado.com.br

Impresso no Brasil / Printed in Brazil

À Sofia, que me deu o título mais
importante de todos: o de pai.

Agradecimentos

Este livro é fruto de muitas horas de leitura e dedicação, em que se buscaram empenhar os melhores esforços na construção de algo minimamente capaz de retribuir o esforço, o carinho e a atenção de diversas pessoas que apoiaram a sua realização. Nenhum feito que exige tamanha dedicação é realizado sozinho. Assim, convém nominar pessoas que foram fundamentais para que esta etapa fosse concluída.

Sem a orientação recebida durante o curso de Mestrado da Fundação Escola Superior do Ministério Público, iniciada pela professora Dra. Maren Guimarães Taborda e concluída pelo professor Dr. José Tadeu Neves Xavier, não seria capaz de finalizar este trabalho. Obrigado aos professores pela orientação e por auxiliar a trilhar o caminho pela busca de mais conhecimento.

À minha família, que pouco pode contar com minha presença e auxílio em suas demandas nos últimos dois anos, os quais foram dedicados ao mestrado. Mesmo distante, saber que vocês estão prontos para auxiliar a qualquer chamado é capaz de tranquilizar e possibilitar que se busquem objetivos cada vez maiores. À memória dos avós Julião e Valquíria, os valores transmitidos em vida repercutem na escolha deste tema.

À Daniela Bastos, Rafaella Fernandes, Rodrigo Mallmann, Paulo Maia, Larissa Selles, Vitória Mattos e Caroline Reinheimer, pessoas que sentiram os efeitos da necessidade de dedicação na elaboração deste trabalho e que ombreiam a advocacia no Machado & Mallmann Advogados, vocês foram fundamentais para que este trabalho fosse finalizado. O afastamento do escritório para me dedicar à pesquisa somente foi possível graças a competência e compreensão de vocês. Obrigado por todo o apoio, motivação e por buscarem me tranquilizar em cada conversa. Sou muito grato por conviver com vocês e espero ter finalizado um trabalho que retribua tudo o que fizeram e fazem por mim.

Por fim, e não menos importante, à minha amada Dra. Cacinele Mariana da Rocha, pelo amor e compreensão incondicional diante da ausência e da angústia externada em diversos momentos. O apoio e a dedicação recebidos foram o alicerce da construção do presente trabalho. Obrigado por estar ao meu lado e, principalmente, por toda a sensibilidade em lidar com as demandas sentimentais que este trabalho gerou.

Nota do autor

A relação entre transparência e a realização de licitações de obras públicas surge do desconforto de quem atua para empresas no ramo de licitações. O sentimento de que há sempre algo nas entrelinhas é constante, mesmo diante de mecanismos de controle previstos nas legislações extintas sobre o tema licitações.

Tomado por este sentimento de desconfiança é que surge a vontade de pesquisar sobre mecanismos capazes de tornar mais claro o processo licitatório, munindo a sociedade e os participantes dos certames de mecanismos para controle do Estado e seus agentes.

Neste sentido, estabeleceu-se, em um primeiro momento, a necessidade de se conceber o conceito de transparência e sua relação com o princípio democrático e a publicidade, bem como as atribuições exigidas à Administração Pública em virtude da extensão daquele.

Por conseguinte, passou-se a descrever o procedimento administrativo necessário à realização de uma licitação de obra pública, estudando-se modalidade e critérios de julgamento, fundamentais para definição dos parâmetros de julgamento das propostas que serão apresentadas. Também se fez necessário explanar sobre o processo de planejamento da licitação e os critérios que devem ser estabelecidos para que se descreva o objeto do futuro edital. Ainda, estudou-se a fase externa do certame, o momento da competição entre os licitantes.

Ao final, buscou-se investigar como pode o princípio da transparência contribuir para a melhoria destes procedimentos a ponto de prevenir a prática de ilícitos em licitações de obras públicas. Para tanto, apresentaram-se os mecanismos previstos na Lei n. 14.133/2021 para prevenção e repressão dos ilícitos. Após, demonstra-se como a transparência pode ser empresada nos procedimentos e sugerem-se melhorias, inclusive, no Portal Nacional de Contratações Pública.

Objetiva-se, estabelecer critérios para interpretação da Lei n. 14.133/2021, mediante maior efetivação do princípio da transparência no contexto dos certames licitatórios, bem como investigar a possibilidade de implementação de mecanismos de controle além dos já estabelecidos na lei, visando à prevenção e à mitigação da ocorrência de ilícitos nas licitações de obras públicas.

Prefácio

Este livro nasceu da experiência de sala de aula da disciplina "Transparência, direito fundamental de acesso e participação na gestão da coisa pública", ministrada no ano de 2021, no Programa de Pós-Graduação em Direito da Fundação Escola Superior do Ministério Público do Rio Grande do Sul (Mestrado acadêmico). O autor, sendo advogado administrativista, mostrou interesse, desde logo, em trabalhar tema que contribuísse para a transformação da sociedade, qual seja, verificar os mecanismos jurídicos e as diferenciações que tornam mais probo o processo licitatório, munindo a sociedade e os participantes dos certames de mecanismos para controle do Estado e seus agentes.

Sob minha orientação, Juliano Rodrigues Machado aprofundou seus estudos em teoria constitucional, direito administrativo e teoria política e estruturou o seu trabalho, finalizando-o sob a orientação do Prof. Dr. José Tadeu Neves Xavier, brilhante colega, e amigo de longa data, que, como eu, é advogado público, e se ocupa – na teoria e na prática – dos temas desenvolvidos na pesquisa. O resultado, que agora vem a público sob a forma de livro, é deveras relevante, porque, além de discutir pormenorizadamente o preceito da publicidade-transparência, é propositivo e, com isso, contribui para o aperfeiçoamento institucional.

Isso é assim porque o direito é memória, já que, ao reproduzir as relações sociais, representa "a recordação que se imprime no direito".[1] A memória inventada pelo direito (justificativa de si mesmo) decorre da evolução do sistema e estruturou suas operações contínuas numa atemporalidade, de modo que "os eventos que o direito considera relevantes transformam-se em presente e, portanto, fragmentam-se, a cada momento, em um antes e um depois".[2] Daí que o sistema jurídico invente uma realidade, que está sempre presente, e que se constitui através do cálculo de descrições. Os valores, estados, conceitos do direito constituem aquisições evolutivas que são sedimentos, pontos de referência para a sua operatividade, na simultaneidade de seus estados, isto é, de sua memória.

---
[1] DE GIORGI, Raffaele. *Direito, Tempo e Memória*. São Paulo: Quartier Latin, 2006, p. 49.
[2] Ibid., p. 61.

Memória ou tema significativo do sistema jurídico, nos últimos 250 anos, é o atributo formal da *publicidade*. Nos termos do postulado kantiano, o "poder exterior que retira dos homens a liberdade de *comunicar* publicamente seus pensamentos rouba-lhes também a liberdade de *pensar* (...)".[3] Por sua vez, o atributo formal da publicidade (abstraído dos direitos políticos e internacionais públicos), determina que "todas as ações que afetam os direitos de outros seres humanos são errôneas se sua máxima não for compatível com a sua divulgação pública".[4] Via de consequência, na experiência histórica da cultura jurídica ocidental, "estão articulados os conceitos de democracia, publicidade, igualdade e racionalidade", de modo a impor um dever aos poderes públicos, o de agir de forma transparente, e isso decorre imediatamente do princípio democrático e do princípio republicano.[5]

A questão da visibilidade do poder não é só política, mas, também, uma questão moral, decorrente do conceito transcendental do direito público, uma vez que, se no direito público se pode prescindir de toda a matéria (relações empíricas), resta ainda o atributo formal da publicidade (transparência), contida em toda a pretensão jurídica, "porque sem ela não haveria justiça alguma (que só pode pensar-se publicamente manifesta) e, por conseguinte, nenhum direito, que só se outorga a partir da Justiça".[6] Em tais condições, publicidade como transparência é instrumental, é meio para que se atinjam os fins previstos no ordenamento jurídico, como a proteção dos direitos e garantias fundamentais dos cidadãos e a tutela impessoal dos interesses públicos. À publicidade (transparência) como dever da Administração, corresponde o direito fundamental do cidadão de acesso às informações públicas.

Por essas razões, e na medida em que só é democrático o poder visível, transparente, a reflexão em torno do preceito da publicidade permite agrupar muitos fenômenos jurídicos e políticos que só aparentemente estão distantes: quer dizer, por meio desse filtro é possível detectar, por exemplo, a tendência expansiva do mercado (da economia) sobre o direito e compreender a patrimonialização ou privatização dos vínculos políticos como injusta e imoral, na perspectiva da justiça distributiva, já que, quando o critério do mercado absorve a política, a esfera pública – política – fica corrompida (o dinheiro garante as posições). Com isso, o trabalho se conecta com um novo estágio da

---

[3] KANT, I. O que significa orientar-se no pensamento? In: *Textos Seletos*. Edição Bilíngue. Petrópolis: Vozes, 1974, p. 92.

[4] KANT, I. *A paz perpétua e outros opúsculos*. Lisboa: Edições 70, 1995.

[5] TABORDA, Maren Guimarães. *O Princípio da Publicidade e a Participação na Administração Pública. Deveres de transparência e direitos de participação*. Beau Bassin: International Book Market Service, member of OmniScriptum Publishing Group, 2018, p. 69.

[6] KANT, *A paz perpétua*, p. 164.

Teoria do Direito, que torna o direito dependente de princípios morais e o adapta a uma racionalidade procedimental: a Jurisdição e a Administração têm a tarefa de complementar a produção e aperfeiçoar o direito vigente guiadas por princípios. Assim, os discursos e as práticas políticas devem levar em conta o ponto de vista moral, e a imparcialidade da Jurisdição e da Administração deve estar institucionalizada. A legitimidade da política advirá de uma racionalidade dos processos de jurisdição e de legislação que garanta tal imparcialidade. O ingresso do direito na política se dá, então, pela via da "racionalidade moral do procedimento", e isso só tem possibilidade de realização em uma democracia. Há aí, parafraseando Bovero, um novo "realismo", que entende *imoral* a corrupção em todas as suas formas, e *amoral* a redução da política à lógica do mercado.

Assim, o trabalho, ao estudar o princípio da transparência e sua relação no âmbito de licitações que envolvam obras públicas, com base na Lei n. 14.133/2021, e a forma como isso pode contribuir para ilidir a ocorrência de ilícitos no âmbito desses certames, acaba por advogar a tese da necessidade da ampla incidência da transparência em tais concursos, porque a concretização do princípio implica o fomento à participação popular, a necessidade de motivação dos atos administrativos e a ampla divulgação dos processos administrativos.

No *iter* de construção do argumento, o autor também relaciona as necessárias conexões do tema "licitações" aos deveres de imparcialidade e à concretização do preceito da igualdade. De fato, o "dever de imparcialidade" (primeiro dever dedutível do princípio da impessoalidade), está igualmente presente em nosso sistema constitucional. Se o princípio da impessoalidade que vincula a Administração Pública se deixa compreender, segundo Ana Paula Ávila,[7] como *objetividade* (ou impessoalidade *stricto sensu*) – proibição de tratamento pessoal, de discriminação (favorecimento), com vistas à preservação da igualdade –; como *neutralidade* – proibição de que os seus agentes sobreponham as suas convicções aos interesses que são de todos – e como *imparcialidade* – postulado normativo que decorre de duas regras essenciais: *nemo iudex in causa propria* e *audiatur et altera pars*[8] – fica claro que, tanto na dimensão de impermeabilidade aos interesses exteriores quanto na da necessidade de ponderação de todos os interesses relevantes no contexto decisório, o dever de transparência exterioriza a impessoalidade na atividade administrativa, sendo, pois, o seu pressuposto.

---

[7] ÁVILA, Ana Paula de Oliveira. *O Princípio da Impessoalidade na Administração Pública. Por uma Administração Imparcial*. Rio de Janeiro/São Paulo/Recife: Editora Renovar, 2004, *passim*.

[8] Proíbe-se, pela primeira regra, o exercício de poderes funcionais por quem tenha interesse pessoal – direto ou indireto – nas questões controvertidas; pelo segundo, exige-se o contraditório e a participação de todos os interessados na decisão.

Por outro lado, segundo a Constituição da República, é valor supremo do Estado brasileiro tanto a igualdade formal quanto a material, proibindo-se, de antemão, discriminações arbitrárias. Nos termos da Constituição, agrega-se a própria igualdade como um dos direitos que a lei deve garantir a todos igualmente, encampando-se, além da igual aplicação da lei, um *conteúdo* igual da legislação. A isonomia vem concebida como um dos conteúdos necessários da legalidade, inexistindo a igualdade como um dado social reconhecido *a posteriori* pela Constituição. Assim, a licitação é a concretização – ou corolário imediato – do princípio da igualdade formal, de acordo com a regra contida no artigo 37, XXI, da Carta Magna – contratação com a Administração Pública em igualdade de condições – e da igualdade proporcional (material), porque são permitidas distinções correspondentes à diferença de situações, como por exemplo, tratamento preferencial, na aquisição de bens e serviços, nos termos da lei, à empresa brasileira de capital nacional (art. 171, § 2º).

Nas páginas que seguem, os leitores encontrarão não só algumas respostas e outras tantas perguntas, mas, fundamentalmente, a descrição (diferenciação) dogmática do preceito da transparência, na modalidade de acesso à informação, no sentido de que, no processo licitatório de obras públicas (*locus* privilegiado de corrupção no País), é necessário que a comunidade – e os órgãos de fiscalização – compreendam as escolhas realizadas, pois o ilícito não está somente no desvio de dinheiro, mas também *na má gestão administrativa*. A gestão boa e eficiente implica que, para se atingir pleno conhecimento dos caminhos cognitivos trilhados pelo gestor em seu agir, é exigido que este agir seja exposto, publicizado. Nesse contexto, também se faz importante a motivação, pois nela constarão as razões que levam a que a decisão seja tomada, facilitando a compreensão por parte dos interessados.

Em síntese, ao observar e descrever o procedimento licitatório de obras públicas no ambiente democrático, o autor afirma serem necessárias melhorias na interpretação das disposições da Lei de Licitações, guiadas pelo princípio da transparência, pois este é decisivo para a prevenção de ocorrência de ilícitos no âmbito dos certames. E isso é a afirmação da legitimidade propriamente democrática da Constituição. Por tais razões, é trabalho a ser levado a sério, dá o que pensar. Que o leitor faça seu juízo.

Porto Alegre, Outono de 2023.

Maren Guimarães Taborda

Coordenadora-Geral do Centro de Investigações de
Cultura Constitucional; Professora de Direito Constitucional da
Escola Superior de Direito Municipal.

Sumário

1. **Introdução**...17
2. **As exigências contemporâneas da transparência**.................21
   2.1. A problemática do princípio de transparência no âmbito do Direito Público....27
   2.2. O princípio da transparência e a realização de gestão democrática na administração pública..34
   2.3. A lei de acesso à informação como instrumento de efetivação do princípio da transparência..49
   2.4. A estrutura principiológica da lei de licitações e sua integração com a transparência na atuação administrativa.................................56
3. **Os procedimentos estabelecidos pela Lei n. 14.133/2021 para realização de licitação de obras públicas**..................................67
   3.1. Modalidades licitatórias e critérios de julgamento...................71
   3.2. O planejamento da licitação e a importância do estabelecimento de critérios e do objeto do futuro edital..............................88
   3.3. Fase competitiva ou fase externa: a competição e as regras de sua realização...100
   3.4. Nova lei, velhos problemas..114
4. **A transparência nos procedimentos licitatórios e os mecanismos de prevenção à prática de ilicitudes nas contratações de obras públicas**........125
   4.1. A transparência na fase do planejamento e na fase da competição do processo administrativo licitatório....................................132
   4.2. As audiências e consultas públicas e a integração da comunidade na fiscalização do processo licitatório..................................140
   4.3. Portal nacional das contratações públicas e a necessidade de aprimoramento dos mecanismos de transparência..........................152
   4.4. Os documentos que compõem o edital e a transparência enquanto motivação..160
5. **Considerações finais**...169
Referências...173

1. Introdução

Atuar no campo das licitações públicas exige perspicácia e muito cuidado, pois podem ocorrer pressões por parte de empresários e servidores para a prática de ilícitos, com propostas tentadoras e oferta de ganho fácil. Ademais, decisões da administração pública nesse campo podem trazer consigo a impressão de que sempre buscam favorecer uma ou outra empresa. O sentimento que se tem é que a falta de ética é uma força invisível que a todos influencia, bem como que não há na lei mecanismos para refrear a expansão dessa força.

Diante desse sentimento é que se propõe pesquisar meios de melhorar a forma de contratar por parte do poder público, em especial, nas licitações de obras públicas, em que há grandes valores envolvidos e um mercado competitivo, com restrições devido à necessidade de recursos intelectuais e financeiros, para que se possa dar início às obras. Ao se pensar que as práticas ilícitas ocorrem na escuridão, em encontros secretos, mediante a aplicabilidade de sigilo nas relações, parte-se do pressuposto de que, se aumentada a visibilidade, se lançada luz em direção àquela escuridão, poder-se-ão revelar e coibir esses ilícitos.

Daí que surge a ideia de investigar se a maior transparência no processo licitatório é capaz de refrear as forças espúrias que atuam em licitações. A necessidade de melhoria das técnicas utilizadas pelo Poder Público para se relacionar com os particulares é medida de enfrentamento a esse problema. A nova Lei de Licitações traz em seu conteúdo alguns mecanismos, tais como o *compliance*; contudo, necessária a investigação quanto à possibilidade de compreensão do processo licitatório, de forma a aplicar maiores possibilidades de consulta por parte dos órgãos de controle, maior participação da população e, também, de forma que se compreendam os motivos de decidir do gestor público.

Nesse sentido, o problema de pesquisa diz respeito a verificar se o princípio da transparência na interpretação das disposições contidas na Lei n. 14.133/2021 é capaz de reduzir ou extinguir a prática de ilícitos no âmbito de licitações de obras públicas. Para proceder a essa verificação, torna-se importante delimitar quais os aspectos do princípio da transparência, como se estruturam na Lei n. 14.133/2021 e que instrumentos podem ser utilizados para garantir maior visibilidade aos atos do gestor público.

Assim, a presente pesquisa estrutura-se em três capítulos, intitulados: *As exigências contemporâneas da transparência; Os procedimentos estabelecidos pela Lei n. 14.133/2021 para realização de licitação de obra pública;* e *Apontamentos da transparência enquanto mecanismo de prevenção à prática de ilícitos*, que se subdividem em tópicos específicos. Inicialmente, busca-se compreender a dimensão do princípio da transparência e dos princípios que orientarão a aplicação da Lei n. 14.133/2021 para, em momento posterior, desenvolver o estudo do procedimento – interno e externo – necessário à realização de uma licitação de obra pública para, ao final, demonstrar-se como pode a transparência contribuir a fim de evitarem-se falhas que ocasionam a prática de ilícitos.

O primeiro capítulo apresenta a concepção de transparência adotada no presente trabalho, enquanto princípio constitucional implícito, integrante do princípio democrático, do qual decorre o dever de publicidade. Estabelecido esse parâmetro, passa-se a investigar as exigências advindas do princípio da transparência em relação à Administração Pública. Passa-se, nesse ínterim, ao estudo da Lei de Acesso à Informação, importante mecanismo de aplicabilidade do princípio da transparência e, por fim, ao estudo dos princípios constantes no artigo 5º da Lei n. 14.133/2021.

O capítulo seguinte, por sua vez, descreve o procedimento administrativo que deve ser empreendido por parte do gestor público para que possa realizar a licitação de obra pública. Estudam-se as modalidades e os critérios de julgamento, essenciais para que se definam os parâmetros para julgamento das melhores propostas apresentadas ao poder público. Na sequência, parte-se a explanar sobre o processo interno, ou seja, o planejamento da licitação e a importância do estabelecimento dos critérios objetivos do futuro objeto do edital. Ainda, estudam-se o funcionamento da fase competitiva da licitação e as regras aplicáveis ao certame. Ao final, é realizada breve explanação quanto a alguns ilícitos existentes em licitações.

O último capítulo aborda as contribuições que o princípio da transparência é apto a realizar para a prevenção à prática de ilícitos em licitações de obras públicas. Inicialmente, apresentam-se os mecanismos constantes na Lei n. 14.133/2021 para a prevenção e repressão aos ilícitos. Na sequência, demonstra-se como pode a transparência ser empregada no que diz respeito à fase de planejamento do processo licitatório. Passa-se a investigar a utilização das audiências e consultas públicas como forma de despertar o interesse da comunidade para a fiscalização do processo licitatório. Enfatiza-se a necessidade de aprimoramento do Portal Nacional das Contratações Públicas e, ao final, a necessidade de complementação dos documentos que compõem o edital para integração das razões de decidir do gestor público.

A realização da pesquisa, no que concerne à metodologia, privilegia o método de abordagem hipotético-dedutivo, explorando a hipótese segundo a qual a maior transparência em processos licitatórios seria ou não capaz de reduzir a prática de ilícitos. Atinente aos procedimentos, a pesquisa utiliza a técnica de pesquisa bibliográfica-documental (artigos científicos publicados em periódicos, livros e jurisprudência).

Objetiva-se, com a pesquisa, estabelecer critérios para interpretação da Lei n. 14.133/2021, mediante maior efetivação do princípio da transparência no contexto dos certames licitatórios, bem como investigar a possibilidade de implementação de mecanismos de controle além dos já estabelecidos na lei, visando à prevenção e à mitigação da ocorrência de ilícitos nas licitações de obras públicas.

2. As exigências contemporâneas da transparência

A interação entre particulares exige certo nível de clareza, tornando-se importante o conhecimento em relação ao outro para que se possam impregnar as relações de segurança. O conhecimento do agir alheio é mecanismo que possibilita que as transações de cunho pessoal ou negocial sejam executadas. E não somente do agir, das diretrizes que o outro aplica em sua vida e a forma como se relaciona com a comunidade, a gestão que faz de seus recursos e sua capacidade financeira de honrar os compromissos que assume: essas são questões de relevância, que influenciam a possibilidade e a concepção de negócios.

Tratando-se do poder público, a situação não é diferente. Ao se considerar que o gestor público está gerindo bens que não compõem seu patrimônio pessoal, imprescindível é que seja informada aos administrados a forma por meio da qual esse patrimônio está sendo administrado. Cabe conceber que essa "prestação de contas" deve englobar não somente valores empreendidos neste ou naquele ato, mas sim o processo cognitivo empregado para que se chegue a determinada conclusão. Essa prestação de contas deve englobar não somente o fim do ato administrativo, mas também o processo administrativo e as razões para a tomada de decisão, com todas as suas *nuances*, para que se consolide o ato administrativo. Diferentemente do particular, ao qual é possível ocultar as informações que se têm, no caso do gestor público, essas devem ser entregues aos administrados de forma cristalina, compreendendo-se isso como um dever.

Deve-se ter por mote que o ato administrativo, como a publicação de um edital ou a tomada de decisão em um processo administrativo disciplinar, não é o início da gestão da coisa pública, mas a etapa final de um longo procedimento. É o resultado. O procedimento pode estar impregnado das mais diversas formas de ilicitudes ou imoralidades, tornando-se necessário que se ponham luzes aos atos praticados a ponto de ser possível auferir a legalidade do procedimento. É possibilitar ao administrado que possa auferir a aplicação dos recursos públicos, a gestão do patrimônio público, de maneira eficaz e sem desvios.

A malversação da coisa pública não diz respeito somente a desvios de dinheiro, mas também se consolida com a aplicação de recursos em questões de baixa relevância para a comunidade. Ao decidir desta ou daquela maneira, poderá estar o gestor público cumprindo integralmente com as formalidades exigidas pela legislação; contudo, no âmbito dos anseios da comunidade, não haverá o atendimento ao que se espera e necessita,[1] podendo o gestor favorecer um indivíduo – ou seus próprios interesses – em prol da coletividade. Os desvios e o mau emprego de recursos públicos são grandes problemas a serem enfrentados em nosso País. Condutas que acabam por retirar recursos essenciais de áreas de suma importância para o desenvolvimento social, fazendo com que quantias que deveriam estar sendo investidas em saúde, educação, infraestrutura e outros itens necessários à população restem extraídos dos cofres públicos para a conta bancária de políticos e empresários.

Perceptível é que as licitações são utilizadas como instrumentos para a prática desses desvios, apesar de todo o regramento existente no que concerne à realização dos atos licitatórios. Ainda mais quando se está a pensar em licitações de obras públicas, as quais envolvem quantias que facilitam, por sua natureza, a prática de fraudes. Nesse contexto, a necessidade de melhoria das técnicas utilizadas pelo Poder Público para se relacionar com os particulares, mecanismos de fiscalização por parte da população e órgãos de controle, são medidas de enfrentamento a esse problema.

Diante da necessidade de compreender a atividade administrativa de forma ampla e sem restrições, acaba-se por tornar relevante o estudo de como empregar maior relação de clareza entre administradores e administrados. Nesse sentido, parece necessário o estudo do princípio da transparência, abordado pelo prisma de princípio do Estado Democrático de Direito, apresentando-se sua relação com esse prin-

---

[1] O Ministério Público do Estado da Bahia ajuizou Ação Civil Pública em face do Município de Teolândia com o escopo de impedir a realização de evento denominado XVI Festa da Banana. Houve o deferimento de medida liminar impedindo a realização do evento e, em momento posterior, o provimento de Agravo de Instrumento, autorizando sua realização. O Ministério Público, então, apresentou pedido de suspensão de liminar e de sentença junto ao Superior Tribunal de Justiça, o que foi deferido, determinando-se a não realização do evento. Naquela ocasião, os gestores do Município de Teolândia decidiram utilizar o valor de R$ 1.350.000,00 (um milhão, trezentos e cinquenta mil reais) para a realização do evento, contratando bandas conhecidas nacionalmente, como o cantor Gusttavo Lima. Ocorre que o Município se encontrava em Situação de Emergência em virtude de catástrofe climática, que acabara por castigar a população lá residente, implicando, inclusive, o aporte de recursos federais no Município. Em suas razões de decidir, manifestou-se o Ministro Humberto Martins no sentido de que "cuida-se de gasto deveras alto para um município pequeno, com baixa receita, no qual, como apontado pelo ministério público da Bahia, o valor despendido com a organização do evento chega a equivaler a meses de serviços públicos essenciais". (BRASIL. Superior Tribunal de Justiça. *Suspensão de liminar e de sentença: n. 3123 – BA* (2022/0172196-7). Relator: Ministro Humberto Martins, DJ: 05/06/2022. Disponível em: https:// www.stj.jus.br/sites/portalp/SiteAssets/documentos/noticias/SLS3123.pdf Acesso em: 20 jul. 2022).

cípio, a conceituação, os instrumentos jurídicos que decorrem de sua existência no ordenamento brasileiro e a relação que mantém com a realização de licitações, em especial, as de obras públicas. No entanto, antes de se aprofundar no estudo do princípio de transparência, imprescindível entender a concepção de princípio no ordenamento e a diferenciação entre as regras.

Dworkin realiza distinção entre princípio e regra.[2] Princípio é um padrão que deve ser observado, por ser uma exigência da justiça e/ou equidade ou alguma dimensão da moralidade, e não por representar uma melhoria em aspectos econômico, político ou social, diferenciando-se das regras por uma natureza lógica. As regras aplicam-se segundo a orientação do "tudo-ou-nada".[3] Apresentado o caso, a regra é válida ou inválida, havendo exceções que, quanto mais ocorrerem, mais exato será o enunciado. Noutro sentido estão os princípios: mesmo que se assemelhem às regras, não apresentam consequências jurídicas imediatas quando da implementação das condições necessárias, havendo valoração de peso e importância, oportunidade em que, quando há colisão entre eles, o solucionador do litígio deve levar em consideração a força de cada um. As regras, por sua vez, funcionalmente são menos ou mais importantes, dizendo-se que uma regra jurídica pode ser mais importante que outra por desempenhar papel maior ou mais importante na regulamentação do comportamento. Havendo o conflito de regras, não se realiza a ponderação em relação a elas; uma será válida, e a outra não, mediante análise do grau de importância de cada uma.[4] Alexy explica da seguinte maneira:

---

[2] Explica Wallace Paiva Martins Júnior que: "Perspectiva mais refinada indica ainda que os princípios são expressivos de valores dominantes no ordenamento jurídico enquanto diretrizes são constitutivas do estabelecimento de fins a serem alcançados, dotadas de carga programática. Essa distinção remete a Ronald Dworkin ao gizar que princípios e diretrizes são pautas, mas estas estabelecem objetivos (políticos, econômicos, sociais) a serem alcançados e aquelas correspondem a um imperativo de justiça, de honestidade ou de outra dimensão da moral" (MARTINS JÚNIOR, Wallace Paiva. Princípios Jurídicos. In: DI PIETRO, Maria Sylvia Zanella; MARTINS JÚNIOR, Wallace Paiva. *Tratado de Direito Administrativo* – V. 1: Teoria Geral e princípios do Direito Administrativo. São Paulo: Thomson Reuters Brasil, 2019. p. 260);

[3] Alexy apresenta três teses diversas a respeito da divisão entre regras e princípios. A primeira, aduz que a tentativa de diferenciar as normas em duas classes (das regras e dos princípios) estaria fadada ao fracasso, não devendo haver distinção. Explica que essa tese não prospera, é que uma norma com alto grau de generalidade pode ser importantíssima para a ordem jurídica, fornecendo razões para regras e ser utilizada como critério para avaliação de argumentos jurídicos. Além disso, aquilo que os critérios distinguem é extremamente heterogêneo, sendo necessário atentar para diferenças, convergências e semelhanças das normas e princípios. Há quem defenda que normas possam ser divididas em regras e princípios, mas que esta diferenciação é somente de grau, ou seja, é o grau de generalidade que ocasionará a distinção entre regras e princípios. A terceira, incorporada como a tese correta pelo autor, diz que há diferença entre regras e princípios, não somente de nível gradual, mas uma diferença quantitativa. (ALEXY, Robert. *Teoria dos Direitos Fundamentais*. São Paulo: Malheiros, 2015, p. 89-90)

[4] DWORKIN, Ronald. *Levando os Direitos a Sério*. São Paulo: Martins Fontes, 2002. p. 39-42.

> O ponto decisivo na distinção entre regras e princípios é que *princípios* são normas que ordenam que algo seja realizado na maior medida possível dentro das possibilidades jurídicas e fáticas existentes. Princípios são, por conseguinte, *mandamentos de otimização*, que são caracterizados por poderem ser satisfeitos em graus variados e pelo fato de que a medida devida de sua satisfação não depende somente das possibilidades fáticas, mas também das possibilidades jurídicas. O âmbito das possibilidades jurídicas. O âmbito das possibilidades jurídicas é determinado pelos princípios e regras colidentes.
>
> Já as *regras* são normas que são sempre ou satisfeitas ou não satisfeitas. Se uma regra vale, então, deve se fazer exatamente aquilo que ela exige; nem mais, nem menos. Regras contêm, portanto, *determinações* no âmbito daquilo que é fática e juridicamente possível. Isso significa que a distinção entre regras e princípios é uma distinção qualitativa, e não uma distinção de grau. Toda norma é uma ou uma regra ou um princípio.[5]

Explica Wallace Paiva Martins Júnior que, por uma perspectiva histórica, os princípios jurídicos transitaram na teoria geral do direito de mecanismos para o preenchimento de lacunas ou de aplicação subsidiária para o *status* de norma jurídica de valor superior,[6] galgando maior importância no direito ocidental contemporâneo. Explica que, no pós-positivismo, sua posição é destacada como elemento capital, considerando-se como legitimadores do direito. No direito brasileiro, com a restauração democrática ocorrida em 1988, mediante promulgação da Constituição Federal, foram elevados ao lugar máximo, visto que incorporam e recebem valores.[7]

As cláusulas constitucionais, em razão de seu conteúdo aberto e principiológico, não se prestam a um único sentido e objetivo, demarcando limitações nas quais são constatadas as mais diversas possibilidades interpretativas; sob o aspecto dos elementos do caso concreto, dos princípios considerados e dos fins almejados é que se estabelecerá o sentido a ser aplicado à norma, com o escopo de produzir-se solução constitucionalmente adequada ao problema a ser resolvido.[8] Alexy explica que os princípios exigem que algo seja realizado na maior medida possível em relação às possibilidades jurídicas e fáticas existentes, ou seja, não contêm um *mandamento definitivo*, mas *prima facie*. Nesse sentido, princípios são razões que podem ser afastadas com maior ou menor intensidade, não dispondo de uma extensão de seu conteúdo

---

[5] ALEXY, Robert. *Teoria dos Direitos Fundamentais*. São Paulo: Malheiros, 2015. p. 90-91.

[6] MARTINS JÚNIOR, Wallace Paiva. Princípios Jurídicos. *In*: DI PIETRO, Maria Sylvia Zanella; MARTINS JÚNIOR, Wallace Paiva. *Tratado de Direito Administrativo* – V. 1: Teoria Geral e princípios do Direito Administrativo. São Paulo: Thomson Reuters Brasil, 2019. p. 258.

[7] Ibid., p. 259.

[8] BARROSO, Luis Roberto; BARCELLOS, Ana Paula de. O começo da história. A nova interpretação constitucional e o papel dos princípios no direito brasileiro. *Revista de Direito Administrativo*, [S. l.], v. 232, p. 141–176, 2003, p. 114. Disponível em: https://bibliotecadigital.fgv.br/ojs/index.php/rda/article/view/45690. Acesso em: 3 ago. 2022.

em face de outros princípios colidentes.⁹ Diferente é o caso das regras, em que há a exigência de que seja realizado exatamente aquilo que se determina, havendo determinação de extensão do conteúdo diante das possibilidades jurídicas e fáticas.¹⁰

Importante ressalva realiza Rodrigo Valga dos Santos no que diz respeito à utilização dos princípios de forma irrestrita e sem a devida fundamentação. O autor compreende que, no Brasil, há risco para os agentes públicos que ordenam despesas e tomam decisão, sendo esse risco mais elevado que em outros países. Segundo o autor, além de se estar experimentando o incremento da responsabilidade civil e administrativa com a mudança de seus parâmetros, há o fato de que tem contribuído para a responsabilização desproporcional dos gestores públicos o assentamento da responsabilidade em princípios jurídicos, que, diante de seu elevado grau de abstração, não seriam capazes de ensejar a aplicação de sanções sem que houvesse o cotejo sistemático das demais regras do ordenamento, tampouco de desviar-se das peculiaridades de cada caso analisado. Contudo, vêm sendo assim aplicados.¹¹

Dessa forma, os princípios se compreendem como normas jurídicas que positivam um valor e determinam que esse valor seja con-

---

⁹ Exemplo do explanado pelo autor pode ser encontrado no âmbito do Recurso Extraordinário n. 670.422, proveniente do Estado do Rio Grande do Sul. Pleiteava o autor da ação a possibilidade de modificação no registro de nascimento do seu nome e da anotação referente ao gênero. O primeiro pleito restou procedente em primeiro grau, e o segundo, quando objeto de recurso, acabou por estabelecer que deveria ser registrado no assento de nascimento a condição de transexual, sob o fundamento de salvaguarda do princípio da publicidade e da veracidade dos registros públicos. Ao recorrer, alegou que, com a manutenção da decisão, estariam por ser violadas a dignidade da pessoa humana, a intimidade, a saúde, o direito à felicidade e o dever de promoção do bem-estar de todos, sem quaisquer formas de discriminação. Ao decidir, estabeleceu o Supremo Tribunal Federal que há direito subjetivo à alteração do nome e da classificação de gênero no assento de nascimento, independentemente de cirurgia de redesignação. Estabeleceu a Corte que os princípios da dignidade da pessoa humana, da personalidade, da intimidade, da isonomia, da saúde e da felicidade devem conviver com os princípios da publicidade, da informação pública, da segurança jurídica, da veracidade dos registros públicos e da confiança. Do julgamento, assentaram-se as seguintes teses de repercussão geral: "i) O transgênero tem direito fundamental subjetivo à alteração de seu prenome e de sua classificação de gênero no registro civil, não se exigindo, para tanto, nada além da manifestação da vontade do indivíduo, o qual poderá exercer tal faculdade tanto pela via judicial como diretamente pela via administrativa; ii) Essa alteração deve ser averbada à margem no assento de nascimento, sendo vedada a inclusão do termo 'transexual';. iii) Nas certidões do registro, não constará nenhuma observação sobre a origem do ato, sendo vedada a expedição de certidão de inteiro teor, salvo a requerimento do próprio interessado ou por determinação judicial; iv) Efetuando-se o procedimento pela via judicial, caberá ao magistrado determinar, de ofício ou a requerimento do interessado, a expedição de mandados específicos para a alteração dos demais registros nos órgãos públicos ou privados pertinentes, os quais deverão preservar o sigilo sobre a origem dos atos". (BRASIL. Supremo Tribunal Federal. *Recurso Extraordinário n. 670422*. Relator: Ministro Dias Toffoli. DJe: 09/03/2020. Disponível em: https://redir.stf.jus.br/paginadorpub/paginador.jsp?docTP=TP&docID=752185760 Acesso em: 03 ago. 2022.

¹⁰ ALEXY, Robert. *Teoria dos Direitos Fundamentais*. São Paulo: Malheiros, 2015. p. 103-104.

¹¹ SANTOS, Rodrigo Valgas dos. *Direito Administrativo do medo*: risco e fuga da responsabilização dos agentes públicos. São Paulo: Thomson Reuters Brasil, 2020. p. 327-329.

cretizado na maior medida possível, independente de seu núcleo, ou seja, os princípios são mandamentos de otimização. O princípio exerce função de norma jurídica de estrutura e dá fundamento direto de validade a outras normas jurídicas do sistema, sejam elas gerais e abstratas (extraídas do texto da lei) ou individuais e concretas (atos administrativos ou sentenças judiciais, por exemplo). A diferença entre regras e princípios reside não em sua posição hierárquica, mas no objetivo de concretização de valores na maior medida possível, sendo aplicados por meio da ponderação, no caso concreto, e, inexistente nas primeiras, aplicados por subsunção. A transparência administrativa é um exemplo de alicerce do sistema e também um mandamento de otimização. Ao mesmo tempo em que o subconjunto de normas jurídicas instituiu um de seus pilares na transparência, esse princípio impõe aos poderes a obrigação de – sempre que for o caso e na maior medida possível – buscar a transparência. Assim, ao mesmo tempo em que tem característica de elemento estruturante do sistema jurídico, também tem natureza de mandamento de otimização.[12] Exemplificando o explanado, referimo-nos a Fabrício Motta:

> A *publicação na imprensa oficial* constitui condição de eficácia para que os atos emitidos pelo poder público em geral produzam efeitos. Por essa razão, o dever de publicação possui a estrutura de *regra*, e não de *princípio*, ficando afastada a possibilidade de ponderação diante da não publicação dos atos praticados pelo poder público, pois os mesmos não podem produzir efeitos jurídicos. Admite-se a existência de normas específicas para a publicação oficial, de acordo com o bem jurídico tutelado e com o objeto específico do processo ou procedimento administrativo.
>
> Afasta a identificação do **princípio da publicidade**, insculpido no *caput* do art. 37, com a *regra* que impõe a publicidade oficial, é preciso buscar um conteúdo jurídico para o referido princípio. Inicialmente, pode-se supor que a publicidade oficial, por si só, não é capaz de garantir a *difusão* e o *conhecimento da informação*. Trata-se de requisito necessário, mas não suficiente para que se prestigie a publicidade em seu aspecto material. A difusão da informação deve ser feita da forma *mais ampla possível* e assegurada com a utilização dos meios *adequados*, dependendo de seu objetivo e de seus destinatários. No atual estágio de facilidade de acesso à informação por intermédio dos sistemas e redes de informática (sobretudo, por meio da rede mundial de computadores), não existe justificativa para que os veículos oficiais de divulgação (diários oficiais, via de regra) não possuam versão informatizada, de livre e amplo acesso por meio da internet. Aliás, não parece existir justificativa para a não publicação de todos os atos não protegidos por sigilo mediante a utilização da internet, inclusive em razão das obrigações estabelecidas por intermédio da Lei n. 12.527/11.[13]

---

[12] CANHADAS, Fernando Augusto Martins. *O direito de acesso à informação pública*: o princípio da transparência administrativa. Curitiba: Appris, 2018. p. 33.

[13] MOTTA, Fabrício. Publicidade administrativa e sua conformação constitucional. *In*. MARRARA, Thiago (coord.). *Princípios de direito administrativo*. 2ª ed. rev., ampl. e atual. Belo Horizonte: Fórum, 2021, p. 365-382. p. 378.

Diante desse contexto de aplicabilidade dos princípios de forma concomitante em nosso ordenamento e da relação de subsunção das regras a este, necessário investigar o núcleo do princípio da transparência e os mecanismos decorrentes de sua concepção no ordenamento pátrio, bem como a relação entre esse princípio e os decorrentes da Lei n. 14.133/2021.

2.1. A problemática do princípio de transparência no âmbito do Direito Público

A necessidade de saber o andamento dos negócios públicos implica que seja carreado para o gestor público o dever de publicidade de seus atos, não somente como mecanismos de controle, mas também de participação popular. Contudo, somente a divulgação dos atos pode não ser capaz de possibilitar à sociedade o conhecimento de suas atividades, visto que a informação divulgada deve ser compreensível para o receptor da mensagem, ou seja, necessário que a mensagem seja transmitida de forma clara, em linguagem compreensível e mediante instrumentos de fácil acesso, como *sites*, na internet.

Essa garantia de conhecimento deve ser efetivada por meio de conduta publicizada e transparente. Concebido que os princípios são um padrão a ser seguido, não apresentando uma consequência jurídica imediata, necessitando de que sejam demarcadas as suas limitações e possibilidades, imprescindível a conceituação do que se deve compreender como princípio da transparência.

Devido a sua polissemia, a palavra *transparência* pode ser utilizada com diversificação de significados, tais como qualidade ou estado do que é transparente; fenômeno de observação de raios luminosos visíveis através de substâncias; qualidade do que se transmite – a verdade sem adulteração; adjetivo de quem não esconde nada; caráter do que não se coaduna com fraudes e pode vir a público; folha de plástico; etc. Seu emprego qualifica um objeto ou instrumento que se possa ver o outro lado e, ainda, no que diz respeito à conduta, diz-se de alguém ou algo que é *inteligível*, claro, perceptível.[14]

Byung-Chul Han, apresentando conceito filosófico, explica que há transparência quando as coisas abandonam qualquer negatividade, quando são suavizadas e achadas, inseridas sem resistência no fluxo suave do capital, da comunicação e informação. No que diz respeito às ações, estas têm-se por transparentes quando se tornam operacio-

---

[14] MESSA, Ana Flávia. *Transparência, Compliance e Práticas Anticorrupção na Administração Pública.* São Paulo: Almedina, 2019. p. 40-41.

nais, submetidas ao cálculo, direcionamento e controle. O tempo, por sua vez, é transparente quando desprovido de todo destino e evento. As imagens, quando libertas da dramaturgia, coreografia e cenário, da hermenêutica, de todo sentido, quando se tornam pornográficas. Aduz que as coisas se tornam transparentes quando despojadas do que as faz singulares e são plenamente expressas na dimensão do preço. O dinheiro suprime qualquer traço incomensurável, qualquer singularidade.[15] Para o autor, "a sociedade da transparência é um inferno de igualdade".[16]

Transpondo o entendimento de Byung-Chul Han para a administração pública, é isso mesmo que se almeja com a aplicação do princípio da transparência: que haja um "inferno de igualdade" na gestão administrativa, garantindo tratamento idêntico a todos os que se relacionam com o poder público, mediante processos transparentes.

Direcionando a problemática da noção de transparência para o âmbito do Direito, mormente do Direito Público, é mister que se proceda a um cotejamento dessa figura com a concepção e o princípio da publicidade. A doutrina é fértil na análise da correlação entre esses dois princípios de destacada relevância para a administração pública, oferecendo uma diversidade de enfoques a serem considerados.

O princípio da publicidade consta, expressamente, no âmbito do artigo 37 da Constituição Federal, enquanto não há menção expressa ao princípio da transparência, o que acaba por gerar divergência doutrinária quanto ao fato de ser a transparência um subprincípio da publicidade ou de ser um princípio implícito da Constituição, diferente da publicidade, mas aí relacionado.

Wallace Paiva Martins Júnior defende que, ao se analisar o ordenamento jurídico brasileiro estabelecido pela Constituição Federal, entende-se que a transparência estatal – ou administrativa – é um princípio geral, enquanto a publicidade é um subprincípio – ou princípio especial – decorrente da transparência, pois a transparência decorre de princípios fundamentais estruturantes, como o democrático e republicano, tendo por característica grau maior de abstração, densidade, generalidade e indeterminação que a publicidade. Compreende, assim, que a publicidade é a divulgação oficial dos atos do poder público, enquanto a transparência vai além disso, englobando os subprincípios da motivação e da participação popular. Afirma que a aproximação desses subprincípios indica a existência do princípio da transparência em virtude de que a abertura, a visibilidade, a limpidez e a proximi-

---

[15] HAN, Byung-Chul. *La sociedade de la transparencia*. Tradução de Raúl Gabas. Barcelona: Heder, 2013. p. 11-12.

[16] Ibid., p. 12.

dade da Administração Pública são estruturadas não somente pelo conhecimento de seus atos, mas pela explicação e compartilhamento do processo de tomada de decisão, o que acaba por fornecer um novo padrão governamental, atribuindo legitimação material ao exercício do poder, importante para a ruptura do perfil autoritário, isolado, hermético, misterioso e opaco da Administração Pública.[17]

Carmen Silvia Lima de Arruda estabelece diferenciação entre transparência e publicidade, afastando o entendimento de tratar-se de sinônimos e a possibilidade de utilizar-se o termo *transparência* de forma cambiável em relação à publicidade. Compreende que a publicidade é o primeiro estágio da transparência, visto que há outros elementos essenciais nesta, tais como participação nos procedimentos e da obrigação de motivação dos atos públicos. Entende que a publicidade é o requisito para que uma decisão ou lei se torne oponível aos administrados. A transparência, por sua vez, não se satisfaz com a publicidade, não podendo a ela ser reduzida ou confundida; vai muito além de exposições ou informações. A publicidade, nesse caso, é um estágio prévio da transparência, sendo que a realização da publicidade não garante a realização da transparência. A transparência garante a possibilidade de interferência na administração, permitindo que se fale e seja ouvido e contribuindo para a democracia participativa.[18]

Maren Guimarães Taborda entende de forma diversa. Explica que o princípio da publicidade, de uma forma geral, tem o significado de amplo acesso à atividade administrativa. Não opera somente como acesso, mas como direito de conhecer a atuação da administração, concretizado por meio do direito à motivação das decisões administrativas e do direito de acesso. É pela publicidade, com a apresentação de dados consistentes e compreensíveis, oportunos e atualizados, mediante atendimento dos limites previstos nas metas e objetivos e/ou justificativa de desvios e permissão de acesso público às informações que os objetivos da lei são alcançados. Em outro sentido, a efetividade da lei somente é possível mediante mecanismos de compensação e correção dos desvios, e com transparência, com a finalidade de punir a má gestão mediante a disciplina do processo político. Tratando-se dos direitos dos usuários de serviços públicos, também há previsão de amplo acesso às informações administrativas e atos do governo, observadas as restrições legais, devendo ser fornecida a informação adequada sobre

---

[17] MARTINS JÚNIOR, Wallace Paiva. Princípio da publicidade. *In*: MARRARA, Thiago (coord.). *Princípios de direito administrativo*. 2ª ed. rev., ampl. e atual. Belo Horizonte: Fórum, 2021. p. 342-343.

[18] ARRUDA, Carmen Silvia Lima de. *O Princípio da transparência*. São Paulo: Quartier Latin, 2020. p. 50-51.

as condições de prestação dos serviços, suas tarifas e preços e o prévio conhecimento das condições de suspensão do serviço.[19]

Fernando Augusto Canhadas entende que o estudo mais acurado de ambos os princípios (publicidade e transparência) demonstra que são distintos – com algumas intersecções, mas ainda inconfundíveis. A publicidade é um dos princípios norteadores da atividade da Administração Pública. Determina, ainda, o dever da Administração Pública, de dar publicidade aos atos praticados e informações por ela custodiadas, divulgando seu conteúdo a quem de direito.[20] Agir mediante publicidade quer dizer divulgar determinada informação, praticar ação comissiva, conduta positiva, cujo objeto é dar ciência a um indivíduo ou grupo de pessoas quanto ao conteúdo da informação. O conteúdo jurídico do princípio da publicidade diz respeito à obrigação da Administração Pública de proceder com a divulgação de determinadas informações – de ofício – sob pena de invalidade dos atos praticados e aplicabilidade de sanções previstas em lei.[21]

Para o autor, a transparência é compreendida de outra forma: é o dever da informação de ser acessível ao público, ou seja, tem como característica ser clara, límpida e compreensível. Reconhece o autor que a publicidade é utilizada como instrumento de garantia da transparência em seu aspecto formal. Sob essa ótica, afirma que, quanto mais publicidade se dá a determinada informação, mais transparente essa informação se torna. No entanto, a transparência não é apenas formal, é também material, exigindo clareza, objetividade e organização das informações, enquanto a publicidade exige a informação como ela é, sem que haja a necessidade de tal clareza, objetividade ou organização das informações. Assim, a relação entre publicidade e transparência diz respeito somente à transparência em seu aspecto formal – e na modalidade ativa –, e não ao aspecto material, justamente por não garantir a clareza da informação e sua organização quanto ao conteúdo.[22]

---

[19] TABORDA, Maren Guimarães. *O princípio da publicidade e a participação na administração pública*. 2006. Tese (Doutorado em Direito) – Programa de Pós-Graduação em Direito, Universidade Federal do Rio Grande do Sul – UFRGS, Porto Alegre, 2006. Disponível em https://seer.ufgrs.br/ppgdir/article/view/51622/0. Acesso em: 13 ago. 2021, p. 169.

[20] Explica o autor que há erro semântico quando se diz que o acesso aos autos se dá por o processo ser público. O acesso ao processo se dá porque este é um documento público (no sentido de pertencente ao Estado), e não porque o documento deva ser comunicado e divulgado a todos (significado da publicidade). O mesmo erro comete quem diz que pode acompanhar um processo público por causa do princípio da publicidade. (CANHADAS, Fernando Augusto Martins. *O direito de acesso à informação pública*: o princípio da transparência administrativa. Curitiba, Appris, 2018. p. 191).

[21] Ibid., p. 192-193.

[22] Ibid., p. 196-197;

Regina Linden Ruaro e Têmis Limberger explicam que a doutrina é tentada a informar que a transparência é um novo princípio. Adianta-se, porém, que as autoras assim não compreendem. Fundamentam que o artigo 37 da Constituição Federal não realizou economia ao descrever os princípios que norteiam a administração pública, oportunidade em que a transparência é extraída desses princípios. Desse modo, a transparência é uma integração do princípio da publicidade com o princípio do direito à informação e o princípio democrático.[23]

Joel de Menezes Niebuhr compreende que a obrigação de transparência pode ser deduzida da obrigação de publicidade. Explica que, como o legislador fala em ambos os princípios – ao tratar do artigo 5º da Lei n. 14.133/2021 –, acaba a doutrina por esforçar-se no sentido de verificar a distinção entre os conceitos.[24] Para o autor, o princípio da publicidade vincula-se ao princípio republicano, em que os atos praticados em nome do Estado devem ter ampla divulgação. O escopo do princípio é aplicar legitimidade à atividade administrativa, possibilitando que a sociedade tenha conhecimento dos atos e dados que sejam de seu interesse.[25]

Cláudio Madureira, ao tratar da relação do princípio da publicidade em licitações, afirma que, por força do princípio da publicidade, é necessário que seja aplicada a maior divulgação possível aos atos administrativos, assim possibilitando o amplo acesso dos interessados e a possibilidade de verificação de regularidade dos atos praticados. Explica o autor que essa "universalidade" acaba por associar o princípio da publicidade ao da transparência e que a conjugação dos princípios implica que a publicidade ou a transparência dos atos praticados é regra geral, ao se tratar da Administração Pública.[26] O autor compreende que a transparência é um princípio que decorre do princípio da publicidade; é a máxima publicidade dos atos administrativos que implica o dever de transparência, ou seja, pode-se dizer que compreende a transparência como subprincípio da publicidade.

Maria Sylvia Zanella Di Pietro esclarece que o princípio da transparência não está previsto com essa denominação na Constituição de 1988, sendo implícito pela presença de subprincípios como os da

---

[23] RUARO, Regina Linden; LIMBERGER, Têmis. Administração Pública e novas tecnologias: o embate entre o público e o privado – análise da resolução 121/2010 do CNJ. *Novos Estudos Jurídicos*, v. 16, n. 2, p. 121–134, 2011, p 121-134. Disponível em: https://periodicos.univali.br/index.php/nej/article/view/3276. Acesso em: 02 set. 2022. p. 124-125.

[24] NIEBUHR, Joel de Menezes. *Licitação Pública e contrato administrativo*. 5ª ed. Belo Horizonte: Fórum, 2022. p. 101.

[25] Ibid., p. 98-99.

[26] MADUREIRA, Claudio. *Licitações, contrato e controle administrativo: descrição sistemática da Lei n. 14.133/2021 na perspectiva do Modelo Brasileiro de Processo*. Belo Horizonte: Fórum, 2021. p. 56.

publicidade e direito à informação e motivação e da participação popular, que também são implícitos na Constituição. Por força da transparência, surge a exigência de que a Administração Pública atue de forma amplamente divulgada e aberta, com as exceções constitucionais à transparência.[27]

A jurisprudência do Supremo Tribunal Federal também não é unânime quanto à relação entre transparência e publicidade, compreendendo a transparência como princípio relacionado ao princípio democrático, como subprincípio da publicidade e como princípio que existe em relação de igualdade com o princípio da publicidade.[28] Ana Flávia Messa, em uma acepção restrita da transparência, conceitua-a em relação a três enfoques:

> Numa *acepção restrita*, a transparência possui três enfoques:
>
> *Enfoque político*: a transparência é: 1) *requisito de funcionamento da democracia:* a visibilidade na atuação do poder e condição para que haja participação da cidadania. Historicamente a visibilidade do poder na sociedade civil nem sempre foi democrática; 2) *verdadeiro indicador da qualidade democrática:* a transparência na atuação administrativa induz à configuração de um regime em que aos cidadãos são concedidos direitos de liberdade, igualdade política e controle das políticas públicas, e os políticos.
>
> *Enfoque jurídico:* surgem duas formas de conceituar transparência administrativa:1) associando a transparência a um determinado tema; nesse caso, o mais difundido é o acesso às informações e documentos públicos; 2) como uma característica da Administração Pública de ser visível nos seus planos, regras, processos e ações.
>
> A segunda maneira de conceituar a transparência, como qualidade do agir administrativo, reporta-se a uma norma-princípio fundada na Constituição da República Federativa de 1988, que impõe uma gestão dos assuntos públicos para o público, por meio da visibilidade de todas as ações e motivações de interesse público da Administração Pública.
>
> É a atualização expansiva do princípio da publicidade e, por consequência, uma acepção que vai além dos limites estreitos de uma obrigação formal de divulgação pública dos atos da Administração Pública. A transparência é enfatizada em um determinado aspecto que possa transmitir visibilidade administrativa, ou seja, interação e proximidade entre Administração Pública e o cidadão, com mecanismos de esclarecimento e compartilhamento da gestão pública.[29]

---

[27] DI PIETRO, Maria Sylvia Zanella. *Direito Administrativo*. 35ª ed. Rio de Janeiro: Forense, 2022. p. 476.

[28] Como se depreende do julgamento dos recursos: RE n. 865401 RG, Relator(a): Dias Toffoli, Tribunal Pleno, julgado em 14/08/2015; ADI 2361, Relator(a): Marco Aurélio, Tribunal Pleno, julgado em 24/09/2014,; ADPF 854 MC-Ref, Relator(a): Rosa Weber, Tribunal Pleno, julgado em 11/11/2021; ADI 6347 MC-Ref, Relator(a): Alexandre de Moraes, Tribunal Pleno, julgado em 30/04/2020; ADI 2444, Relator(a): Dias Toffoli, Tribunal Pleno, julgado em 06/11/2014; e RE 766390 AgR, Relator(a): Ricardo Lewandowski, Segunda Turma, julgado em 24/06/2014;

[29] MESSA, Ana Flávia. *Transparência, Compliance e Práticas Anticorrupção na Administração Pública*. São Paulo: Almedina, 2019. p. 58-59.

Diversos são os prismas pelos quais a transparência é apresentada.[30] Alguns autores entendem sua concepção proveniente do princípio democrático e com ele interligado, outros entendem como um subprincípio da publicidade, e há ainda quem entenda como um princípio do qual decorre a publicidade, conforme exposto, o que torna deveras complexa a definição de um conceito do princípio.[31]

Contudo, para os fins propostos nesta pesquisa, deve-se incorporar a transparência enquanto princípio constitucional implícito, integrante do princípio democrático, garantindo a participação popular, e como princípio do qual decorre o princípio da publicidade, como uma obrigação-dever por parte da Administração Pública. Assim, sugere-se, em decorrência da diferenciação apontada, que um ato administrativo pode ser público, no entanto, não necessariamente transparente. A diferença central entre publicidade e transparência reside no aspecto material desta última. A transparência exige, de forma simplista, que a informação apresentada à população seja compreensível; é necessária a intengibilidade da informação. Nesse contexto, a simples divulgação de atos, despachos e outros documentos atende à publicidade, mas não à transparência – também em virtude de ser princípio nuclear do princípio republicano, sem o qual o Estado Democrático de Direito resta maculado em sua essência, devendo prestar-se a garantir a participação popular na construção das atividades administrativas do poder público.

Enquanto princípio, a transparência sofre restrições em seu raio de aplicação – segundo as teorias de Dworkin e de Alexy – limitada

---

[30] Adverte Byung-Chul Han que: "Quien refiere la transparencia tan solo a la corrupción y a la libertad de información desconoce su envergadura. La transparencia es una coacción sistémica que se apodera de todos los sucesos sociales y los somete a un profundo cambio. El sistema social somete hoy todos sus procesos a una coacción de transparencia para hacerlos operacionales y acelerarlos. La presión de la aceleración va de la mano del desmontaje de la negatividad. La comunicación alcanza su máxima velocidad allí donde lo igual responde a lo igual, cuando tiene lugar una *reacción en cadena de lo igual*. La negatividad de lo *otro y de lo extraño*, o la resistencia de lo *otro*, perturba y retarda la lisa comunicación de lo igual. La transparencia estabiliza y acelera el sistema por el hecho de que elimina lo otro o lo extraño. Esta coacción sistémica convierte a la sociedad de la transparencia en una sociedad uniformada. En eso consiste su rasgo totalitario: "Una nueva palabra para la uniformación: transparencia". (HAN, Byung-Chul. *La sociedade de la transparencia*. Tradução de Raúl Gabas. Barcelona: Heder, 2013. p. 12-13).

[31] Ana Flávia Messa destaca: "Considerando o uso ordinário, não é possível enunciar as propriedades que devem estar presentes em todos os casos em que a palavra é empregada. Com uma abordagem conceitual difícil e desconcertante, possuindo uma indeterminação no uso corrente, podemos afirmar que esse desconcerto aumenta quando se afirma que à transparência é uma palavra que, além do significado cognoscitivo, possui carga afetiva. Como conceito, os estudiosos tratam da transparência sem falar dos mecanismos para promovê-la; outros mencionam os instrumentos para sua realização, sem diretamente fazer referência à transparência. Na doutrina não há unanimidade no conceito da transparência, eis que alguns dão ênfase ao elemento político, outros ao jurídico, não faltam nem mesmo o componente filosófico ou valorativo na formulação da ideia." (MESSA, Ana Flávia. *Transparência, Compliance e Práticas Anticorrupção na Administração Pública*. São Paulo: Almedina, 2019. p. 54)

quanto a questões que envolvam direitos relativos à intimidade do indivíduo e que provocam instabilidade na segurança do Estado. No entanto, a transparência é aplicável no âmbito do direito privado, na elaboração de contratos, relacionamentos obrigacionais etc. A consideração da transparência como subprincípio da publicidade parece destoar da necessidade de proteção de sigilo proveniente das relações contratuais privadas e necessárias ao desenvolvimento dessas negociações, provocando o sentido de ser um princípio submetido ao outro. Os contratos privados, em tese, não devem ter ampla e irrestrita divulgação, pertencendo à esfera de interesses e de direitos das partes contratantes, ou seja, não são documentos públicos. A publicidade deve ser compreendida como os meios para que se apresente a transparência. Estabelecida a distinção, convém estudar a implicação da interpretação dos aspectos da transparência no ordenamento.

2.2. O princípio da transparência e a realização de gestão democrática na administração pública

Concebida a relação de publicidade como subprincípio da transparência, deve-se concebê-la enquanto elemento estruturante do sistema jurídico (e do Estado). A transparência encontra-se no núcleo do Estado Democrático de Direito, como elemento determinante e fundamental para que o Estado seja considerado um Estado de Direito. Ao proceder à outorga do poder a representantes, necessita o outorgante que lhe sejam prestadas contas, bem como que os atos praticados com os poderes concedidos sejam auditáveis e compreensíveis.[32]

No entanto, convém apresentar ressalva realizada por Luis Rodrigo de Castro. O autor destaca – ao se referir à conceituação de transparência no âmbito do Direito Espanhol – que o ideal de transparência fora expandido de maneira a ser entendido como sinônimo de abertura, prestação de contas ou de publicidade. Ressalta que, apesar da proxi-

---

[32] Wallace Paiva Martins Júnior analisa a transparência sob a ótica da representação política, lecionando que se deve repensar o caráter secreto de deliberações parlamentares, exemplificando com o artigo 52, III, IV, XI, da Constituição Federal o que fora parcialmente realizado pela Emenda Constitucional n. 76/13, suprimindo o voto secreto nos casos dos artigos 55, § 2º, e 66, § 4º, da Constituição Federal. Utilizando-se da doutrina de Norberto Bobbio, afirma que sessões secretas, acordos e decisões de qualquer comitê podem ser significativos e importantes, mas não podem ter caráter representativo, porque representação tem por significado que se torne visível e presente um ser visível, um ser publicamente presente. Fundamenta que a prerrogativa de sigilo ao voto é direito político fundamental do eleitor, mas não do representante desse eleitor, que deve exercer o mandato guiado pela transparência, em especial quando o objeto de deliberação é a gestão do interesse público. (MARTINS JÚNIOR, Wallace Paiva. Princípio da publicidade. *In*: MARRARA, Thiago (coord.). *Princípios de direito administrativo*. 2ª ed. rev., ampl. e atual. Belo Horizonte: Fórum, 2021. p. 344).

midade entre os conceitos, a compreensão da abertura governamental acaba por ser um passo adiante da transparência. É que, ao haver a abertura dos dados, acaba-se por extinguir a película invisível que intermedeia o que é mostrado e o sujeito que contempla, podendo este último não somente ver o conteúdo, mas tomar posse dele, reutilizá-lo e remodelá-lo, gerando novas informações e valores agregados.[33]

Assim, excluir-se a intermediação da informação torna-se importante para que se possa exercer direito fiscalizatório em relação aos atos dos representantes, ou seja, é necessário que seja garantido o acesso às informações controladas por esses representantes enquanto Administração Pública. E não somente os atos administrativos:[34] é necessário que o acesso seja garantido em relação ao procedimento administrativo que acaba por gerar o ato, ao andamento de cada etapa daquele processo público. O tomar conhecimento de algo deve também ser compreendido como participar do processo de criação daquele algo, possibilitando o exercício do direito de fiscalizar.[35]

A garantia do direito de acesso à informação pública acaba por: a) promover o princípio da segurança jurídica e da legitimidade democrática de um Estado de Direito; b) exercer o escrutínio em relação a atividades desempenhadas pelos funcionários públicos e empresas privadas; c) promover subsídios para melhoria da tomada de decisões. d) reduzir boatos e apresentar notícias; e) promover a igualdade de parti-

---

[33] CASTRO, Luis Rodrigo de. Transparencia, una noción extensiva con diferentes implicaciones prácticas. *Revista Española de la transparencia – RET*, Madrid, n. 14, p. 159-180, 2022. Disponível em: https://www.revistatransparencia.com/ojs/index.php/ret/article/view/201. Acesso em: 04 set. 2022. p. 161-162.

[34] Sem aprofundamentos no debate quanto ao conceito de ato administrativo, adota-se, aqui, a concepção apresentada por Maria Sylvia Zanella Di Pietro: "Com esses elementos, pode-se definir o *ato administrativo* como a *declaração do Estado ou de quem o represente, que produz efeitos jurídicos imediatos, com observância da lei, sob o regime jurídico de direito público e sujeita a controle pelo Poder Judiciário*." (DI PIETRO, Maria Sylvia Zanella. *Direito Administrativo*. 35ª ed. Rio de Janeiro: Forense, 2022. p. 209).

[35] Paco Toledo, ao tratar dos mecanismos de controle adotados no Peru pela Contraloría General de la República, explica que é privilegiada a atuação de forma preventiva, sob três aspectos principais: operações que ocasionem dúvidas, verificando se a entidade tem capacidade financeira para que possa assumir o compromisso; autorização e fiscalização para realização de aditivos em relação a obras e serviços que majorem em mais de 15% o valor original; e parecer sobre compras caracterizadas pelo segredo militar. Ainda, há serviço de fiscalização que atua durante a execução de operações (tais como licitações e execução de obras), detectando riscos que possam afetar o cumprimento dos objetivos da operação ou de regulamentos, sendo comunicados aos titulares das entidades para que adotem medidas corretivas. Interessante, também, a forma por meio da qual a Contraloría General de la República se organiza internamente: há um grupo que trabalha focado nas entidades sujeitas ao controle (denominadas como "clientes"), e outro focado na melhoria de mecanismos de controle a partir de demandas geradas por este grupo atuante na fiscalização das atividades sujeitas ao controle. Assim, há uma otimização de recursos, e o trabalho é focado nas demandas geradas pelo "cliente". (TOLEDO, Paco. El nuevo enfoque del control del sistema nacional de control. *In.*: BARCO, Carlos Alza. *Gestión Pública*: balance y perspectivas: VI Seminário de Reforma del Estado. Lima: Fondo Editorial de La Pontificia Universidad Católica del Perú, 2012. p. 93).

cipação nas atividades da sociedade; e f) democratizar a administração pública, que acaba por experimentar maior interatividade.[36] Contudo, Ingo Wolfgang Sarlet e Carlos Alberto Molinaro advertem que o direito a tudo saber deve sofrer restrições em decorrência da colisão com outros direitos, tais como o direito a honra, vida privada, intimidade, imagem:

> De todo o exposto até o momento, cremos clara a concepção de que o fenômeno "informação", objeto da regulação pelo Direito, se tenciona nas ações de informar, informar-se e de ser informado. Em primeira linha, portanto, ele assume uma dimensão individual (sem prejuízo de sua natureza coletiva), na condição de direito subjetivo de acessar informação perante qualquer sujeito de direito, independentemente do direito da coletividade (do sujeito plural de direito) de buscar, acessar, receber e divulgar informações em poder do Estado, seus agentes, instituições e, mesmo entes privados com interesses vinculados à Administração.
>
> De outro modo, seja na sua dimensão singular ou coletiva, o direito de acesso à informação imanta necessariamente proteção dos direitos da personalidade (entre esses, honra, vida privada, intimidade, imagem...), gerando dessa forma um limite ao acesso e difusão da informação, fundado na paridade de armas entre cidadãos e cidadãos e entre cidadão e o Estado, objetivando a concreção do direito à autodeterminação informativa.[37]

Diante da evolução de novas tecnologias, e com a propagação da internet, há ampla divulgação de atos praticados e de fatos ocorridos no âmbito da Administração Pública e da sociedade. A modificação da forma de relacionar-se da sociedade acaba por implicar a modificação da forma como a Administração Pública relaciona-se com seus administrados. Antonio-Enrique Pérez Luño cunhou o termo "teledemocracia" para conceituar o conjunto de teorias e fenômenos relacionados à incidência de novas tecnologias na política. Explica que, de forma ampla, *"la teledemocracia puede definir-se como la proyección de las NT a los procesos de participación política de las sociedades democráticas"*.[38] Para o referido autor, os elementos que constituem essa noção se estabelecem a partir de três requisitos: i) sob o aspecto metodológico, trata-se de novas tecnologias no sentido amplo, abarcando a utilização de televisão, vídeo, informática etc.; ii) sob o aspecto do objeto, relacionam-se aos processos de participação política dos cidadãos; e iii) no

---

[36] OLVERA, Miguel Alejandro López. Participación ciudadana y acceso a la información pública. *In*: VILLANUEVA, Ernesto. *Derecho de la información*: culturas y sistemas jurídicos comparados. México: Universidade Nacional Autónoma de México, 2007. p. 388.

[37] SARLET, Ingo Wolfgang; MOLINARO, Carlos Alberto. O direito à informação na ordem constitucional brasileira: breves apontamentos. *In*: SARLET, Ingo Wolfgang; MARTOS, José Antonio Montilla; RUARO, Regina Linden. *Acesso à informação como direito fundamental e dever estatal*. Porto Alegre, Livraria do Advogado, 2016. p. 16.

[38] LUÑO, Antonio-Enrique Pérez. *¿Cibercidadaní@ o ciudadaní@.com?* Barcelona: Editorial Gedisa, 2004. p. 60;

que diz respeito ao contexto de aplicação, estabelecem-se por Estados de Direito.[39]

Nesse contexto, para que se configure a teledemocracia – ou cibercidadania – é Pirre Lévy quem adverte que a verdadeira democracia eletrônica consiste em encorajar, tanto quanto possível, a efetiva participação popular, estabelecendo a participação nas deliberações por parte dos grupos diretamente afetados pelas decisões, a transparência das políticas públicas e sua avaliação pelos cidadãos.[40] No entanto, para efetividade desse direito de acesso virtual – e da cibercidadania –, é necessário que a informação esteja disponível e tenha acesso facilitado. Têmis Limberger, por sua vez, adverte que, em se tratando da realização da transparência na rede, a informação, por si, é insuficiente; segundo a autora, é necessário que seja compreensível, disponibilizada em tempo real e reflita a realidade.[41] Ademais, há tendência de repetição das desigualdades sociais no âmbito virtual, oportunidade em que a sociedade democrática reivindica o pluralismo informativo, o livre acesso e a livre circulação de informação.[42]

No entanto, apesar das dificuldades de acesso por parte da população, em decorrência de desconhecimento do uso da tecnologia ou da baixa instrução, deve-se ter por concepção a importância de apresentar-se a Administração Pública no mundo digital. A fiscalização de suas atividades não é executada somente por parte do povo, mas também por órgãos de controle externo, fiscalizatórios, sendo importante a divulgação e a facilitação de acesso para esses mecanismos de controle. A manutenção de uma administração pública analógica não condiz com a realidade do mundo atualmente, em especial, com os avanços tecnológicos de nossa sociedade. Outrossim, também se percebe que o fornecimento de dados e documentos no âmbito digital, sem a necessidade de requerimentos ou deslocamento do interessado, implica maior agilidade no acesso à informação e efetiva garantia do direito de acesso.

---

[39] LUÑO, Antonio-Enrique Pérez. *¿Cibercidadaní@ o ciudadaní@.com?* Barcelona: Editorial Gedisa, 2004. p. 60.

[40] LÉVY, Pierre. *Cibercultura*. Tradução de Carlos Irineu da Costa. São Paulo: Editora 34, 2010. p. 187.

[41] LIMBERGER, Têmis. Cibertransparência. Informação pública em rede e a concretização dos direitos sociais: a experiência dos municípios gaúchos. *Quaestio Iuris*, Rio de Janeiro, v. 08, n. 04, p. 2651-2669, 2015. Número Especial. Disponível em: https://www.e-publicacoes.uerj.br/index.php/quaestioiuris/article/view/20942/15321. Acesso em: 02 set. 2022. p. 2655.

[42] LIMBERGER, Têmis; BUNCHAFT, Maria Eugenia. Novas tecnologias e direitos humanos: uma reflexão à luz da concepção de esfera pública. *Espaço Jurídico Journal of Law [EJJL]*, [S. l.], v. 17, n. 3, p. 843–868, 2016. DOI: 10.18593/ejjl.v17i3.7578. Disponível em: https://periodicos.unoesc.edu.br/espacojuridico/article/view/7578. Acesso em: 03 set. 2022. p. 863.

Rafael dos Santos de Oliveira e Francieli Puntel Raminelli apresentam diagnóstico interessante quanto à utilização da internet para fins de acesso à informação, demonstrando o alcance possível com a utilização de redes sociais por parte do Conselho Nacional de Justiça (CNJ).[43] Os autores analisaram a página do Conselho Nacional de Justiça no *Facebook*, de forma direta, organizada e não participativa, pelo período de 09 de maio a 10 de junho de 2013, enfocando as imagens postadas na página. Constataram que, no período, houve a postagem de 133 imagens, observando a frequência e o conteúdo, sendo que, em 15 de maio de 2013, a página contava com 198.794 seguidores e, em 17 de maio de 2013, com 200.000. Ou seja, houve aumento de mais de mil seguidores em dois dias. A coleta de dados findou-se em 08 de junho daquele ano, quando a página ultrapassava 213 mil seguidores.[44] É possível auferir que há crescimento da busca de informação por parte da sociedade no âmbito digital, tornando-se importante a transparência digital do poder público.

A transparência também é compreendida como princípio intrínseco ao princípio democrático. A democracia tem por exegese a possibilidade de participação popular, do conhecimento e do clareamento em relação a todos os atos, sendo contraditório um governo que se apresenta como democrático proceder com atos contrários a essa transluscência de seu agir. Stefano Rodotá propõe que a democracia se caracteriza como um governo não somente do povo, mas um governo em público, devendo estar pautado pela verdade e pela possibilidade de conhecimento dos fatos por parte de todos:

> Honestos disimulos, hipocresía, mentiras, falsificaciones, son cosas que acompañan nuestras vidas. Pero estos son también paños con los que la política se ha vestido desde siempre, y los realistas de toda la vida dicen que no puede ser de otra manera. ¿Puede admitirse que la regla democrática no contemple la obligación de decir la verdad?
>
> La democracia no es solo gobierno «del pueblo», sino también gobierno «en público». Por eso la democracia debe ser el régimen de la verdad en el sentido de la plena posibilidad del conocimiento de los hechos por parte de todos. Solo así están los ciudadanos en condición de controlar y juzgar a sus representantes y de participar en el gobierno de la cosa pública. Pues esta es una de las sustanciales diferencias entre la democracia y los demás regímenes políticos, los totalitarios más concretamente, donde la oscuridad envuelve la vida política y son los gobiernos quienes definen cuál es la verdad. Esconden de este modo las verdades «oficiales» que son los instrumentos para distorsionar u ocultar las representaciones reales de lo que sucede. Por eso no les gustan las ciencias

---

[43] OLIVEIRA, Rafael Santos de; RAMINELLI, Francieli Puntel. O direito ao acesso à informação na construção da democracia participativa: uma análise da página do conselho nacional de justiça no Facebook. *Sequência (Florianópolis)* [online], n. 69, p. 159-182, 2014. Disponível em: <https://doi.org/10.5007/2177-7055.2014v35n69p159>. Epub 29 jan. 2015. Acesso em: 07 ago. 2022.

[44] Ibid., p. 174.

sociales a los regímenes totalitarios: no quieren prensa libre, consideran peligroso hasta el listín telefónico y tratan de controlar Internet por cualquier medio.[45]

Rodotà destaca ponto importante. Não se trata somente de apresentar os atos, mas de apresentá-los de forma que se afeiçoem à verdade, e não distorções que a descaracterizem. Ou seja, cabe ao representante do povo atuar de forma que possa a população compreender os fatos, sem omitir pontos, de modo que a compreensão da verdade seja possível. Aquele que atua de forma contrária, mesmo enquanto se manifeste como defensor dos princípios democráticos, assim não o é, mas flerta com o totalitarismo de forma velada. É que, para haver a participação popular e, consequentemente, a democratização de uma gestão, é necessário que a população tome conhecimento dos atos praticados, para que possa refletir e decidir. Não há como proceder a uma gestão democrática sem que as informações sejam cópias da verdade e seja garantido o acesso a quem possa interessar.

A compreensão do conceito de gestão democrática passa, indiscutivelmente, pelos ensinamentos de Norberto Bobbio que prescreve que a democracia pressupõe a participação do povo na tomada de decisões; é um governo que tem por característica a participação.[46] Essa participação, por sua vez, é regulada pelas regras estabelecidas em determinado regime democrático, às quais todos devem obediência. Essa participação popular, também, é considerada uma diretriz estabelecida pelo constituinte, provedora da interação entre a sociedade civil e o Estado na regulação social de políticas públicas, ou seja, é um processo em que há a atuação do povo na esfera pública do Estado, como no referendo, na consulta popular e na iniciativa popular, no planejamento de políticas públicas e na atividade fiscalizatória da Administração Pública.[47]

Maren Guimarães Taborda caracteriza o princípio democrático e o explica. Para a autora, o princípio democrático significa "poder do povo". No núcleo de uma democracia, o princípio democrático estabelece medidas para avaliar e controlar as conquistas democráticas do mundo real. A democracia tem por caráter ser flexível, pois é procedimento para processar quaisquer demandas da sociedade, podendo o ideal democrático ser otimizado. Ao tratar da democracia brasileira,

---

[45] RODOTÀ, Stefano. *El derecho a tener derechos*. Traducción José Manuel Revuelta López. Madrid: Editora Trotta, 2014. p. 208.

[46] BOBBIO, Norberto. *El futuro de la democracia*. Tradução de José F. Fernández Sanillán. México: Fondo de Cultura Económica, 1986. p. 14.

[47] SCHIER, Adriana da Costa Ricardo; MELO, Juliane Andrea de Mendes Hey. O direito à participação popular como expressão do Estado Social e Democrático de Direito. *A&C – Revista de Direito Administrativo & Constitucional*, Belo Horizonte, ano 17, n. 69, p. 127-147, jul./set. 2017. DOI: 10.21056/aec.v17i69.825. Disponível em http://www.revistaaec.com/index.php/revistaaec/article/view/825 Acesso em: 07 ago 2022.site e data de acesso. p. 13.

explica que se caracteriza como procedimental-deliberativa, pois o processo de tomada de decisões está previamente orientado, bem como há deliberação pública sobre o que é bem comum, deliberação que deve conter a mais ampla participação possível do detentor do poder. Salienta a autora que, nas sociedades reais e complexas, o sistema administrativo sobrecarrega o modo deliberativo de decisão; na perspectiva dos cidadãos, começa a ser percebida diferença entre norma e realidade. O poder administrativo torna-se um poder autônomo, sem relação alguma com a vontade a que está submetido através da mediação da representação. Mesmo diante de dúvidas de que a fonte do poder administrativo é a soberania popular, nas decisões cotidianas, essa vinculação se esvanece, ficando obnubilada a consciência de viver em uma democracia livre.[48]

Diante da desconexão entre os detentores do poder (povo) e o Estado, necessária a ampliação dos mecanismos de participação para que se possa buscar uma aproximação, para que se possa integrar o povo nos processos de decisão, de fiscalização e de controle da atividade Estatal. É o que se intenta com a aplicação da transparência administrativa em relação ao exercício do poder. A lógica é que, se o povo é único detentor do poder, as informações quanto à utilização desse poder não devem ser ocultadas de quem é titular, exceto em caso de exigências provenientes do interesse público.[49]

Wallace Paiva Martins Júnior leciona que a medida democrática de um sistema político-administrativo tem de sopesar diferentes graus de publicidade, motivação e participação popular em escala ascendente. Não adquire maiores níveis democráticos o ordenamento que somente prioriza a publicidade, esquecendo as contribuições dos demais subprincípios. O grau de concretização dos princípios republicano e democrático pode ser avaliado em cada um dos três subprincípios, não galgando posições satisfatórias a organização que, mecanicamente, divulga seus atos oficiais e nega direito de acesso à informação a seus cidadãos. A publicidade ampla é o primeiro estágio de democratização da gestão pública, mas não é um fim em si própria, desempenhando importante papel, sob o aspecto formal, para a concretização da motivação e participação.[50] Daniela Campos Limbório conclui:

---

[48] TABORDA, Maren Guimarães. *O princípio da publicidade e a participação na administração pública*. 2006. Tese (Doutorado em Direito) – Programa de Pós-Graduação em Direito, Universidade Federal do Rio Grande do Sul – UFRGS, Porto Alegre, 2006. Disponível em https://seer.ufrgs.br/ppgdir/article/view/51622/0. Acesso em: 13 ago. 2021. p. 32-33.

[49] CANHADAS, Fernando Augusto Martins. *O direito de acesso à informação pública*: o princípio da transparência administrativa. Curitiba: Appris, 2018. p. 35-36.

[50] MARTINS JÚNIOR, Wallace Paiva. Princípio da publicidade. In: MARRARA, Thiago (coord.). *Princípios de direito administrativo*. 2ª ed. rev., ampl. e atual. Belo Horizonte: Fórum, 2021. p. 343.

Assim, chegamos à seguinte conclusão:

1. O princípio da publicidade reveste-se de forma e deve revestir-se igualmente de conteúdo (aspecto formal e material);

2. Para além de cumprir a forma de publicar prevista em lei, o Poder Público deve sempre se atentar que o conteúdo trazido pela publicação deve ser compreendido pela população;

3. Se, por um lado, há um linguajar técnico inafastável de inúmeras matérias que compõe a atuação pública, por outro, o Estado pode e deve garantir, pelos meios que entender compatíveis, que a informação produzida está sendo devidamente compreendida. Cartilhas, consultas públicas, audiências, quadro de perguntas e respostas, vídeos explicativos são alguns exemplos de produção de conteúdo acessível à população leiga, mas nem por isso, menos cidadã;

4. O momento da publicação e da disponibilização da informação também é de fundamental importância para a efetividade do princípio. Pouco tempo pode significar ceifar muitos direitos.

A alteração da forma de publicar os atos deve sempre visar mecanismos ampliativos em alcance e compreensão, sob pena de ferimento dos princípios republicanos e democráticos que regem o Estado brasileiro.[51]

Pode-se constatar que há correlação entre a transparência e o princípio democrático, concebendo-se aquela como integrante deste. É que a garantia de participação somente é possível mediante a apresentação de informações claras e precisas. Note-se que somente a publicidade não é capaz de garantir a efetividade democrática, mas é indispensável a clarificação dos atos praticados. O conhecimento somente é possível se a informação é entregue de forma clara. A opacidade pode estar presente, mesmo diante da publicidade. O excesso de informação ou a informação publicada de forma incompleta não atende aos pressupostos da democracia concebida como participação popular na gestão da coisa pública.

Assim, as eleições são fundamentais para que se considere um regime como democrático, mas é a liberdade de informação um dos princípios que a conduzem, havendo autores que configuram o direito de acesso à informação como um direito instrumental indispensável à democracia. Sem que seja possível conhecer os representantes e tomar conhecimento de suas atividades, não há a construção de laços fortes com o sistema democrático, enfraquecendo-se as instituições, de que depende para majoração de sua força da transparência. O clima de descrédito e indiferença à estrutura do Estado é criado em decorrência de regimes fechados, em que os líderes se consideram donos da informação.[52]

---

[51] LIBÓRIO, Daniela Campos. Princípio da publicidade: critérios para sua efetividade. *In*: MARRARA, Thiago (coord.). *Princípios de direito administrativo*. 2ª ed. rev., ampl. e atual. Belo Horizonte: Fórum, 2021. p. 427.

[52] MARTINS, Paula Lígia. Acesso à Informação: um direito fundamental e instrumental. *Acervo*, v. 24, n. 1, p. 233-244, 17 fev. 2012. Disponível em: https://revista.an.gov.br/index.php/revistaacervo/article/view/381 Acesso em: 07 ago. 2022. p. 234.

Leonel Pires Ohlweiler explica que a Administração Pública fundada na visibilidade do Estado exige, quando da concepção do direito de acesso à informação como conceito interpretativo, que o seja feito de forma responsável, integrando-se a outros conceitos interpretativos, como publicidade, democracia, interesse público, intimidade e transparência.[53]

Essa compreensão do acesso à informação aliado a outros conceitos interpretativos, como a publicidade, a transparência, a democracia, o interesse público, implica ampliarem-se os espaços de deliberação e controle público, mas, para tanto, a informação veiculada pelo dever de transparência é condição indispensável. Com a internalização das informações por parte da sociedade civil, ela poderá emitir juízo de valor no que diz respeito à atuação do governo. Inclusive, acredita-se que o controle da corrupção passará às mãos da sociedade civil,[54] pois esta poderá manifestar-se quanto ao agir público, por possuir conhecimento dos atos praticados.

Outro aspecto importante da transparência diz respeito ao dever de motivar. Afinal de contas, não basta somente proceder à entrega de informação, no ambiente *online* ou físico; é necessário que essa informação seja compreensível por seu receptor. Por informação compreensível, não se está a dizer que deve obedecer ao vernáculo e estar em fonte e tamanho de fonte que torne possível a leitura. Deve, também, apresentar os fundamentos de fato e de direito, as razões, que geraram determinado ato administrativo.

A transparência no agir administrativo implica, também, que se prestem informações quanto aos seus atos, procedendo com manifestação quanto a documentos, fatos e direito, demonstrando as razões envolvidas na tomada de determinada decisão. Shirlei Silmara de Freitas Mello esclarece a distinção entre *motivo*, *motivação* e *princípio da motivação*. *Motivo* são os fatos que, previstos em uma regra, implicam a prática do ato administrativo. Configura-se por ser o pressuposto fático-jurídico que lastreia o agir do gestor. São os fatos que têm por consequência a ação da Administração com fundamento em previsão legal. A autora ainda distingue *motivo* de *fato* e *motivo legal*: o primeiro é o próprio

---

[53] OHLWEILER. Leonel Pires. A efetividade do acesso às informações administrativas e o direito à boa administração pública: questões hermenêuticas sobre a transparência na administração pública e a Lei 12-527-11. In: SARLET, Ingo Wolfgang; MARTOS, José Antonio Montilla; RUARO, Regina Linden. *Acesso à informação como direito fundamental e dever estatal*. Porto Alegre, Livraria do Advogado, 2016. p. 50.

[54] FRIEDRICH, Denise Bittencourt; LEAL, Rogério Gesta. Aplicabilidade do dever de transparência e de informação da iniciativa privada frente ao princípio da sustentabilidade ética nos contratos públicos. *Revista Eurolatinoamericana de Derecho Administrativo*, Santa Fe, v. 2, n. 2, jul./dic. 2015, p. 67-84. DOI: www.dx.doi.org/10.14609/ rr.v2i2.5164. Disponível em: https://www.redalyc.org/journal/6559/655968556004/655968556004.pdf Acesso em: 03 set. 2022. p. 77.

evento ou circunstância que sustenta o ato, sendo que este é coincidente com o motivo legal, ou de direito. *Motivação* é o pressuposto formal do ato estatal, integrando seu corpo; tem por substância a elucidação das razões fáticas e do direito que a determina, ou seja, a exposição dos motivos. Por *princípio da motivação*, compreende a autora ser o "postulado jurídico que cria para o agente público o dever de elucidar os motivos que o levaram a decidir em determinado sentido, i.e., a imposição de exteriorizar o modo pelo qual efetuou a subsunção do fato à norma, de forma a permitir o exercício do controle da Administração pelo povo e pelo próprio Estado".[55]

A Constituição Federal prevê, no artigo 93, incisos IX e X, o dever de motivar as decisões, dispondo sobre os princípios do Poder Judiciário. A motivação reforça a transparência administrativa, pois as razões, além de serem claras e congruentes, devem também ser proporcionais, mediante verificação da necessidade e adequação do ato. Assim o é em razão de o direito público não comportar decisões não fundamentadas, com alusão a princípios abstratos e base legal genérica.[56] Nesse sentido, motivo é condição de validade do ato administrativo; portanto, é a situação de fato ou de direito que vai determinar ou autorizar a realização do ato administrativo. O motivo pode vir expresso em lei (vinculado) ou ser atribuído ao critério do administrador (discricionário). Sendo discricionário, o agente praticante do ato está obrigado a justificar a existência do motivo, sem o qual o ato será inválido, ou invalidável pela ausência de motivação. O motivo está ligado à existência material ou legal do ato e à verificação de sua legalidade, sendo tratado em alguns casos como a causa do ato administrativo.[57]

A Lei de Introdução às Normas do Direito Brasileiro, modificada por força da Lei n. 13.655, de 25 de abril de 2018, sofreu grandes alterações. A Lei modificadora objetivava a inclusão, no Decreto-Lei n. 4.657/1942, de disposições que implicassem maior segurança jurídica e eficiência na criação e na aplicação do Direito Público, modificando o conteúdo dos artigos 20 a 30 da Lei. Houve mudança substancial na forma de motivar e se interpretar a motivação exposta por parte dos gestores públicos. Descrevem Rafael Maffini e Letícia Ramos que: "Embora a textura aberta de alguns termos empregados possa abrir mar-

---

[55] MELLO, Shirlei Silmara de Freitas. Motivação, publicidade e controle: algumas reflexões. *In*: MARRARA, Thiago (coord.). *Princípios de direito administrativo*. 2ª ed. rev., ampl. e atual. Belo Horizonte: Fórum, 2021. p. 405-406.

[56] ARRUDA, Carmen Silvia Lima de. *O princípio da transparência*. São Paulo: Quartier Latin, 2020. p. 226-227.

[57] TABORDA, Maren Guimarães. *O princípio da publicidade e a participação na administração pública*. 2006. Tese (Doutorado em Direito) – Programa de Pós-Graduação em Direito, Universidade Federal do Rio Grande do Sul – UFRGS, Porto Alegre, 2006. Disponível em https://seer.ufgrs.br/ppgdir/article/view/51622/0. Acesso em: 13 ago. 2021. p. 177-178.

gem a um maior subjetivismo, entende-se que o tratamento da matéria oferece um reforço aplicativo ao instituto, no momento em que a fundamentação adequada deve lastrear as tomadas de decisões".[58]

Ana Luíza Calil explica que as alterações criaram uma tipologia de decisões, com fixação de conteúdo mínimo distinto no que concerne à motivação. Para cada um dos tipos, a Lei n. 13.655/2018 busca enfrentar o problema das motivações genéricas e aumento de controle. Acaba por prever diferentes orientações para o intérprete, dependendo a quem se dirige a decisão, sendo que algumas são de aplicação mais ampla que outras, o que concede sentido na prática.[59] A autora explica que a tipologia se reflete nos artigos 20, 21, 23 e 24 e resume-se na seguinte subdivisão:

> i) Art. 20, aplicação universal: todas decisões (administrativa, controladoras ou judiciais); ii) Art. 21, preservação de relações já constituídas: decisão que invalide ato, contrato, ajuste, processo ou norma administrativa; iii) Art. 23, mudança de entendimento com implicações práticas: decisões que fixem interpretação ou orientação nova sobre norma de conteúdo indeterminado, impondo novo dever ou novo condições de direito; iv) Art. 24, revisão administrativa: decisões que alteram orientações gerais.[60]

Rodrigo Pagani de Souza e Letícia Lins de Alencar consideram que a introdução desses novos preceitos na Lei de Introdução às Normas do Direito Brasileiro (LINDB) é uma reação a determinados vícios da cultura jurídica, identificando quatro: i) a ideia de ser possível extrair do direito e de valores jurídicos abstratos solução única para situações concretas; ii) a excessiva valorização da burocracia do Estado, prestigiando suas formalidades e procedimentos em detrimento da flexibilidade e da possibilidade de soluções ajustadas ao caso concreto; iii) a predominância do combate à discricionariedade administrativa; e iv) a desconfiança e a pouca empatia em relação ao gestor público.[61]

O artigo 20 da LINDB impõe para a Administração a observância da fonte material do direito (a realidade empírica da atividade), reali-

---

[58] MAFFINI, Rafael da Cás; RAMOS, Letícia Ayres; WARPECHOWSKI, Ana Cristina Moraes. O pioneirismo da Constituição do estado do Rio Grande do Sul de 1989 e as inovações da Lei de Introdução às Normas do Direito Brasileiro. *Revista Eletrônica do TCE-RS*. Porto Alegre: Tribunal de Contas do Estado do Rio Grande do Sul, 2019. Edição Especial. p. 87-103. Disponível em: https://www.lume.ufrgs.br/handle/10183/197500 Acesso em: 03 set. 2022. p. 96-96.

[59] CALIL, Ana Luiza. Motivação administrativa: passado, presente e futuro no direito administrativo brasileiro. *In*: MAFFINI, Rafael; RAMOS, Rafael (org.). *Nova LINDB*: consequencialismo, deferência judicial, motivação e responsabilidade do gestor público. Rio de Janeiro: Lumen Juris, 2020. p 172-173.

[60] Ibid., p. 175-176.

[61] SOUZA, Rodrigo Pagani de; ALENCAR, Letícia Lins de. O dever de Contextualização na Interpretação e Aplicação do Direito Público. *In*: VALIATI, Thiago Priess; HUNGARO, Luis Alberto; CASTELLA, Gabriel Morettini e. *A Lei de Introdução e o direito administrativo brasileiro*. Rio de Janeiro: Lumen Juris, 2019. p. 62.

zando juízos sobre as consequências práticas da decisão. O parágrafo único do artigo 20 determina a motivação dos atos administrativos, com a finalidade de demonstrar a necessidade de adequação da medida (proporcionalidade). A Lei, de forma geral, concretiza os princípios da eficiência e razoabilidade, buscando a estabilização do sistema, visto que impõe o dever de aumento da segurança jurídica às autoridades (art. 30). Em razão disso, é interpretativa, determinando critérios hermenêuticos para a concretização do direito administrativo e direito constitucional. Ao que tudo indica, a lei busca modificar o método de conhecimento da realidade constitucional, superando o liberalismo político, moldado por uma combinação entre idealismo e empirismo.[62]

Destacam Rafael Maffini e Juliano Heinen que a norma não impede a aplicação de valores jurídicos abstratos, sendo esses decorrência lógica de instrumentos utilizados pelo legislador quando estipula regras de competência, em especial, nos casos de regras discricionárias e de regras portadoras de conceitos jurídicos indeterminados. O que se proíbe é a utilização dos valores jurídicos abstratos sem postar os olhos na consequência prática da decisão, ou seja, o dispositivo veda que se utilize a abstração sem que seja esmiuçado o valor jurídico abstrato, sem que seja fundamentada sua aplicação.[63]

Irene Patrícia Nohara, por sua vez, critica a redação do artigo, afirmando que leva a crer que seria possível decidir somente com lastro em valores abstratos, sendo que, da aplicação do Direito, qualquer decisão gera concretização de preceito mais abstrato. É que, quando menciona "consequências", abre a possibilidade para que ocorra intervenção equivocada na direção de estabelecer hierarquia entre decisões de mesma relevância: "(1) a decisão utilitária e consequencialista, que não pode ser *a priori* estabelecida como superior em relação à; (2) decisão pautada com base em argumentos ético-valorativos".[64]

O artigo 21 da LINDB prescreve o dever do agente público de proceder à indicação – de forma expressa – das consequências jurídicas e administrativas quando proceder à decretação de invalidade do ato,

---

[62] TABORDA, Maren Guimarães. *O princípio da publicidade e a participação na administração pública*. 2006. Tese (Doutorado em Direito) – Programa de Pós-Graduação em Direito, Universidade Federal do Rio Grande do Sul – UFRGS, Porto Alegre, 2006. Disponível em https://seer.ufrgs.br/ppgdir/article/view/51622/0. Acesso em: 13 ago. 2021. p. 34-35.

[63] MAFFINI, Rafael da Cás; HEINEN, Juliano. Análise acerca da aplicação da lei de introdução às normas do direito brasileiro (na redação dada pela Lei n. 13.655/2018) no que concerne à interpretação de normas de direito público: operações interpretativas e princípios gerais de direito administrativo. *Revista de Direito Administrativo*, v. 277, n. 3, p. 247-278, set./dez. 2018. Disponível em: https://lume.ufrgs.br/handle/10183/187741. Acesso em: 03 set. 2022. p. 253;

[64] NOHARA, Irene Patrícia. Motivação do Ato Administrativo na Disciplina de Direito Público da LINDB. *In*: VALIATI, Thiago Priess; HUNGARO, Luis Alberto; CASTELLA, Gabriel Morettini e. *A Lei de Introdução e o direito administrativo brasileiro*. Rio de Janeiro: Lumen Juris, 2019. p. 62.

contrato, ajuste, processo ou norma administrativa. Por força do parágrafo único do mencionado artigo, caberá, ainda, quando for o caso, indicar as condições para que a regularização seja realizada de modo proporcional e equânime, sem prejuízo aos interesses gerais e sem a imposição de ônus ou perdas aos atingidos que sejam anormais ou excessivas, levando-se em consideração as peculiaridades do caso.

Edilson Pereira Nobre Júnior explica que, por força do artigo 21, é o aplicador do Direito que deverá, a partir da verificação objetiva do interesse público, explicitar as consequências da anulação do ato administrativo. Explica o auto que não se requer do ordenamento jurídico a disposição prévia e definitiva dos efeitos decorrentes dos comportamentos administrativos. Assim, caberá motivar, explicitando as consequências jurídicas e administrativas de sua decisão que resultarem em invalidade do ato. Destaca o autor a importância dessa alteração quando se está a falar de licitações públicas, exemplificando com artigos da Lei n. 8.666/93. Questiona: o gestor, ao verificar irregularidade no procedimento licitatório de obra pública que esteja na metade de sua execução deverá anular a licitação ou proceder à manutenção do contrato? Entende que, por força do artigo 21 e da defesa do interesse público, necessário o sopesamento dos prejuízos e das consequências da aplicabilidade da lei.[65]

Caroline Bittencourt e Rogério Leal criticam a LINDB nesse ponto.[66] Explicam que as consequências práticas da decisão não podem restar reduzidas a que o decisor analise os casos com fulcro na realidade, sendo essa uma premissa básica da interpretação. Ao invocar o consequencialismo, a LINDB possibilitou que se recorresse àquele como base para motivação substancial das decisões, tanto administrativas como

---

[65] NOBRE JÚNIOR, Edilson Pereira. *As normas de Direito Público na Lei de Introdução ao Direito brasileiro:* paradigmas para interpretação e aplicação do Direito Administrativo. São Paulo: Contracorrente, 2019. p.67-68.

[66] Explicam os autores que o controlador evidentemente fará a interpretação/aplicação do texto, observando a realidade vivenciada pelo gestor. Contudo, é de se lembrar que os fatos também estão sujeitos à interpretação; a definição de premissa menor requer atividade interpretativa, e não subsunção. Ademais, as situações vivenciadas pelo controlador são alteradas em face do transcurso do tempo, alterando-se a percepção da realidade. Exemplificam os autores com a análise, por parte de órgão controlador, dos contratos firmados durante a pandemia para a compra de respiradores. A interpretação dada para um contrato analisado trinta ou noventa dias após a compra sofrerá pouca relevância; no entanto, a análise desse mesmo contrato após cinco anos do término da pandemia sofrerá com a percepção da realidade, não sendo a mesma. Assim, permanece o problema. Explicam, ainda, que é relevante do posto de vista interpretativo e epistemológico a opção realizada na LINDB, mas a compreensão das vertentes do consequencialismo, seus limites e o quanto os argumentos econômicos e políticos podem sopesar em relação ao direito posto, ou ao texto normativo, somente o tempo e a práxis permitirão. (BITTENCOURT, Caroline M.; LEAL, Rogério G. Consequencialismo das decisões e os valores jurídicos abstratos a partir da Lei 13.655/18: uma análise crítica sob a perspectiva da (in)segurança jurídica. In: MAFFINI, Rafael; RAMOS, Rafael (org.). *Nova LINDB:* consequencialismo, deferência judicial, motivação e responsabilidade do gestor público. Rio de Janeiro: Lumen Juris, 2020. p. 96-97).

jurídicas. O consequencialismo – no sentido fraco – nunca deixará de existir, pois é impossível desvincular uma decisão da consequência desta em seu sentido fraco. O consequencialismo não traz maior segurança para o gestor e para aqueles que contratam com a administração. A crítica que se buscou solucionar com a utilização do consequencialismo era de que o órgão controlador deveria considerar as situações enfrentadas pelo gestor quando da tomada de decisões, ou seja, há um problema hermenêutico a ser resolvido. O texto da LINDB não modifica a situação, não afetando a segurança jurídica.[67]

O artigo 23 da LINDB, por sua vez, estabelece que a interpretação ou orientação nova sobre norma de conteúdo indeterminado, que imponha novo dever ou novo condicionamento de direito, deverá prever regime de transição quando indispensável para que o novo dever ou condicionamento de direito seja cumprido de modo proporcional, equânime e eficiente e sem prejuízo aos interesses gerais. Floriano de Azevedo Marques Neto explica que o artigo 23 contém três qualificantes: i) deve inovar no entendimento; ii) deve interpretar norma de conteúdo indeterminado; e iii) ao interpretar, acabe por se inaugurar nova obrigação ou condicionamento.[68]

Explica que, por decisão inovadora, deve-se conceber aquela que, de algum modo, vá no caminho contrário de decisões anteriores ou que acabe por apresentar uma nova interpretação ou delimitação – ou seja, é uma decisão que fixa entendimento diverso do que antes existia. Ainda, a interpretação deve ter como objetivo a hermenêutica de outra norma de conteúdo indeterminado. Tem por objeto decisão de caráter hermenêutico, que produz parâmetros vinculantes e integradores da norma interpretada, que se pode dar não somente em decisão jurisdicional, mas também em atos administrativos típicos ou outras normas.[69] A indeterminação contida no artigo 23 poderá ser preenchida

---

[67] BITTENCOURT, Caroline M.; LEAL, Rogério G. Consequencialismo das decisões e os valores jurídicos abstratos a partir da Lei 13.655/18: uma análise crítica sob a perspectiva da (in)segurança jurídica. In: MAFFINI, Rafael; RAMOS, Rafael (org.). *Nova LINDB*: consequencialismo, deferência judicial, motivação e responsabilidade do gestor público. Rio de Janeiro: Lumen Juris, 2020. p. 93-122.

[68] MARQUES NETO, Floriano de Azevedo. Art. 23 da LINDB: O equilíbrio entre mudança e previsibilidade na hermenêutica jurídica. *Revista de Direito Administrativo*, [S. l.], p. 93-112, 2018. DOI: 10.12660/rda.v0.2018.77651. Disponível em: https://bibliotecadigital.fgv.br/ojs/index.php/rda/article/view/77651. Acesso em: 07 ago. 2022. p. 103.

[69] A título exemplificativo, pode-se citar a hipótese contida no âmbito do artigo 69 da Lei n. 14.133/2021. Por força desse artigo, a habilitação econômico-financeira tem por finalidade demonstrar a aptidão econômica do licitante para que cumpra as obrigações do futuro contrato, oportunidade em que poderá ser comprovada por coeficientes e índices econômicos constantes do edital, que devem ser justificados no processo licitatório. Imagine-se a situação de órgão que comumente utilize determinado critério de índice econômico que apresente o resultado 1,0 e que, em determinado procedimento, passe a exigir o resultado final 2,0, para objeto de edital que guarde similitude com o edital que contém o novo entendimento. Haveria flagrante violação da isono-

por decisão singular ou deliberação normativa, abdicando o órgão de sua discricionaridade por uma delimitação geral e abstrata, à qual resta vinculado. Assim, têm conteúdo indeterminado as normas cuja compreensão de seu sentido completo depende de inserção do intelecto subjetivo do intérprete. Por fim, tem-se que a interpretação traz como consequência a limitação do direito do administrado, ou seja, a interpretação acarreta uma nova obrigação ou limitação ao direito.[70]

Outro ponto que merece destaque no dever de motivação diz respeito ao artigo 24 da LINDB. Por força dessa norma, a revisão concernente à validade do ato, contrato, ajuste, processo ou norma administrativa que já se houver completado deverá levar em conta as orientações gerais da época, sendo vedado que, mediante mudança posterior da orientação geral, declarem-se inválidas situações constituídas. O parágrafo único estabelece que serão consideradas orientações gerais as interpretações e especificações contidas em atos públicos de caráter geral ou em jurisprudência judicial ou administrativa majoritária, e ainda as adotadas por prática administrativa reiterada e de amplo conhecimento público. A diretriz do artigo 24 consolida a irretroatividade da lei nova, o que é previsto no artigo 6º da LINDB. A nova lei somente deve produzir efeitos para o futuro, deve ser aplicada no que diz respeito à nova orientação sobre a interpretação de normas jurídicas que acabem por ser adotadas pela Administração Pública, judiciário ou órgãos de controle, que devem respeito ao que já está constituído. Consagra-se, desse modo, o "fato jurídico perfeito".[71]

Fernanda Alves Andrade Guarido e Daniel Castanha de Freitas defendem que se faz necessário cautela na aplicação da disposição contida no artigo 24. Para os autores, a possibilidade de invocar as "orientações gerais da época" implica a possibilidade de invocar a jurisprudência administrativa compreendida enquanto precedentes. Entendem necessário o amadurecimento na produção dos precedentes administrativos, em especial, ao se considerar a falta de técnica dos servidores, aliado ao desconhecimento técnico no âmbito administrativo.[72]

---

mia, e criar-se-ia método de cerceamento de participação de empresas no certame. Nesse ponto, torna-se importante o regime de transição previsto no âmbito do artigo 23 da LINDB, possibilitando que haja transcurso de tempo hábil para que as empresas se adequem.

[70] MARQUES NETO, Floriano de Azevedo. Art. 23 da LINDB: O equilíbrio entre mudança e previsibilidade na hermenêutica jurídica. *Revista de Direito Administrativo*, [S. l.], p. 93-112, 2018. DOI: 10.12660/rda.v0.2018.77651. Disponível em: https://bibliotecadigital.fgv.br/ojs/index.php/rda/article/view/77651. Acesso em: 07 ago. 2022. p. 103-106.

[71] SUNDFELD, Carlos Ari. Art. 24 da LINDB e a segurança jurídica no Direito Tributário. *Revista de Direito Tributário Contemporâneo*, v. 29, a. 6, p. 35-50, abr./jun. 2021. São Paulo: Editora RT. Disponível em: https://dspace.mj.gov.br/handle/1/6932. Acesso em: 07 ago. 2022. p. 39.

[72] GUARIDO, Fernanda Alves Andrade; FREITAS, Daniel Castanha. Vinculação da Administração Pública às "Orientações Gerais da Época": os Precedentes Administrativos do art. 24 da

As modificações incorporadas ao âmbito da Lei de Introdução às Normas do Direito Brasileiro e, consequentemente, à motivação dos atos administrativos parecem prescrever maior segurança ao sistema jurídico administrativo, evitando o excesso na análise desses atos[73] e protegendo os gestores.

Note-se que a transparência administrativa e o princípio da publicidade alastram-se no ordenamento constitucional e infraconstitucional, impregnando-se no agir da Administração Pública de modo que persista conduta capaz de conceder à população meios de compreender as razões de agir, ferramentas de controle dos atos administrativos, e afastar a opacidade do Poder Público, prestigiando-se o princípio democrático.

2.3. A lei de acesso à informação como instrumento de efetivação do princípio da transparência

A transparência irradia-se em diversas normas no Brasil, decorrente do princípio republicano de que o poder emana do povo. Advém da lógica de que, se o povo é único detentor do poder, as informações quanto à utilização desse poder não devem ser ocultadas de quem é titular, exceto em caso de exigências provenientes do interesse público ou para proteção da informação privada. Pode-se dividir o campo de incidência do princípio da transparência no âmbito constitucional e infraconstitucional.[74] Para o objetivo desta pesquisa, qual seja, verificar

---

LINDB para além da segurança jurídica e os obstáculos à boa governança. *In*: VALIATI, Thiago Priess; HUNGARO, Luis Alberto; CASTELLA, Gabriel Morettini e. *A Lei de Introdução e o direito administrativo brasileiro*. Rio de Janeiro: Lumen Juris, 2019. p. 118.

[73] Rodrigo Valgas dos Santos explica que "parte desses excessos decorre da análise – pelos órgãos de controle – de atos já praticados, cujo exame ocorre por vezes tardiamente, dificultando ainda mais a percepção das dificuldades reais que contextualizaram a decisão do gestor, não se considerando as limitações estruturais da Administração Pública brasileira (o Brasil conta com 5.568 municípios), nem tampouco o grau de formação de servidores (que varia drasticamente do âmbito federal ao municipal), ou mesmo a complexidade normativa que impõe reais dificuldades em aplicar a lei num País cuja profusão de diplomas legais desafia o mais hábil dos juristas". (SANTOS, Rodrigo Valgas dos. *Direito Administrativo do medo*: risco e fuga da responsabilização dos agentes púbicos. São Paulo: Thomson Reuters Brasil, 2020. p. 285-286).

[74] Fernando Augusto Canhadas constata a existência do princípio da transparência na Constituição Federal no artigo 37, *caput* e parágrafo 1º; no artigo 5º, inciso XIV; no artigo 5º, inciso XXXIV; na possibilidade do *Habeas Data*; no artigo 5º, inciso XXXIII; no artigo 37, § 3º, inciso II; no artigo 58, § 2º; no artigo 93, incisos IX e X; no artigo 162; no artigo 165, § 2º; no artigo 216, § 2º; no artigo 225, § 1º, IV; e no artigo 71, § 3º, da ADCT. No campo infraconstitucional, destacam-se: a Lei de Registros Públicos (Lei Federal n. 6.015/73); a Lei da Política Nacional de Arquivos Públicos e Privado (Lei n. 8.159/91); a Lei de Licitações (Leis Federais n. 8.666/93, 10.520/02 e 12.426/11); a Lei da Garantia de Certidão (Lei Federal n. 9.051/95); a Lei da Interceptação Telefônica (Lei Federal n. 9.296/96); a Lei do *Habeas Data* (Lei Federal n. 9.507/97); a Lei dos Crimes de "Lavagem" ou Ocultação de Bens, Direitos e Valores (Lei Federal n. 9.613/98, alterada pela Lei Federal n. 12.683/12);

se a projeção de mais transparência no processo de contratação pública implica redução da prática de ilícitos, parece prudente realizar-se breve explanação quanto à Lei de Acesso à Informação, diploma que regulamenta o meio de recebimento de informações.

O acesso à informação, presente na Lei n. 12.527/2011, é considerado importante marco legislativo, buscando dar cumprimento às disposições do artigo 5º, inciso XXXIII, do artigo 37, § 3º, inciso II, e do artigo 216, § 2º, da Constituição Federal. Explicita diversos procedimentos que devem ser adotados por parte do poder público para que se possa conceder à população o acesso à informação. Tem como principais características a abertura dos arquivos públicos e o amplo acesso à informação, sendo o sigilo exceção.

A finalidade é assegurar o direito fundamental de acesso à informação, e deve ser executada em conformidade com os princípios básicos da Administração Pública, observando-se: a publicidade como preceito geral e o sigilo como exceção; a divulgação de informações de interesse público, independentemente de solicitações, ou seja, a transparência em sua forma passiva; a utilização de meios de comunicação viabilizados pela tecnologia da informação; o fomento ao desenvolvimento da cultura de transparência na Administração Pública; e o desenvolvimento do controle social da Administração Pública, conforme redação do artigo 3º da Lei. Por força do artigo 6º, ainda cabe à Administração Pública assegurar: gestão transparente da informação, propiciando-se amplo acesso a ela e sua divulgação; proteção da informação, garantindo-se sua disponibilidade, autenticidade e integridade; e proteção da informação sigilosa e da informação pessoal, observando-se sua disponibilidade, autenticidade, integridade e eventual restrição de acesso. O artigo 6º menciona que a gestão pública deve ser transparente, devendo ser entendida a transparência nesse aspecto de forma ampla, com a aplicabilidade de todos seus mecanismos de clareamento da atividade pública (audiências públicas, consultas populares, etc.).

Ingo Wolfgang Sarlet e Carlos Alberto Molinaro resumem esses objetivos da seguinte forma: i) publicidade como regra e sigilo como exceção; ii) controle social da administração pública; iii) divulgação independente de solicitação; iv) desenvolvimento da cultura da transparência; v) utilização de tecnologias da informação e comunicação (TIC).

Lei do Processo Administrativo Federal (Lei Federal n. 9.784/99); Lei de Responsabilidade Fiscal e Lei da Transparência (Lei Complementar n. 101/2000, com a redação alterada pela Lei Complementar n. 131/2009); Leis de Sigilos Fiscal e Bancário (Leis Complementares n. 104/2001 e 105/2001); Lei e Regulamento do Conselho de Transparência Pública e Combate à Corrupção (Lei Federal n. 10.683/03 e Decreto Federal n. 4.923/03); Lei da Comissão Nacional da Verdade (Lei Federal n. 12.528/11). (CANHADAS, Fernando Augusto Martins. *O direito de acesso à informação pública*: o princípio da transparência administrativa. Curitiba: Appris, 2018. p. 102-132).

A abrangência compreende todos os organismos jurídicos públicos e entidades privadas sem fins lucrativos que recebam recursos públicos, mediante direcionamento direto do orçamento ou com contrato.[75]

Já o artigo 7º da legislação em questão estabelece extenso rol de direitos de acesso à população,[76] todos reflexos da incidência da necessidade de implementação de uma conduta transparente na gestão pública.

Nos artigos 8º e 9º da Lei de Acesso à Informação, encontram-se a distinção de categorias de informação e seus meios de divulgação, enquanto, nos artigos 10, 11, 12, 13 e 14, encontram-se os procedimentos, a identidade e a informação, bem como as hipóteses de pesquisa de documentos e meio de divulgação, além de custos e prazos de atendimento. O artigo 15 prevê a possibilidade de indeferimento do pedido de acesso aos documentos e o prazo para interposição de recurso. Nos artigos 21 a 30, restam disciplinadas as formas de restrição de acesso, a classificação das restrições e os prazos de decretação de sigilo, bem como os documentos aos quais não é possível impor restrições de acesso. Por sua vez, o artigo 31 disciplina o tratamento de informações pessoais, assegurando o respeito à liberdade e às garantias individuais, e os artigos 32 a 24 estabelecem a responsabilidade pela informação. Pode-se classificar este como um panorama geral da Lei de Acesso à Informação.

A doutrina explica que, com a edição da Lei de Acesso à Informação, extrai-se o princípio da publicidade máxima (art. 3º, I) da abertura dos dados (art. 8º, § 3º, incisos II e III), que constitui a base da trans-

---

[75] SARLET, Ingo Wolfgang; MOLINARO, Carlos Alberto. O direito à informação na ordem constitucional brasileira: breves apontamentos. *In*: SARLET, Ingo Wolfgang; MARTOS, José Antonio Montilla; RUARO, Regina Linden. *Acesso à informação como direito fundamental e dever estatal*. Porto Alegre, Livraria do Advogado, 2016. p. 25-26.

[76] O artigo estabelece que o cidadão tem direito a: (I) orientação sobre os procedimentos para a consecução de acesso, bem como sobre o local em que poderá ser encontrada ou obtida a informação almejada; (II) informação contida em registros ou documentos, produzidos ou acumulados por seus órgãos ou entidades, recolhidos ou não a arquivos públicos; (III) informação produzida ou custodiada por pessoa física ou entidade privada decorrente de qualquer vínculo com seus órgãos ou entidades, mesmo que esse vínculo já tenha cessado; (IV) informação primária, íntegra, autêntica e atualizada; (V) informação sobre atividades exercidas pelos órgãos e entidades, inclusive as relativas a sua política, organização e serviços; (VI) informação pertinente à administração do patrimônio público, à utilização de recursos públicos, à licitação, a contratos administrativos; além de (VII) informação relativa: a) à implementação, ao acompanhamento e aos resultados de programas, projetos e ações dos órgãos e entidades públicas, bem como de metas e indicadores propostos; b) ao resultado de inspeções, auditorias, prestações e tomadas de contas realizadas pelos órgãos de controle interno e externo, incluindo prestações de contas relativas a exercícios anteriores. As exceções encontram-se nos parágrafos do artigo e dizem respeito a informações referentes a projetos de pesquisa e desenvolvimento, aos quais o sigilo seja necessário para resguardo da segurança da sociedade e do Estado; à possibilidade de obtenção de informação parcial, ou seja, à possibilidade de recebimento de informação pública, resguardando-se a parte da informação em que houver a imposição de sigilo; ao direito de acesso aos documentos que auxiliaram na formação da convicção e tomada de decisão do ato administrativo decisório.

parência ativa, bem como a transparência passiva, como se pode ver nos artigos 10 a 14. A Lei foi, ainda, regulamentada pelo Decreto n. 7.724/2012, que dispôs sobre os procedimentos para credenciamento de segurança e o tratamento de informações classificadas em qualquer grau de sigilo, além de dispor, também, sobre o Núcleo de Segurança e Credenciamento.[77]

A transparência ativa e passiva está regulamentada no artigo 8º da Lei n. 12.527/2011, que cuida do dever de divulgação das informações de interesse coletivo ou geral dos órgãos e entidades públicas, independente de requerimento. No Decreto n. 7.724/2012, encontra-se, em capítulos específicos, a distinção entre transparência ativa e transparência passiva. Juliano Heinen explica:

> A partir da interpretação dos arts. 8º e 10, especialmente, pode-se falar, nesse sentido, em dois tipos de transparência:
>
> (a) *a ativa*, que se refere ao dever de o Estado, *independentemente de qualquer solicitação*, fornecer certos dados. É necessário que, para tanto, a Administração Pública tome condutas proativas na disponibilização dessas informações (art. 8º). Ela deve ocorrer de *duas formas:*
>
> (a1) em *ambiente virtual*, sendo disponibilizadas as informações nos sítios que cada ente público atingido pela lei dispõe na rede mundial de computadores. As referidas páginas virtuais deverão, no mínimo, ter os requisitos constantes no § 3º do art. 8º da lei;
>
> (a2) em *ambiente físico*, devendo haver local para atender e orientar o público quanto ao acesso a informações. Ainda, neste espaço, deve-se informar os cidadãos sobre a tramitação de documentos as suas respectivas unidades, permitir ali se protocolizar requerimento de acesso a informações etc. (art. 9º, inciso I, alíneas);
>
> b) a *passiva*, que determina que o Estado forneça os dados e as informações que o cidadão solicite. Ocorre quando o cidadão provoca o ente público para que este forneça os dados requeridos (art. 10).[78]

A principal problemática é a seletividade dos dados e o tratamento da informação, que pode ser polida e medida pelos gestores.[79] Em

---

[77] ARRUDA, Carmen Silvia Lima de. *O Princípio da transparência*. São Paulo: Quartier Latin, 2020. p. 191-192.

[78] HEINEN, Juliano. *Comentários à Lei de Licitações e Contratos Administrativos*. São Paulo: JusPodivm, 2022. p. 75-76.

[79] Em estudo comparativo quanto à transparência entre o Governo Dilma Rouseff (2016) e Governo Jair Bolsonaro (2021), constatou-se que o Governo Bolsonaro, em vez de promover abertura de dados e informações públicas, prioriza práticas que visam à opacidade e ao sigilo. Evidenciou uma queda significativa de 23,77%, tornando a transparência do Executivo brasileiro, antes avançada (com 97,47%), agora moderada (com 73,7%). Constatou-se não haver novas práticas de inclusão do governo no âmbito digital, sendo que, ao contrário, ocorreu descontinuidade de práticas herdadas de outros governos, justificando a queda do nível de transparência. A queda de 0,951 ponto, ou 23,77%, mostra que, se o governo é 74% transparente, então ele é 26% opaco. (ALMADA, Maria Paula *et al*. A transparência do Executivo Federal brasileiro: uma comparação entre os governos Dilma Rousseff e Jair Bolsonaro. *Opinião Pública [online]*. 2022, v. 28, n. 1 p. 169-199. Disponível em: <https://doi.org/10.1590/1807-01912022281169>. Epub 08 Jun 2022. Disponível em: https://doi.org/10.1590/1807-01912022281169. Acesso em: 07 ago. 2022. p. 194).

muitos portais, não se vê nenhuma informação relevante, somente dados como estrutura organizacional, endereço e horário de atendimento. Onde se vislumbra maior transparência é no âmbito do Poder Executivo Federal, em que os órgãos dispõem de portais da transparência, mas, mesmo assim, não são devidamente alimentados, apresentando informações desatualizadas e incompletas.[80] Convém destacar as condutas adotadas durante a pandemia de Covid-19, no que diz respeito ao acesso à informação de forma ativa. Em momento de grande necessidade de presença de informações fidedignas na sociedade, constatou-se uma opacidade na informação por parte do Poder Executivo Federal, com ocultação do número de mortes; apresentação de dados de forma que não demonstrassem o panorama enfrentado, divulgando somente as mortes das últimas 24 horas, em vez do extrato consolidado; retirada do coeficiente de incidência de óbitos, taxa de letalidade e ferramenta de *download* dos dados, entre outras condutas.[81] A implementação de transparência ativa, com a manutenção dos portais atualizados e com o fornecimento de informações úteis e de qualidade, é benéfica, visto que reduz o custo da prestação de informações, evitando a realização de pedidos sobre temas semelhantes.[82]

No que diz respeito aos contratos firmados por meio de licitações, a situação não é muito melhor. A título exemplificativo, em pesquisa realizada no final de 2020, sobre as informações constantes nos *sites* do Poder Executivo Federal, constataram-se questões que não condizem com as diretrizes existentes no âmbito da Lei de Acesso à Informação. Os portais não apresentaram atalho para solicitação, por meio de correio eletrônico, de informações adicionais acerca das licitações; o Ministério das Relações Exteriores mantinha, em seu portal, dados desatualizados desde 2016, e o Ministério do Desenvolvimento Social, mesmo com lista para consulta das licitações, tinha páginas inexistentes ou, então, expiradas, além de conteúdo desatualizado, também desde 2016.[83]

---

[80] ARRUDA, Carmen Silvia Lima de. *O Princípio da transparência*. São Paulo: Quartier Latin, 2020. p. 196-197.

[81] BRANDÃO, Celmário Castro; MENDONÇA, Ana Valéria Machado; SOUSA, Maria Fátima de. Performance of the ministry of health in addressing the Covid-19 pandemic in Brazil. *SciELO Preprints*, 2022. DOI: 10.1590/SciELOPreprints.4270. Disponível em: https://preprints.scielo.org/index.php/scielo/preprint/view/4270. Acesso em: 07 set. 2022.

[82] ARRUDA, Carmen Silvia Lima de. *O Princípio da transparência*. São Paulo: Quartier Latin, 2020. p. 196-197.

[83] SILVEIRA, Pedro Afonso Domingos; SILVA, Rosane Leal da. A implementação da Lei de Acesso à Informação Pública no Brasil e a cultura do sigilo: análise dos portais do Poder Executivo Federal. *Revista da Faculdade de Direito UFPR*, Curitiba, v. 65, n. 3, p. 85-114, set./dez. 2020. DOI: http://dx.doi.org/10.5380/rfdufpr.v65i3.68473. Disponível em: https://revistas.ufpr.br/direito/article/view/68473. Acesso em: 31 dez. 2021. p. 103-104.

Diante da ausência de prestação de informações dos dados públicos por parte dos gestores públicos, poderá o cidadão requisitá-las, exercendo o direito de acesso à informação, bem como seu direito de petição. É que todos são legítimos para procederem ao requerimento de informações juntos a órgãos públicos.[84] Descabida é a necessidade de apresentação de justificativa de interesses para o acesso a informações ou expedientes administrativos.[85] O Supremo Tribunal Federal manifestou-se quanto ao assunto – reconhecendo a repercussão geral – em caso em que vereador pleiteava acesso a documentos sobre a gestão municipal, restando indeferido. Argumentava a municipalidade que se deveria respeitar a separação dos poderes e que haveria diferença nas prerrogativas do Legislativo e de seus parlamentares. Fixou o Tribunal entendimento no sentido de que "o parlamentar, na condição de cidadão, pode exercer plenamente seu direito fundamental de acesso a informações de interesse pessoal ou coletivo, nos termos do art. 5º, inciso XXXIII, da CF e das normas de regência desse direito".[86]

---

[84] Em pesquisa que analisou o perfil de quem solicitara acesso à informação na plataforma Fala.BR, da Controladoria Geral da União, no período de 2012 a 2021, constatou-se a realização de mais de 260.000 observações, entre pessoas físicas e jurídicas. A partir da metodologia de estatística descritiva univariada, a pesquisa concluiu que as pessoas físicas que realizaram requerimento caracterizavam-se, predominantemente, por servidores públicos ou acadêmicos da região, enquanto as pessoas jurídicas eram de pequeno e médio porte. Em ambos os casos, as pessoas físicas e jurídicas estavam localizadas na região Sudeste. Destacam os autores que algumas tendências merecem maior investigação em oportunidades futuras: i). a emergência do sexo feminino nos últimos anos, que chegou a superar o sexo masculino em 2021 (considerando-se até a data do *download* dos dados); e ii) crescimento de pedidos advindos de pessoas com nível de escolaridade de ensino médio, atingindo um terço dos pedidos, nos últimos anos. (NASU, Vitor Hideo; BORGES, Yana Miranda; SILVA, Breno Gabriel da. O perfil dos solicitantes dos pedidos de acesso à informação: análise com os dados da plataforma Fala.BR de 2012 a 2021. *Revista da CGU*, [S. l.], v. 14, n. 25, p. 33-49, 2022. DOI: 10.36428/revistadacgu.v14i25.447. Disponível em: https://revista.cgu.gov.br/Revista_da_CGU/article/view/447. Acesso em: 07 set. 2022. p. 46-47).

[85] ARRUDA, Carmen Silvia Lima de. *O Princípio da transparência*. São Paulo: Quartier Latin, 2020. p. 196-197.

[86] EMENTA: Direito Constitucional. Direito fundamental de acesso à informação de interesse coletivo ou geral. Recurso extraordinário que se funda na violação do art. 5º, inciso XXXIII, da Constituição Federal. Pedido de vereador, como parlamentar e cidadão, formulado diretamente ao chefe do Poder Executivo solicitando informações e documentos sobre a gestão municipal. Pleito indeferido. Invocação do direito fundamental de acesso à informação, do dever do poder público de transparência e dos princípios republicano e da publicidade. Tese da municipalidade fundada na separação dos poderes e na diferença entre prerrogativas da casa legislativa e dos parlamentares. Repercussão geral reconhecida. 1. O tribunal de origem acolheu a tese de que o pedido do vereador para que informações e documentos fossem requisitados pela Casa Legislativa foi, de fato, analisado e negado por decisão do colegiado do parlamento. 2. O jogo político há de ser jogado coletivamente, devendo suas regras ser respeitadas, sob pena de se violar a institucionalidade das relações e o princípio previsto no art. 2º da Carta da República. Entretanto, o controle político não pode ser resultado apenas da decisão da maioria. 3. O parlamentar não se despe de sua condição de cidadão no exercício do direito de acesso a informações de interesse pessoal ou coletivo. Não há como se autorizar que seja o parlamentar transformado em cidadão de segunda categoria. 4. Distinguishing em relação ao caso julgado na ADI n. 3.046, Relator o Ministro Sepúlveda Pertence. 5. Fixada a seguinte tese de repercussão geral: o parlamentar, na condição de cidadão, pode exercer plenamente seu direito fundamental de acesso a informações de interesse pessoal ou

Há, ainda, casos de exclusão obrigatória do direito de acesso, em que são postas em risco a segurança e a privacidade. A segurança é utilizada como fundamento de restrição quando o conhecimento das informações em posse da Administração Pública possa a vir a afetar a segurança nacional, a soberania, as relações internacionais e a tutela da ordem pública (estratégias para a prevenção e a repressão da criminalidade, por exemplo). Atinente ao direito à privacidade (previsto no art. 5º, inciso X), de redação Constitucional mais ampla, este abrange todas as manifestações da esfera íntima e privada da personalidade. Nesse sentido, entende-se por privacidade o conjunto de informações a respeito do indivíduo, a respeito das quais este decide se mantém sob seu controle ou se comunica, decidindo a quem comunicar, quando, onde e em que condições, sem poder ser a isso legalmente submetido. O que se busca mediante a tutela constitucional do direito à privacidade é a proteção e liberdade da vida privada, considerando-se violação a divulgação, a investigação e a conservação de dados em documentos. Honra, imagem e nome não são integrantes do conceito de direito à vida privada, mas integram o conceito de personalidade, regulado nos âmbitos civil e penal.[87]

Há a percepção de que, mesmo diante das disposições constitucionais que determinam a abertura do poder público, da edição de normas de caráter infraconstitucional e do reconhecimento do direito de acesso à informação pública, o acesso à informação pública não é realizado de forma clara e sem empecilhos. A Lei de Acesso à Informação é mecanismo importante para o exercício fiscalizatório e de democratização da gestão pública. Por meio de seus dispositivos – em especial, as exigências provenientes de uma transparência ativa e passiva –, possibilita o acesso aos documentos pertinentes para conhecimento da Administração Pública em sua essência.

Sua aplicabilidade efetiva induz à ideia de que poderá ocorrer maior transparência e haver mecanismos para a fiscalização dos atos do poder público, em especial no que diz respeito às licitações realizadas. Ao conceder à população acesso aos documentos da fase preparatória, da fase externa e da fase executória da licitação, na modalidade da transparência ativa ou passiva, concede-se também a possibilidade

---

coletivo, nos termos do art. 5º, inciso XXXIII, da CF e das normas de regência desse direito. 6. Recurso extraordinário a que se dá provimento. (BRASIL. Supremo Tribunal Federal. *RE n. 865401*. Recorrente: Marcos Antônio Ribeiro Ferraz. Recorrido: Antônio Vez de Melo. Relator: Dias Toffoli, 25/04/2018. Disponível em: https://jurisprudencia.stf.jus.br/pages/search/sjur392966/false. Acesso em: 05 set. 2022).

[87] TABORDA, Maren Guimarães. *O princípio da publicidade e a participação na administração pública*. 2006. Tese (Doutorado em Direito) – Programa de Pós-Graduação em Direito, Universidade Federal do Rio Grande do Sul – UFRGS, Porto Alegre, 2006. Disponível em https://seer.ufrgs.br/ppgdir/article/view/51622/0. Acesso em: 13 ago. 2021. p. 103-104.

de compreender a gestão da coisa pública, de participar da concretização da atividade pública e de garantir a fiscalização do uso do dinheiro público.

2.4. A estrutura principiológica da lei de licitações e sua integração com a transparência na atuação administrativa

Aspecto que impacta a interpretação da lei e a aplicação da Lei de Licitações, bem como do já mencionado acesso às informações públicas, diz respeito aos princípios que irão reger a atividade administrativa de planejar, contratar e executar um contrato administrativo. O artigo 5º da Lei n. 14.133/2021[88] apresenta extenso rol de princípios que deverão ser observados quando da aplicação da Lei.

Denota-se que, na referida lei, há a inserção de princípios de cunho constitucional, previstos no âmbito do artigo 37 da Constitucional Federal (legalidade, impessoalidade, moralidade, publicidade e eficiência). A respeito dessa inserção, destacam Maria Sylvia Zanella Di Pietro e Thiago Marrara que:

> Muitos princípios são colocados como se fossem distintos, como a proporcionalidade e a razoabilidade; a transparência e a publicidade e assim por diante. Na verdade, vários dos princípios apontados nada mais são que derivações lógicas dos princípios constitucionais maiores. A razoabilidade e a probidade, por exemplo, decorrem da moralidade; a celeridade, a eficácia e a economicidade extraem-se do princípio da eficiência; a transparência e a motivação ligam-se ao princípio da publicidade; o julgamento objetivo e a igualdade, ao princípio da impessoalidade. Da forma como estruturado, portanto, o art. 5º assume conteúdo bastante redundante e prolixo, mas, quem sabe, isso ocorra propositalmente. Melhor dizendo: é possível presumir que o legislador não tenha buscado estender o número de princípios, mas que tenha desejado evidenciar e frisar pela técnica da repetição o conteúdo essencial do arcabouço principiológico constitucional.[89]

De fato, os princípios parecem se repetir quando se procede à leitura do artigo; contudo, não se pode olvidar que a Lei de Licitações é operada nos mais diversos órgãos públicos dotados de pluralidade

---

[88] Art. 5º. Na aplicação desta Lei, serão observados os princípios da legalidade, da impessoalidade, da moralidade, da publicidade, da eficiência, do interesse público, da probidade administrativa, da igualdade, do planejamento, da transparência, da eficácia, da segregação de funções, da motivação, da vinculação ao edital, do julgamento objetivo, da segurança jurídica, da razoabilidade, da competitividade, da proporcionalidade, da celeridade, da economicidade e do desenvolvimento nacional sustentável, assim como as disposições do Decreto-Lei n. 4.657, de 4 de setembro de 1942. (Lei de Introdução às Normas do Direito Brasileiro).

[89] DI PIETRO, Maria Sylvia Zanella; MARRARA, Thiago. Estrutura Geral da Nova Lei: abrangência, objetivos e princípios. *In*: DI PIETRO, Maria Sylvia Zanella. *Licitações e contratos administrativos*: inovações da Lei 14.133, de 1º de abril de 2021. Rio de Janeiro: Forense, 2022. p. 19.

de agentes, cada qual com sua qualificação técnica. Ademais, também é operada por terceiros, não ligados à Administração Pública e sem conhecimento jurídico, que a usam para serem contratados por parte do Poder Público. Nesse contexto, é importante que todos os princípios e requisitos necessários estejam descritos de forma clara e precisa no âmbito da lei. Outrossim, partindo do pressuposto de serem os princípios mandamentos de otimização, que devem ser aplicados em sua máxima possibilidade, pode-se interpretar que a transparência, compreendida como integrante do princípio democrático, acaba por irradiar seus efeitos nos demais princípios constitucionais e infraconstitucionais enquanto interpretados no que diz respeito à aplicabilidade da lei de licitações.

Ao compreendermos a **legalidade** como mecanismo de proteção do cidadão em relação aos abusos praticados por parte dos administradores públicos,[90] através da aplicabilidade da lei, pode-se compreender sua relação com o princípio objeto deste trabalho. A transparência – enquanto dever de motivar – torna-se necessária para que se possa compreender os atos administrativos e auferir sua consonância com as previsões contidas na lei.

O princípio da **vinculação ao instrumento convocatório**, ou vinculação ao edital, como referido na Lei, guarda forte simetria com o princípio da legalidade. Por força desse princípio, as partes envolvidas no procedimento licitatório estão vinculadas às disposições contidas no âmbito do edital publicado. É o dito popularmente conhecido: "o edital é a lei da licitação". Eduardo de Carvalho Rêgo explica que esse princípio garante "que os licitantes não sejam pegos de surpresa ao longo das mais diversas fases do certame. Como o próprio nome sugere, a Administração Pública está vinculada ao edital, não podendo dele se afastar em qualquer circunstância".[91] Ao estabelecer as regras, qualquer alteração no edital que acabe por afetar a formulação de propostas ou participação dos concorrentes deve ser publicada e

---

[90] Nos dizeres de Manoel Gonçalves Ferreira Filho: "Na vivência prática dos direitos fundamentais, é o Poder Executivo, ou melhor, o administrador público que tem o papel de vilão. E isto alcança a todos, dos mais altos – o chefe do Poder, os Ministros –, até os menos elevados na hierarquia, como o policial e outros agentes. De fato, são eles que encarnam esse Poder que prende, censura, confisca, nega matrícula na escola, ou ingresso no hospital, não raro conspurca o meio ambiente... ou seja, viola as liberdades públicas, não satisfaz os direitos sociais, não respeita os direitos de solidariedade. Ora, o reconhecimento de que esses agentes do Estado pecam frequente contra os direitos do povo que aquele deve tutelar leva ao paradoxo de o próprio Estado contemporâneo organizar contra a atividade precípua de um dos seus Poderes todo um complexo sistema de proteção, para isso mobilizando outro Poder, ou pelo menos órgãos nisso especializados (afora todo um sistema preventivo destinado a evitar ilegalidades)". (FERREIRA FILHO, Manoel Gonçalves. *Direitos humanos fundamentais*. São Paulo. Saraiva, 2009. p.103)

[91] RÊGO, Eduardo de Carvalho. Princípios Jurídicos Previstos no Projeto da Nova Lei de Licitações. *In*: NIEBUHR, Joel de Menezes *et. al. Nova Lei de Licitações e Contratos Administrativos.* Curitiba: Zenite, 2020. E-book, p. 25.

vinculada ao edital.[92] Ademais, quando a Administração Pública presta esclarecimentos de questionamentos ou impugnações de licitantes, estas têm natureza vinculante e não admitem interpretação distante do esclarecido, sob pena de violação ao princípio em estudo.[93] A vinculação ao instrumento convocatório estabelece laços com a transparência, enquanto dever de publicidade. Sem que haja a divulgação do edital, dos esclarecimentos e alterações, dificultoso é tomar conhecimento ao que se está vinculado.

O **julgamento objetivo** também se relaciona à legalidade e à vinculação ao instrumento convocatório. O princípio do julgamento objetivo impõe ao órgão ou à entidade licitante o dever de estabelecer o critério mais adequado, baseado em fatores pertinentes ao seu objeto e condizentes com seu tipo, e ao julgador, o de conter-se nos limites traçados pelo instrumento convocatório e nada acrescentar às propostas ou delas retirar.[94] Por esse princípio, impõe-se a observância aos critérios de avaliação das propostas e os fatores de qualidade, rendimento, preço, prazos definidos no edital. Busca afastar qualquer discricionarismo, possibilitando que a comissão de licitações tenha parâmetros e padrões bem definidos.[95]

A **segurança jurídica** implica o direito das pessoas de tomarem conhecimento, de forma prévia, das condutas que lhes serão exigidas e das consequências de seu descumprimento, permitindo que escolham tais condutas e se cientifiquem das consequências.[96] No âmbito de

---

[92] BRASIL. Tribunal de Contas da União. *Acórdão n. 2032/2021-Plenário*. Processo do tipo desestatização (DES) relacionado à licitação a ser conduzida pela Agência Nacional de Telecomunicações (Anatel) para a conferência de autorizações de uso de radiofrequências nas faixas de 700 MHz, 2,3 GHz, 3,5 GHz e 26 GHz associadas à prestação do Serviço Móvel Pessoal (SMP), também conhecido como serviço de telefonia móvel, destinadas à implementação de redes móveis de 5ª geração, ou seja, em tecnologia 5G. Recorrentes: Responsáveis: Leonardo Euler de Morais (Presidente da Anatel); Emmanoel Campelo de Souza Pereira (Conselheiro); Moisés Queiroz Moreira (Conselheiro); Carlos Manoel Baigorri (Conselheiro); Vicente Bandeira de Aquino Neto (Conselheiro). Relator: Raimundo Carneiro, 25/08/2021. Disponível em: http://contas.tcu.gov.br/sisdoc/ObterDocumentoSisdoc?codPapelTramitavel=69192659 Acesso em: 10 set. 2021.

[93] BRASIL. Tribunal de Contas da União. *Acórdão n. 179/2021-Plenário*. Representação. Pregão eletrônico para registro de preços. Suposta desclassificação indevida. Improcedência. Indeferimento de medida cautelar. Arquivamento. Ciência aos interessados. Recorrente: Ism Gomes de Matos Eireli. Relator: Raimundo Carneiro, 03/02/2021. Disponível em: http://contas.tcu.gov.br/sisdoc/ObterDocumentoSisdoc?codPapelTramitavel=67303601 Acesso em: 10 set. 2022.

[94] MEIRELLES, Hely Lopes. Licitação: julgamento objetivo. *Revista dos Tribunais*, v. 642/1989, p. 7-11, abr 1989, DTR\1989\6. Disponível em: Base RT – Online. Acesso em: 10 set 2022. p. 9.

[95] VAZ, Paulo Afonso Brum. Licitação. Linhas gerais e aspectos destacados. *Doutrinas Essenciais de Direito Administrativo*, v. 4, p. 155-188, nov. 2012, DTR\1999\472. Disponível em: Base RT – *Online*. Acesso em: 10 set 2022. p. 161.

[96] Rodrigo Valgas dos Santos explica que, em certo sentido, o risco faz parte do ônus decisório. Decidir implica a assunção de riscos. Todavia, o *risco transmuda-se em medo quando, na percepção do agente público, este poderá ser punido pelo simples fato de decidir, ou, no mínimo, de estar sujeito a processos sancionadores no âmbito administrativo ou jurisdicional por sua decisão*. Como já se viu, as prin-

licitações, a insegurança jurídica é grande;[97] agentes são responsabilizados mesmo quando atuam de boa-fé e acreditam que estão realizando o permitido. O que se busca com esse princípio é evitar ativismos, implicando o cuidado quando da aplicação de princípios jurídicos e de normas baseadas em conceitos jurídicos indeterminados.[98] É garantir a aplicação previsível da norma jurídica, lastreada na boa-fé e na estabilidade das decisões administrativas.[99]

A **impessoalidade**, compreendido seu núcleo como o dever de dispensar o mesmo tratamento a administrados que estejam em idêntica situação jurídica,[100] prescreve restrições no âmbito das licitações públicas somente auferíveis mediante transparência, enquanto dever de publicidade. As limitações impostas por esse princípio dizem respeito à contratação de empresas que mantenham vínculos pessoais com servidores,[101] até mesmo quando a natureza do vínculo é civil – um contrato de locação, por exemplo, entre servidor e licitantes ou contratados habituais.[102]

A **moralidade** tem por fim infringir ao administrador o dever de exercer uma boa administração, que se apresente com uma postura de forma que seus atos exteriorizem o fato de estar agindo em moralidade, sem desvios, de forma a buscar a melhor administração possível. É a

---

cipais causas desse medo na realidade brasileira residem na elevada insegurança jurídica: i) em decorrência de normas jurídica que regram a atividade administrativa excessivamente abertas, fazendo com que quaisquer agentes públicos possam incorrer em sua violação; ii) diante do fenômeno da hiperinflação legislativa, que quase impossibilita o conhecimento de todas as normas pelos agentes públicos; iii) mesmo pela pouca deferência dos órgãos de controle externo às decisões administrativas tomadas pelos agentes públicos controlados. (SANTOS, Rodrigo Valgas dos. *Direito Administrativo do medo*: risco e fuga da responsabilização dos agentes públicos. São Paulo: Thomson Reuters Brasil, 2020. p. 344);

[97] Joel de Menezes Niebuhr afirma haver uma "legalidade movediça", implicando grande insegurança jurídica aos gestores públicos. (NIEBUHR, Joel de Menezes. *Licitação Pública e contrato administrativo*. 5ª ed. Belo Horizonte: Fórum, 2022. p. 114).

[98] NIEBUHR, Joel de Menezes. *Licitação Pública e contrato administrativo*. 5ª ed. Belo Horizonte: Fórum, 2022, p. 114-115.

[99] MIRANDA, Henrique Savonitti. *Licitações e contratos administrativos*. São Paulo: Thomson Reuters Brasil, 2021. p. 110-11.

[100] MORAES, Alexandre de. *Constituição Federal Comentada*. Rio de Janeiro: Forense, 2018. p. 992.

[101] BRASIL. Tribunal de Contas da União. *Representação n. 008.276/2007-3*. Acordão n. 3117/2008. Interessado: George Santoro Advogados. Entidade: Conselho Regional de Psicologia 5ª Região. Relator: André de Carvalho, 26/08/2008. Disponível em: https://pesquisa.apps.tcu.gov.br/#/redireciona/processo/827620073. Acesso em: 10 set 2022.

[102] O artigo 7º, inciso III, da Lei n. 14.133/2021 prescreve que caberá à autoridade máxima do órgão ou da entidade, ou a quem as normas de organização administrativa indicarem, promover gestão por competências e designar agentes públicos para o desempenho das funções essenciais à execução desta Lei que preencham os requisitos constantes do artigos, sendo que entre eles há a exigência de que não sejam cônjuge ou companheiro de licitantes ou contratados habituais da Administração, nem tenham com eles vínculo de parentesco, colateral ou por afinidade, até o terceiro grau, ou de natureza técnica, comercial, econômica, financeira, trabalhista e civil.

insurgência do administrado contra o erro, o dolo, a violência, a arbitrariedade e o interesse pessoal na atividade administrativa. O que se exige pela moralidade é a aplicação da justiça aos cidadãos e a eficiência administrativa.[103] Aplicado o princípio no âmbito da gestão da coisa pública, há a implicação de que o agente sopese se o ato seria praticado normalmente por um "bom administrador", entendendo que sim, poderá agir da forma como pensara; porém, compreendendo que não, deverá abster-se.[104] Nota-se que, em se tratando de licitações, também se pode verificar a relação do princípio da transparência com a moralidade. Para conferência dessa "boa administração", é imprescindível que haja a apresentação dos documentos e dos atos administrativos executados até o momento em que é publicado o edital, por exemplo. Assim, é possível ao administrado ter conhecimento quanto à boa gestão de recursos, além de verificar eventuais direcionamentos ou vantagens para licitantes.

A **probidade** administrativa guarda relação com o princípio da moralidade. Por força da moralidade administrativa, somente a satisfação dos requisitos legais do ato não é suficiente, sendo necessária a análise da ação administrativa, investigando se realmente há interesse público nesse ato. Faz-se necessária a análise do motivo e do objeto do ato, para que se possa verificar se houve ou não a efetivação do dever de boa administração e preservação do interesse público.[105] Pode-se complementar, dizendo que a probidade, de forma objetiva, implica a necessidade de uma relação pautada pela boa-fé entre administração e administrado, não sendo frustradas as expectativas legítimas do cidadão; sob um aspecto subjetivo, deve o gestor público agir de forma proba, honesta, livre de má-fé.[106]

A **igualdade**, em se tratando de licitações, é a busca pelo oferecimento de mesmas condições aos participantes do certame, garantindo-se que não haja atribuição de vantagens para um em detrimento de outro. É aplicável, sempre que for possível, comparar-se a situação dos

---

[103] DELGADO, José Augusto. O princípio da moralidade administrativa e a constituição de 1988. *Revista dos Tribunais*, v. 680/1992, p. 34-46, jun. 1992. Disponível em: Base RT Online. Acesso em: 11 set 2022

[104] MUKAI, Toshio. Da aplicabilidade do princípio da moralidade administrativa e do seu controle jurisdicional. *Doutrinas Essenciais de Direito Administrativo*, v. 1, p. 991-997, nov. 2012, DTR\1993\321. Disponível: Base RT Online. Acesso em: 11 set 2022.

[105] LEAL, Rogério Gesta. Imbricações necessárias entre moralidade administrativa e probidade administrativa. *A&C – Revista de Direito Administrativo & Constitucional*, Belo Horizonte, a. 14, n. 55, p. 87-107, jan./mar. 2014. Disponível em: http://www.revistaaec.com/index.php/revistaaec/article/view/104/307. Acesso em: 07 set. 2022. p. 99.

[106] TREVISAN, Leonardo Simchen. Administrative Morality, a Blurry Concept. *Atuação: Revista Jurídica do Ministério Público Catarinense*, 34, p. 30-64, 2021. Disponível em: Base HeinOnline. Acesso em: 07 set 2022. p. 61.

indivíduos, verificando se a um deles tenha sido dispensado determinado tratamento, sendo esse tratamento razão para que se equiparem os tratamentos.[107] Em licitações, há exceções à igualdade, como tratamento dispensado às microempresas e às empresas de pequeno porte, reguladas pela Lei Complementar n. 123/2016.

A inclusão do princípio da **segregação de funções** é a normativação de entendimento sedimentado no âmbito do Tribunal de Contas da União. Por esse princípio, busca-se aplicar maior segurança jurídica à atividade administrativa, separando-se o procedimento de modo que o responsável por decidir não seja também por executar ou fiscalizar a atividade administrativa. É a pulverização de responsabilidades, a fim de que um agente tome conhecimento da atividade desempenhada por outro, sendo mecanismo de controle interno da Administração Pública. O artigo 7º, § 1º, torna obrigatória a observação desse princípio, devendo o gestor organizar-se por competências e designar agentes públicos de forma que não sejam atribuídas aos mesmos servidores tarefas da fase preparatória (interna) e da fase competitiva (externa).[108]

Por princípio da **eficiência**, deve-se compreender a obrigação da Administração Pública de agir de forma eficiente, mediante três prismas: eficácia, economia e qualidade. Assim, o gestor público deve buscar uma ação economicamente otimizada, de qualidade, que atinja o objetivo almejado e assim o seja pela necessidade de os serviços públicos serem realizados de forma adequada ao que necessita a sociedade.[109] A **eficácia**, por sua vez, deve ser compreendida como o atingimento do objetivo estabelecido com a prática do ato administrativo. Apesar de aproximados, os conceitos são diferentes. Conforme explicam Luciano Benetti Timm e Giuliano Toniolo, a eficácia se refere à capacidade de produção de resultado, enquanto a eficiência é a busca pelo melhor resultado possível mediante o menor gasto de forças possível.[110]

Em ambos os princípios, notamos relação com a transparência administrativa no que diz respeito às licitações públicas, em especial, quando da realização de orçamentos para execução de obras, aquisi-

---

[107] ZANITELLI, Leandro Martins. Pragmatismo Judicial e Igualdade. *Brazilian Journal of International Law*, v. 4, n. 1, p. 169-193January/July 2007. Disponível em: Base HeinOnline. Acesso em: 07 set 2022. p. 171-172.

[108] DI PIETRO, Maria Sylvia Zanella. *Direito Administrativo*. 35ª ed. Rio de Janeiro: Forense, 2022, p. 475;

[109] VASCONCELOS, Cristiane Beuren. O Princípio da Eficiência: uma análise de sua conformação na Constituição de 1988. *Revista Justiça do Direito*, v. 16, n. 1, p. 133-144, 2002. Disponível em: Base HeinOnline. Acesso em: 07 set 2022, p. 138.

[110] TIMM, Luciano Benetti; TONIOLO, Guiliano. A aplicação do princípio da eficiência a administração pública: levantamento bibliográfico e estudo da jurisprudência do TJRS. *Brazilian Journal of International Law*, v. 4, n. 2, p. 43-54, jul./ dez. 2007. Disponível em: Base HeinOnline. Acesso em 07 set 2022, p. 45.

ção de produtos ou contratação de serviços. Sem que terceiros tomem conhecimento dos custos envolvidos na operação, não é possível auferir a eficácia da contratação, e não se torna possível auferir se há uma contratação vantajosa para a Administração Pública. Outrossim, sem a transparência das contas públicas, não é possível verificar a economia, a qualidade e a eficácia da contratação, pois não se terá visão global do orçamento e compreensão quanto ao que representa determinada contratação na gestão financeira de determinado Município.

Relacionam-se, ainda, a esses princípios de cunho mais econômico (eficiência e eficácia) os princípios da **celeridade** e da **economicidade**. A celeridade está ligada ao tempo. Os atos administrativos em licitação devem ser executados no prazo adequado. Havendo aplicação prática, é admitido que se deduza direito subjetivo desse princípio, que implica a análise dos requerimentos formulados – tais como recursos e pedidos de reequilíbrio econômico-financeiro – em tempo razoável. Tem por função reprimir a Administração Pública se verificada demora injustificada para a tomada de decisão.[111]

A economicidade impõe que as escolhas realizadas pelo Poder Público se deem de maneira a proporcionar a melhor gestão dos recursos públicos e a realizar as contratações de forma economicamente vantajosa. Relaciona-se ao "conceito de equilíbrio na relação custo-benefício da contratação e identifica a obrigatoriedade da busca de resultados por meio da otimização dos recursos disponíveis, com vistas a um justo equilíbrio entre a despesa orçada e o grau de satisfação a ser alcançado".[112]

Além disso, também há o princípio da **competitividade**, em que se busca a obtenção da proposta mais vantajosa para o Poder Público, sendo vedado que se admita, preveja, inclua ou tolere cláusulas ou condições que comprometam ou restrinjam a competição na licitação.[113] Acaba, então, por caracterizar-se como um princípio instrumental do

---

[111] NIEBUHR, Joel de Menezes. *Licitação Pública e contrato administrativo*. 5ª ed. Belo Horizonte: Fórum, 2022, p. 91.

[112] MIRANDA, Henrique Savonitti. *Licitações e contratos administrativos*. São Paulo: Thomson Reuters Brasil, 2021. p. 115.

[113] A primazia do princípio da competitividade pode ser verificada na redação do artigo 64 da Lei n. 14.133/2021. É sabido que os documentos de habilitação devem ser entregues no momento estabelecido para tal no certame; contudo, possibilita-se a substituição ou apresentação de novos documentos no caso em que seja necessária a complementação de informações acerca dos documentos já apresentados pelos licitantes e que estes sejam necessários para apuração de fatos existentes à época da abertura do certame e atualização de documentos cuja validade tenha expirado após a data de recebimento das propostas. Inclusive, é autorizado à comissão de licitações sanar erros ou falhas que não alterem a substância dos documentos e sua validade jurídica, fundamentando isso em seu despacho e tornando-o público para todos. Referida previsão é deveras importante para o atingimento dos objetivos de um certame, garantindo que haja a ampla competitividade e não ocorra a exclusão de licitantes por formalidades excessivas.

interesse público e ter por finalidade o afastamento de exigências desarrazoadas, que desfavoreçam a competição.[114]

O princípio do **desenvolvimento nacional sustentável** tem por finalidade direcionar o poder de compra do Estado para que se possam utilizar as licitações como forma de implementação de políticas públicas.[115] Ou seja, o que se busca é, por meio das licitações, incentivar as iniciativas existentes no âmbito nacional, desenvolvendo as empresas e setores da economia e, para tanto, podendo-se admitir restrições em licitações. No entanto, este estudo de mercados e benefícios ambientais ou econômicos deve ser embasado em motivada fundamentação técnica, que acabe por amparar as restrições à competição, com a finalidade de se auferir restrição excessiva à competição ou direcionamento do certame. Assim, restrições à competição com a finalidade de prestigiar o desenvolvimento nacional sustentável devem estar motivadas, com a demonstração de que a exigência é dotada de razoabilidade.[116]

O **interesse público** em licitações está atrelado à análise do caso concreto, a fim de que se verifique haver a busca do melhor para a gestão da coisa pública.[117] O interesse público não deve ser compreendido como a supremacia do interesse da coletividade em relação ao interesse do particular; a aplicação de referido princípio implica a realização de uma ponderação dos conflitos em interesse, conforme o caso concreto, oportunidade em que se estará diante do interesse público com a análise do substrato da ponderação realizada.[118]

O princípio da **publicidade** já foi amplamente debatido no escopo deste trabalho; entretanto, convém destacá-lo no contexto de sua aplicabilidade no âmbito de licitações. Nas palavras de Celso Antônio Bandeira de Mello, "O princípio da publicidade impõe que os atos e

---

[114] GARCIA, Flávio Amaral. *Licitações e contratos administrativos*: casos e polêmicas. 5ª ed. São Paulo: Malheiros, 2018. p. 78-79.

[115] NIEBUHR, Joel de Menezes. *Licitação Pública e contrato administrativo*. 5ª ed. Belo Horizonte: Fórum, 2022, p. 122-123.

[116] GARCIA, F. A.; RIBEIRO, L. C. Licitações públicas sustentáveis. *Revista de Direito Administrativo*, [S. l.], v. 260, p. 231-, 2012. DOI: 10.12660/rda.v260.2012.8836. Disponível em: https://bibliotecadigital.fgv.br/ojs/index.php/rda/article/view/8836. Acesso em: 11 set. 2022. p. 242.

[117] É o que se extrai da leitura do acórdão n. 4506/2022, 1ª Câmara, Relator Ministro Jorge Oliveira, ementada da seguinte maneira: "A viabilidade técnica e econômica da subcontratação de determinada parcela do objeto não significa a obrigatoriedade da adoção do parcelamento na licitação, pois há hipóteses em que a celebração de um único contrato se mostra a opção mais adequada para o atendimento do interesse público e das necessidades da Administração, ainda que eventualmente parte dos serviços, de caráter acessório, seja realizada por empresa subcontratada, circunstância que deve ser devidamente justificada no processo da contratação". (BRASIL. Tribunal de Contas da União. *Acordão n. 4506/2022*. Órgão Julgador: 1ª Câmara. Relator: Jorge Oliveira. Data da sessão: 09.08.2022);

[118] BINENBOJM, Gustavo. *Uma teoria do direito administrativo*: direitos fundamentais, democracia e constitucionalização. Rio de Janeiro: Renovar, 2014. p. 88.

termos da licitação – no que se inclui a motivação das decisões – sejam efetivamente expostos ao conhecimento de quaisquer interessados. É um dever de transparência, em prol não apenas dos disputantes, mas de qualquer cidadão.".[119] A publicidade é o princípio que garante o elo entre administração pública e particular, bem como é o mecanismo de garantia da efetivação dos demais princípios aplicáveis à licitação.[120] É a publicidade que possibilita a transparência administrativa. De nada adianta o gestor público motivar suas decisões, realizar a motivação de forma clara e não proceder à divulgação desses atos. Por fim, não há como se falar em transparência enquanto participação popular sem que haja ampla divulgação dos atos administrativos.

O **princípio do planejamento** prestigia a fase preparatória da licitação, em que são efetuados os procedimentos internos que acabam por gerar o edital, peça inaugural da fase externa do procedimento licitatório. O princípio tem como finalidade garantir que não sejam realizadas licitações aventureiras, sem que haja um planejamento na contratação.[121] Consiste no procedimento, mediante obediência ao plano anual de contratações e diretrizes orçamentárias, pelo qual é definido o cronograma para as etapas dos contratos de fornecimento, obras ou serviços, considerando todos os aspectos necessários da futura contratação.[122]

A **proporcionalidade e a razoabilidade**, em se tratando de licitações, devem ser compreendidas como a aplicação da lei mediante análise de sua proporção e a razão de sua aplicabilidade, não como

---

[119] MELLO, Celso Antônio Bandeira de. *Curso de Direito Administrativo*. São Paulo: Malheiros, 2021. p. 443.

[120] A publicidade apresenta grande importância no âmbito da Lei de Licitações, tanto que, na impossibilidade de publicação dos conteúdos nos sites oficiais – previsto no âmbito da Lei de Licitações –, dever-se-á proceder à divulgação dos atos administrativos no Diário Oficial da União (DOU), compreendendo-se que o importante é tornar público tal ato. Veja-se: a dispensa de *licitação* prevista no artigo 75 da Lei n. 14.133/2021 (nova Lei de *Licitações* e Contratos) pode ser utilizada por órgãos não vinculados ao Sistema de Serviços Gerais (Sisg), em caráter transitório e excepcional, até que sejam concluídas as medidas necessárias ao efetivo acesso às funcionalidades do Portal Nacional de Contratações Públicas (PNCP) (artigo 174 da mencionada Lei). Nesse caso, em reforço à transparência e à *publicidade* necessárias às contratações diretas, devem ser utilizados, como mecanismos complementares ao portal digital do órgão, até a efetiva integração entre os sistemas internos, o DOU e o PNCP. (BRASIL, Tribunal de Contas da União. *Acórdão n. 2458/2021-Plenário*. Administrativo. Consulta. Viabilidade de utilização do art. 75 da Lei 14.133/21 enquanto inviável a comunicabilidade direta entre o Sistema Contrata e o Portal Nacional de Contratações Públicas. Possibilidade em caráter transitório e excepcional. Recorrente: Secretaria-Geral de Administração do Tribunal de Contas da União. Relator: Augusto Nardes, 13/10/2021. Disponível em: http://contas.tcu.gov.br/sisdoc/ObterDocumentoSisdoc?codPapelTramitavel=69551685 Acesso em: 10 set. 2022).

[121] RÊGO, Eduardo de Carvalho. Princípios Jurídicos Previstos no Projeto da Nova Lei de Licitações. In: NIEBUHR, Joel de Menezes *et. al*. *Nova Lei de Licitações e Contratos Administrativos*. Curitiba: Zenite, 2020. E-book. p. 25.

[122] MIRANDA, Henrique Savonitti. *Licitações e contratos administrativos*. São Paulo: Thomson Reuters Brasil, 2021. p. 99;

mecanismo de hermenêutica constitucional.[123] Ou seja, o administrador público deve abster-se de praticar atos além ou aquém daqueles imprescindíveis, atuando na exata medida necessária ao atendimento da finalidade pública perseguida.[124]

Há, ainda, os princípios da transparência e da motivação e a aplicabilidade da Lei de Introdução às Normas do Direito Brasileiro – LINDB –, já explorados no decorrer do presente capítulo. Assim, é possível verificar a extensão do rol constante no âmbito do artigo 5º da Lei n. 14.133/2021. Esses princípios buscam garantir que o certame ocorra da forma mais justa possível, com paridade entre os concorrentes, e que seja possibilitada ao poder público a execução de seu mister da melhor forma possível, economizando-se recursos e evitando-se desvios.

A transparência relaciona-se ao arcabouço principiológico que rege a Lei de Licitações com mais ou menor intensidade. Sem o agir transparente do órgão público, não é possível auferir a legalidade de seus atos. Ao estabelecer que a licitação transcorrerá em conformidade com o que tiver sido exposto no instrumento convocatório e determinar o julgamento de forma objetiva, a transparência torna-se aplicável enquanto instrumento para se dar conhecimento dos termos do edital e das razões de julgar do gestor público, garantindo a segurança jurídica à aplicação da lei.

A impessoalidade, a moralidade, a probidade e a igualdade somente são passíveis de serem garantidas se demonstrado aos participantes do certame, à população e aos órgãos de controle as formas em que os atos administrativos foram praticados e as razões de decidir. Sem a transparência, pode-se abrir precedente para o direcionamento dos certames. A segregação de funções também se relaciona à transparência, ainda mais nos moldes expostos pela Lei n. 14.133/2021, em que a relação contratual civil é capaz de macular os atos praticados pelo agente público.

A eficiência, a eficácia, a celeridade e a economicidade também se relacionam ao princípio da transparência. Sem que se tome conhecimento dos custos envolvidos na operação, como já mencionado, não é possível auferir a eficácia da contratação, e não se torna possível auferir se há uma contratação vantajosa para a Administração Pública. Outrossim, não é possível verificar a economia, a qualidade e a eficácia da contratação, pois não se terá visão global do orçamento e compreensão

---

[123] GONÇALVES, Marcelo. O princípio da proporcionalidade na aplicação das sanções previstas na Lei Federal do Pregão. *Revista Digital de Direito Administrativo*, [S. l.], v. 8, n. 1, p. 155-170, 2021. DOI: 10.11606/issn.2319-0558.v8i1p155-170. Disponível em: https://www.revistas.usp.br/rdda/article/view/162991. Acesso em: 11 set. 2022. p. 161.

[124] MIRANDA, Henrique Savonitti. *Licitações e contratos administrativos*. São Paulo: Thomson Reuters Brasil, 2021. p. 111.

quanto ao que representa determinada contratação na gestão financeira daquele Município.

A competitividade e o interesse público também guardam relação com o princípio da transparência. No primeiro, a transparência age como meio de fomentar o maior número de participantes e de garantir que não ocorram desvios ou ocultação de atos para favorecer um dos licitantes. O interesse público prescinde da transparência, ao se tratar de licitações, pois é esta que demonstra como os recursos públicos estão sendo aplicados e possibilita saber se há a gestão financeira e administrativa de forma a garantir o melhor para a comunidade.

Para além desses princípios que mostram nítida relação com a transparência, também é possível mencionar o princípio do planejamento, em que a transparência atua na exigência de se motivarem os atos administrativos e impõe ao gestor a exposição das razões pelas quais realiza uma obra e não outra, por exemplo. A proporcionalidade e a razoabilidade de determinada decisão exigem que se demonstrem todos os fatos e os dispositivos legais aplicáveis ao caso, também impondo ao gestor que realize fundamentação para validade de seu ato.

Por fim, a publicidade, como já amplamente mencionado neste trabalho, concebida enquanto instrumento de entrega e divulgação da transparência, atua em licitações como forma de obrigar que todos os atos sejam realizados às claras e mediante ampla divulgação. Por fim, o desenvolvimento nacional sustentável, diante da possibilidade de restrições à concorrência, impõe que as razões de decidir sejam expostas e realizadas de forma clara.

Diante dessa gama de princípios e de sua aplicação com maior ou menor intensidade, imprescindível é o estudo dos atos a serem praticados para que se possa chegar ao final de uma licitação de obras públicas, assinando-se o contrato com o vencedor do certame. Nesse sentido, passa-se, no próximo capítulo, ao estudo dos procedimentos internos e externos da licitação, bem como de algumas falhas corriqueiras encontradas nos certames.

3. Os procedimentos estabelecidos pela Lei n. 14.133/2021 para realização de licitação de obras públicas

Demonstrados os prismas pelos quais devem ser compreendidos o princípio da transparência e os princípios regentes da Lei de Licitações, imprescindível entender como se desenrola o procedimento administrativo para a contratação de empresa executora da obra pública.

A Lei n. 14.133/2021 acabara por revogar a Lei n. 8.666/1993,[125] "antiga" Lei de Licitações, a Lei n. 10.520/2002, também chamada de Lei do Pregão, e a Lei n. 12.462/2011, que tratava do Regime Diferenciado de Contratações Públicas. A nova Lei não rompe por completo o modelo existente, mantendo as linhas condutoras dos diplomas anteriores e preservando a maioria dos institutos e nomenclaturas. Rafael Câmara entende se tratar de um aperfeiçoamento do sistema que foi instaurado pela Lei n. 8.666/1993.[126] Seu conteúdo tem por finalidade estabelecer as normas gerais para realização de licitações e contratação para a Administração Pública direta, autárquica e fundacional da União, Estados, Distrito Federal e Municípios, excluindo-se de seu

---

[125] A revogação das Leis mencionadas ocorrerá após decorrido o prazo de dois anos da publicação da Lei n. 14.133/2021, ou seja, até 1º de abril de 2023 (artigo 193 da Lei n. 14.133/2021). Até que transcorra o período descrito, poderá o gestor público optar pela utilização da nova legislação ou das que estão em vias de serem revogadas, sendo vedado que utilize as leis de forma combinada. Ainda, no edital, deve haver a indicação expressa sobre qual legislação está sendo aplicada ao certame (artigo 191 da Lei n. 14.133/2021). Com a finalidade de orientar os gestores públicos no que diz respeito à transição entre as legislações, a Secretaria de Gestão, órgão central do Sistema de Serviços Gerais (Sisg) comunicou, por meio do Comunicado n. 10/2022, os procedimentos que serão adotados no que se refere à utilização de sistemas, bem como à legislação aplicável no caso das licitações que estejam em tramitação. (BRASIL. Secretaria de Gestão. *Comunicado n. 10/2022*. Transição entre a Lei n. 14.133, de 2021, e as Leis n. 8.666, de 1993, n. 10.520, de 2002, e os arts. 1º a 47-A da Lei n. 12.462, de 2011. Brasília, DF, 01 set. 2022. Disponível em: https://www.gov.br/compras/pt-br/acesso-a-informacao/comunicados/comunicado-no-10-2022-transicao-entre-a-lei-no-14-133-de-2021-e-as-leis-no-8-666-de-1993-no-10-520-de-2002-e-os-arts-1o-a-47-a-da-lei-no-12-462-de-2011 Acesso em: 16 set. 2022).

[126] CAMARA, Rafael Rodrigues Pessoa de Mello. Aspectos Gerais da Nova Lei de Licitação e Contratação Pública. *In*: ROCHA, Wesley; VANIN, Fábio Scopel; FIGUEIREDO, Pedro Henrique Poli de. *A Nova Lei de Licitações*. Coimbra: Grupo Almedina, 2021. Disponível em: https://integrada.minhabiblioteca.com.br/#/books/9786556273785/. Acesso em: 16 set. 2022. p. 34.

âmbito de aplicação as empresas públicas, as sociedades de economia mista e suas subsidiárias, que são regidas pela Lei n. 13.303/2016, conforme se denota da redação do artigo 1º e parágrafos da Lei.

Além disso, conforme dispõe o artigo 2º, é aplicável para fins de alienação e concessão de direito real de uso de bens (inciso I); para compra, inclusive por encomenda (inciso II); para locação (inciso III); para concessão e permissão de uso de bens públicos (inciso IV); para prestação de serviços, inclusive os técnico-profissionais especializados (inciso V); para obras e serviços de arquitetura e engenharia (inciso VI); e para contratações de tecnologia da informação e de comunicação (inciso VII).

No âmbito deste trabalho, interessa o procedimento administrativo para realização de obras e serviços de arquitetura e engenharia. Isso se justifica ao se considerar o grande volume de recursos públicos destinados a esse tipo de contratação,[127] bem como o sentimento que há na população, no sentido de que as licitações para contratação desses objetos estão impregnadas pela prática de atos ilícitos.

Convém o aprofundamento no estudo do que diz respeito ao procedimento para contratação das empresas executoras e os requisitos que devem atender para que possam ser contratadas por parte do poder público e executar os trabalhos. Torna-se importante o estudo dos atos pré-contratuais por serem esses que acabam por validar a contratação e que compõem o procedimento administrativo antecedente ao contrato que deve resguardar-se de mecanismos capazes de importarem na prevenção da prática de ilicitudes.

Ademais, o procedimento é complexo e repleto de pormenores que geram a sensação de que não se está a aplicar de forma justa a lei. Joel de Menezes Niebuhr leciona que o insucesso de muitas licitações não advém da formalidade, que protege a igualdade e o interesse público, mas da má condução dos respectivos processos. Afirma que as formalidades das licitações devem ser compreendidas como forma de garantir a igualdade para todos os participantes, o que provoca a ampliação da competitividade e a pressão concorrencial. Quanto mais

---

[127] O Portal da Transparência do Governo Federal apresenta os seguintes dados: em 2022, foram firmados R$ 21,48 bilhões em contratos, sendo que R$ 12.854.349,69 foram destinados à realização de obras públicas; em 2021, foram firmados R$ 70,97 bilhões em contratos, dos quais R$ 492.666.522,95 foram destinados à realização de obras públicas; em 2020, foram firmados R$ 78,07 bilhões em contratos, e R$ 6.977.762.465,54, destinados à realização de obras públicas; em 2019, foram firmados R$ 66,82 bilhões em contratos, e R$ 12.362.587.982,95, destinados à realização de obras públicas. Assim, é possível notar que, nos anos de 2021 e 2022, há redução nas despesas com obras públicas, possivelmente gerada pelo impacto proveniente da pandemia de COVID-19, vista a necessidade de realocação de recursos para a área da saúde. De qualquer sorte, os valores são expressivos. (BRASIL. Controladoria Geral da União. Portal da Transparência do Governo Federal. Disponível em www.portaltransparencia.gov.br/contratos. Acesso em: 15 set. 2022.)

licitantes houver pleiteando o contrato administrativo, mais vantajoso será o certame para o Poder Público, que se aproveitará da pressão exercida pela concorrência, experimentando a baixa dos preços.[128]

Nesse sentido, pode-se compreender a licitação como um processo administrativo prévio às contratações do Estado. Em regra, quando a Administração for contratar, precisa realizar um prévio procedimento licitatório, sobretudo para buscar a proposta mais vantajosa e para garantir o princípio da isonomia nas contratações públicas. Apresenta caráter instrumental, consistindo em um meio para o atingimento de uma finalidade pública maior, que é a própria contratação a ser realizada pela Administração. Além disso, busca a melhor e mais vantajosa proposta, da melhor contratação para o Poder Público, passando a entender-se aí uma "função regulatória da licitação", pois é utilizada como mecanismo de promoção de interesses constitucionais tutelados ou como instrumento de implementação de políticas públicas.[129] [130]

Do conceito de licitação apresentado por Hely Lopes Meirelles, consegue-se compreender o que é uma licitação, qual sua utilidade e qual a importância dos princípios, no que diz respeito ao seu procedimental. Segundo o autor, a licitação é procedimento administrativo em que há a seleção da proposta mais vantajosa para o contrato que a Administração Pública pretende formular. Sua finalidade é proporcionar iguais oportunidades para quem deseja contratar, em consonância com os padrões estabelecidos pela Administração, atuando como fator de moralidade e eficiência nos negócios administrativos, consubstanciados na melhor proposta.[131]

Irene Patrícia Nohara explica que a licitação tem natureza jurídica de procedimento administrativo formal, visto envolver o encadeamento de atos lógica e cronologicamente ordenados em fases. Afirma que segue um formalismo moderado ou mitigado, por envolver a competição, tendo, nessa formalidade, sua nota característica. Seu tramitar

---

[128] NIEBUHR, Joel de Menezes. *Licitação Pública e contrato administrativo*. 5ª ed. Belo Horizonte: Fórum, 2022. p. 37.

[129] Como exemplos da utilização de licitações para promoção de interesses constitucionais ou como instrumento de implementação de políticas públicas, pode-se considerar o tratamento diferenciado a empresas de pequeno porte e microempresas, o incentivo à tecnologia, a proteção do mercado nacional e do meio ambiente etc. O artigo 11 da Lei n. 14.133/2021 estabelece esses objetivos, destacando-se, também, a redação do artigo 26 da Lei, que expressa o estabelecimento margem de preferência para bens manufaturados e serviços nacionais.

[130] MIRANDA, Henrique Savonitti. *Licitações e contratos administrativos*. São Paulo: Thomson Reuters Brasil, 2021. p. 35.

[131] MEIRELLES, Hely Lopes. Licitações e contratos administrativos. *Revista de Direito Administrativo*, [S. l.], v. 105, p. 14-34, 1971. DOI: 10.12660/rda.v105.1971.35800. Disponível em: https://bibliotecadigital.fgv.br/ojs/index.php/rda/article/view/35800. Acesso em: 15 set. 2022. p. 16.

burocrático tem por fim garantir maior isenção, evitando que seja atribuída vantagem indevida a algum concorrente.[132]

Explica Celso Antônio Bandeira de Mello que a licitação visa a alcançar um triplo objetivo:[133] proporcionar às entidades a possibilidade de se realizar o negócio mais vantajoso (a competição entre os interessados ordena essa busca pela melhor contratação); assegurar a aos administrados possibilidade de participarem dos negócios que as pessoas governamentais desejem realizar com os particulares; e promover o desenvolvimento nacional sustentável. Dos objetivos se extrai o atendimento a três exigências públicas: proteção aos interesses e recursos públicos, respeito à isonomia e impessoalidade e obediência ao que estabelece a probidade administrativa.[134] Explicam Maria Sylvia Zanella Di Pietro e Thiago Marrara que:

> Ao que tudo indica, os objetivos despontam como resultados, como consequências ideais que o emprego do processo de contratação deverá acarretar. Objetivos são os alvos da contratação pública. Ao conduzir processos administrativos de seleção de fornecedores, prestadores de serviços e demais contratados, a Administração Pública não se orienta pelo intuito de celebrar um ajuste qualquer. O contrato não é fim que tudo justifica! Além de almejar celebrá-lo para atender às suas necessidades, ao licitar, o órgão público visará à vantajosidade, à promoção da justa competição (i.e. da livre-concorrência), à precificação adequada, à inovação e ao desenvolvimento sustentável.
>
> Como alvos, os objetivos não configuram deveres de ação, mas sim parâmetros que revelam se uma ação pública, na licitação, é lícita quanto à sua finalidade e à sua adequação. Os objetivos desempenham papel instrumental essencial ao viabilizar o juízo de razoabilidade ou proporcionalidade em sentido amplo, cuja primeira prova consiste na verificação da aptidão de uma medida para a consecução de finalidades públicas. Seguindo-se esse raciocínio, a definição de certo objeto contratual poderá parecer lícita, mas o art. 1º restará violado se o contrato administrativo, em vez de promover o desenvolvimento nacional sustentável, ocasionar a degradação ambiental, por exemplo. O mesmo ocorrerá caso determinada contratação, com objeto lícito e resultante de um processo regular, permita superfaturamentos e enriquecimento indevido do contratado. Em última instância, objetivos têm papel central no controle do alinhamento das condutas da Administração Pública, como contratante, com as finalidades estatais. Objetivos permitem juízos de legalidade ao tornarem evidentes os desvios de finalidade, bem como juízos de

---

[132] NOHARA, Irene Patrícia. Natureza Jurídica. *In*: DI PIETRO, Maria Sylvia Zanella. *Tratado de Direito Administrativo*. V. 6. São Paulo: Thomson Reuters Brasil, 2019. p. 41.

[133] Rafael Carvalho Rezende Oliveira conceitua a licitação referenciando seus objetivos como conceito do procedimento administrativo: "Licitação é o processo administrativo utilizado pela Administração Pública e pelas demais pessoas indicadas pela lei, com o objetivo de garantir a isonomia, selecionar a melhor proposta e promover o desenvolvimento nacional sustentável, por meio de critérios objetivos e impessoais, para celebração de contratos." (OLIVEIRA, Rafael Carvalho Rezende. *Licitações e Contratos Administrativos*: teoria e prática. São Paulo: Método, 2020. p. 1). A conceituação cunhada pelo autor guarda grande similitude com a explicação apresentada por Celso Antônio Bandeira de Mello, no que diz respeito aos objetivos da licitação.

[134] MELLO, Celso Antônio Bandeira de. *Curso de Direito Administrativo*. São Paulo: Malheiros, 2021. p. 432.

razoabilidade, principalmente por tornaram patente a adequação ou inadequação de uma medida de contratação. No entanto, para que eles possam cumprir essa dúplice função balizadora, o intérprete necessitará ter em mente seu significado.[135]

A licitação, de maneira geral, deve-se propor a conceder parâmetros de igualdade a todos os concorrentes, buscando a melhor contratação possível e sendo mecanismo de desenvolvimento do país. Álvaro do Canto Capagio e Reinaldo Couto explicam que "o procedimento licitatório, por ser essa série de atos concatenados, praticados elas partes em colaboração, tendente a um ato administrativo final dependente dos anteriores",[136] e seguem "a licitação visa a selecionar a proposta mais vantajosa à satisfação do interesse público em questão. Trata-se de procedimento prévio à contratação que atinge a sua finalidade quando a melhor proposta é escolhida".[137]

Os objetivos do processo licitatório, previstos no artigo 11 da Lei n. 14.133/2021, configuram um esmiuçamento dos princípios pelos quais tenha sido concebida a licitação. São instrumentos de aplicação do objetivo maior do processo licitatório. É possível notar isso quando o referido artigo indica a necessidade de o processo licitatório evitar contratações com sobrepreço ou com preços manifestamente inexequíveis, além do superfaturamento na execução dos contratos. A preocupação, nesse caso, não é a contratação mais vantajosa, pois vantajosidade não está atrelada somente a valores dispendidos pela contratação, mas também à melhor aquisição, à compra do melhor produto ou à contratação da melhor empresa para execução do serviço. A vantajosidade apresenta a ideia de qualidade na contratação pública, e não somente de menor preço.

Assim, os objetivos do processo licitatório, consignados no dispositivo acima referido, são os instrumentos de aplicação dos princípios nos quais se compreende a necessidade de realização.

3.1. Modalidades licitatórias e critérios de julgamento

Para que se possam atingir os objetivos estabelecidos na lei, estabeleceram-se modalidades e critérios de julgamento a serem adotados, levando-se em consideração o objeto a ser contratado. O artigo 28 da

---

[135] DI PIETRO, Maria Sylvia Zanella; MARRARA, Thiago. Estrutura Geral da Nova Lei: abrangência, objetivos e princípios. *In*: DI PIETRO, Maria Sylvia Zanella. *Licitações e contratos administrativos*: inovações da Lei 14.133, de 1º de abril de 2021. Rio de Janeiro: Forense, 2022. p. 9-10.

[136] CAPAGIO, Álvaro do Canto; COUTO, Reinaldo. *Nova Lei de Licitações e contratos administrativos*: Lei 14.133/2021. São Paulo: Saraiva Jur, 2021. p. 107.

[137] Ibid., p. 107.

Lei n. 14.133/2021 expõe como modalidades de licitação o pregão, a concorrência, o concurso, o leilão e o diálogo competitivo. A Lei modificou as modalidades de licitações, suprimindo as modalidades tomada de preços e convite e acrescentando a modalidade diálogo competitivo. Ainda, dependendo da modalidade de licitação adotada no certame, haverá restrições no que diz respeito aos critérios de julgamento das propostas. Convém tecer comentários quanto a cada uma dessas modalidades e suas peculiaridades.

O pregão é a modalidade de licitação utilizada para a aquisição de bens e serviços comuns, cujos critérios de julgamento poderão ser o menor preço ou o maior desconto, em conformidade com o artigo 6º, inciso XLI. O procedimento do pregão seguirá o mesmo rito do artigo 17 da Lei, que será adiante explorado e se compreende como o procedimento geral das modalidades licitatórias. No pregão, a fase de julgamento tem por característica a apresentação de proposta inicial pelos licitantes e a realização de lances sucessivos. Somente é possível a utilização dos critérios de julgamento de menor preço ou de maior desconto se houver incompatibilidade em relação a demais critérios. Além dessas, outra característica é o fato de a fase de habilitação ser menos complexa,[138] visto que os objetos de contratação também guardam menor especificidade. O responsável pela condução do certame é nomeado pregoeiro.[139]

Juliano Heinen explica que a escolha pelo pregão não é uma opção, mas um ato administrativo vinculado, pois, diante de aquisições, de acordo com as especificações mencionadas, não se pode optar por outra modalidade. Assim, deve ser empregado sempre que haja a possibilidade de padronizar a qualidade das aquisições, conforme o que se utiliza no mercado. Ou seja, deve ser empregado quando os critérios de qualidade do licitante ou do objeto são universais, aplicados a todo e qualquer interessado.[140] Portanto, a complexidade técnica é critério relevante na escolha do procedimento.

Questão que gera dúvida diz respeito ao enquadramento de determinado bem ou serviço como comum.[141] Marçal Justen Filho explica,

---

[138] JUSTEN FILHO, Marçal. *Comentários à Lei de Licitações e Contratações Administrativas*: Lei 14.133/2021. São Paulo: Thomson Reuters Brasil, 2021. p. 443.

[139] A redação do artigo 8º da Lei n. 14.133/2021 determina que o pregoeiro seja servidor ou empregado público efetivo. No *caput* do artigo, consta que a licitação será conduzida por agente de contratação, designado entre *servidores efetivos ou empregados públicos dos quadros permanentes* da Administração Pública.

[140] HEINEN, Juliano. *Comentários à Lei de Licitações e Contratos Administrativos*. São Paulo: JusPodivm, 2022. p. 229.

[141] A I Jornada de Direito Administrativo, realizada no âmbito do Centro de Estudos Judiciários do Conselho da Justiça Federal (CEJ/CJF), aprovou o Enunciado 26, que interpretava a definição de bem ou serviço comum em conformidade com a Lei n. 10.520/2002, estabelecendo que: "A Lei

manifestando-se quanto aos aspectos da Lei 10.520/2002, que o conceito de bem comum tem evoluído ao longo do tempo, sendo compreendido como aquele disponível no mercado, cujas características são padronizadas e que, de forma adequada, pode ser oferecido por qualquer fornecedor.[142] Assim, bens e serviços comuns são aqueles que estão disponíveis no mercado, que não guardam nenhuma especificidade ou característica que os torne singulares, ou seja, não demandam para sua descrição nenhum tipo de adaptação ou adequação a fim de que se atenda à necessidade pretendida pelo ente público.[143]

Irene Patrícia Nohara destaca que, para a caracterização de um produto ou serviço como bem comum, deve-se levar em consideração a baixa inovação ou a modificação, tendo por base a atividade empresarial habitual em que haja um universo de fornecedores capazes de satisfazer às necessidades da Administração. Explica que bem e serviço comum é conceito jurídico indeterminado ou vago, cuja interpretação aponta para a possibilidade de casos concretos que recaiam sobre as zonas de certeza positiva e negativa. Exemplifica que é certeza positiva que material de consumo e papel para impressão são bens comuns; por outro lado, equipamento único, construído sob medida, para fins específicos, recai em zona de certeza negativa, ou seja, não pode ser categorizado com bem comum se não houver a existência do universo de fornecedores capaz de disputar o certame.[144]

O conceito de bem e serviço comum apresentado pela referida autora leva em consideração a pluralidade de fornecedores, e não as especificações do objeto a ser contratado. Pode existir determinado bem que, por mais que haja uma gama de fornecedores aptos a entregá-lo, não será considerado bem comum, mas artigo de luxo, o que decorreria de seu alto valor agregado e das especificações do produto. Exemplo disso é aquisição de computadores para determinado setor: poder-se-á estabelecer licitação para compra desse produto, e sua especificação

---

n. 10.520/2002 define o bem ou serviço comum baseada em critérios eminentemente mercadológicos, de modo que a complexidade técnica ou a natureza intelectual do bem ou serviço não impede a aplicação do pregão se o mercado possui definições usualmente praticadas em relação ao objeto da licitação". (I JORNADA DE DIREITO ADMINISTRATIVO. *Enunciados aprovados*. Disponível em: https://www.cjf.jus.br/cjf/corregedoria-da-justica-federal/centro-de-estudos-judiciarios-1/publicacoes-1/cjf/corregedoria-da-justica-federal/centro-de-estudos-judiciarios-1/publicacoes-1/Jornada%20de%20Direito%20Administrativo%20-%20Enunciados%20aprovados/?_authenticator=f147b8888b42ee73c25f9f3ea6258093fadd0b5a). Acesso em: 24 out. 2022).

[142] JUSTEN FILHO, Marçal. *Comentários à Lei de Licitações e Contratações Administrativas*: Lei 14.133/2021. São Paulo: Thomson Reuters Brasil, 2021. p. 507-508.

[143] GARCIA, Flávio Amaral. *Licitações e contratos administrativos*: casos e polêmicas. São Paulo: Malheiros, 2018, p. 154.

[144] NOHARA, Irene Patrícia. Modalidades. *In*: DI PIETRO, Maria Sylvia Zanella. *Tratado de Direito Administrativo*: licitação e contratos administrativos. São Paulo: Thomson Reuters Brasil, 2019. p. 209-210.

descrever máquinas de alta capacidade, que prezam pelo *design*, são fornecidas por diversos supridores, mas que se caracterizem como bens de luxo, tais como os computadores da marca Apple. No entanto, o critério adotado pela autora não nos parece o mais correto.

Para Álvaro do Canto Capagio e Reinaldo Couto, bens comuns são aqueles cujos padrões de desempenho e qualidade podem ser objetivamente definidos pelo edital, mediante especificações usuais do mercado. Sua caracterização não requer simplicidade ou baixo valor, mas sim, especificações do produto. Por sua vez, os bens e serviços especiais caracterizam-se pela heterogeneidade ou significativa complexidade, não sendo possível caracterizá-los a partir de especificações técnicas usuais. Já os bens de luxo são aqueles indicativos de alto padrão de consumo, cuja procura decorre justamente de seu preço exorbitante, buscando-se a ostentação de riqueza e reputação social.[145] Os critérios definidos pelos autores parecem mais acertados, pois lançam vistas ao produto ou serviço e a suas características, não a sua pulverização de fornecedores. O que é de luxo, comum ou incomum, é o produto ou serviço, não as empresas que estão aptas a fornecê-los.

Juliano Heinen explica que o artigo 20 estabelece a noção de artigo de luxo a determinado valor, não devendo ser essa uma premissa absoluta e podendo haver artigos de luxo de baixo custo. Esclarece que muito dificilmente seria feita uma lista de todos os objetos desta natureza, bem como de valores máximos para aquisição de determinados produtos, pois os valores são dinâmicos. Destaca que não há, na lei, uma diferenciação entre bens duráveis e não duráveis, bem como no que diz respeito a serviços, entendendo-se que as limitações impostas se estendem a esses itens, e, portanto, devendo a Administração Pública proceder de forma a adquirir produtos de qualidade mínima necessária ao atingimento das demandas públicas.[146]

Marçal Justen Filho esclarece que a caracterização de um bem como de luxo ou não consiste em um conceito jurídico indeterminado, havendo produtos claramente enquadráveis nessa categoria em decorrência de sua excepcionalidade, da existência de características diferenciadas e, ainda, do fato de que não são essenciais para a satisfação das necessidades e são comercializados por valores vultosos. Noutro sentido, também há produtos que não se enquadram na categoria: são objetos que apresentam atributos mínimos, que são fabricados mediante utilização de insumos básicos e cujo preço é acessível a grande parte

---

[145] CAPAGIO, Álvaro do Canto; COUTO, Reinaldo. *Nova Lei de Licitações e contratos administrativos*: Lei 14.133/2021. São Paulo: Saraiva Jur, 2021. p. 139.

[146] HEINEN, Juliano. *Comentários à Lei de Licitações e Contratos Administrativos*. São Paulo: JusPodivm, 2022. p. 167-168.

da população. Destaca que, entre a zona da certeza positiva e a zona da certeza negativa, quanto à configuração de um produto como de luxo ou não, há área de razoável incerteza. Como solução, aponta a necessidade de se considerar obrigatória a aquisição de produtos que somente se enquadrem no âmbito de abrangência negativa quanto à característica de luxo ou não, ou seja, havendo dúvida, resta configurada a vedação na aquisição.[147]

O conceito apresentado por Marçal Justen Filho parece extremo. Pode haver situações em que se faça necessária a aquisição de produtos e serviços sobre os quais recaia dúvida quanto a serem de luxo ou não. A aquisição de automóvel para o Presidente da República, por exemplo: não parece crível adquirir um carro popular para o Chefe de Estado; no entanto, a aquisição de um automóvel importado também não parece razoável. Contudo, de acordo com a lógica apresentada pelo autor, a aquisição de veículo de valor mediano ou de custo mais elevado implicaria a caracterização do produto como de luxo, pois poderiam existir dúvidas quanto a seu enquadramento como de luxo ou não, retirando a possibilidade de argumentação e justificativa por parte do gestor.

A Lei de Licitações buscou clarificar a situação estabelecendo em seu corpo a conceituação de bem e serviço comum, especial e de luxo. O artigo 6º, inciso XIII, conceitua bens e serviços comuns como "aqueles cujos padrões de desempenho e qualidade podem ser objetivamente definidos pelo edital, por meio de especificações usuais de mercado" e, no inciso XIV, conceitua bens e serviços especiais como "aqueles que, por sua alta heterogeneidade ou complexidade, não podem ser descritos na forma do inciso XIII do *caput* deste artigo, exigida justificativa prévia do contratante". No que diz respeito aos serviços de engenharia, o artigo 6º, inciso XXI, alínea "a", conceitua serviço comum de engenharia como "todo serviço de engenharia que tem por objeto ações, objetivamente padronizáveis em termos de desempenho e qualidade, de manutenção, de adequação e de adaptação de bens móveis e imóveis, com preservação das características originais dos bens", e, no inciso XXI, alínea "b", como serviço especial de engenharia aquele que, devido a sua alta heterogeneidade ou complexidade, não possa ser enquadrado no artigo 6º, inciso XXI, alínea "a".

O artigo 20 da Lei n. 14.133/2021 prescreve que os itens de consumo adquiridos para suprir as demandas das estruturas da Administração Pública deverão ser de qualidade comum, não além daquela necessária para atender às finalidades às quais se destinam, havendo vedação no que diz respeito à contratação de artigos de luxo, deixando

---

[147] JUSTEN FILHO, Marçal. *Comentários à Lei de Licitações e Contratações Administrativas*: Lei 14.133/2021. São Paulo: Thomson Reuters Brasil, 2021. p. 369.

ao encargo dos Poderes Executivo, Legislativo e Judiciário a definição dos limites para o enquadramento dos bens de consumo nas categorias comum e luxo. No âmbito do Poder Executivo Federal, editou-se o Decreto n. 10.818, de 27 de setembro de 2021, que regulamenta o disposto no artigo 20 da Lei n. 14.133/2021, estabelecendo o enquadramento dos bens de consumo adquiridos para suprir as demandas das estruturas da administração pública federal nas categorias de qualidade comum e de luxo.

Nos termos do Decreto n. 10.818/2021, considera-se bem de luxo (artigo 2º, inciso I, alíneas "a" a "d") aquele de alta elasticidade-renda,[148] possuidor de características como ostentação, opulência, forte apelo estético ou requinte. Como bem de qualidade comum, compreende-se aquele com baixa ou moderada elasticidade-renda da demanda (artigo 2º, inciso II), e como bem de consumo (art. 2º, inciso III, alíneas "a" a "e"), considera-se todo aquele que atenda, no mínimo, a um dos critérios de durabilidade, fragilidade, perecibilidade, incorporabilidade e transformabilidade.

O Tribunal de Contas da União, por meio da Resolução n. 341, de 31 de agosto de 2022,[149] que dispõe sobre o enquadramento dos bens de consumo nas categorias de qualidade comum e de luxo, no âmbito do Tribunal de Contas da União, compreende como bens de consumo de luxo aqueles cujo consumo é realizado de forma ostentatória, opulenta, de abordagem refinada ou personalizada, com elevado grau de sofisticação, distribuição seletiva, alto preço, escassez, raridade e exclusividade, mediante forte apelo estético, de tradição ou história, cuja qualidade supera as necessidades ordinárias em razão de haver substitutos com características técnicas e funcionais equivalentes (artigo 2º, inciso II).[150]

---

[148] A relação "elasticidade-renda", referida pelo decreto, é explicada no art. 2º, inciso IV como "a razão entre a variação percentual da quantidade demandada e a variação percentual da renda média". Assim, considera-se para o cálculo da elasticidade-renda o valor do produto que se pretende adquirir, tendo-se em conta o valor médio daquele produto e adotando-se critério econômico no estabelecimento de sua caracterização. Dessa forma, produtos com valor acima da média de mercado para determinada aquisição poderão ser caracterizados como de luxo.

[149] BRASIL. Tribunal de Contas da União. *Resolução n. 341, de 31 de agosto de 2022*. Dispõe sobre o enquadramento dos bens de consumo nas categorias de qualidade comum e de luxo, no âmbito do Tribunal de Contas das União. Brasília: Sessão Ordinária do Plenário, 2022. Disponível em: https://pesquisa.apps.tcu.gov.br/#/documento/acordao-completo/1.999%252F2022/%2520/DTRELEVANCIA%2520desc%252C%2520NUMACORDAOINT%2520desc/0/%2520. Acesso em: 17 set. 2022.

[150] O Tribunal de Contas da União, a partir da mesma resolução, descreve como bem de qualidade comum aquele "bem de consumo que serve a um ou mais usos, apto a suprir as demandas das unidades deste Tribunal, compatível com a finalidade a que se destina, cujos padrões de desempenho e qualidade possam ser objetivamente definidos por meio de especificações usuais existentes no mercado" (art. 2º, inciso III).

Por força de resolução, deverá o agente considerar – quando da realização do enquadramento – aspectos como relatividade cultural (a percepção sobre o bem em razão da cultura local que impacte em seu preço), relatividade econômica (variáveis que acabem por incidir no preço, em especial, as facilidades ou dificuldades provenientes da logística), relatividade temporal (variáveis de mercado que levem em consideração aspectos de evolução tecnológica, tendências sociais, disponibilidade no mercado e modificações no processo de suprimento logístico) e relatividade institucional (variáveis provenientes de objetivos institucionais do Tribunal, considerando-se as peculiaridades e necessidade da atividade-fim).[151]

Os critérios adotados pelo Tribunal de Contas da União parecem mais apropriados, visto que consideram aspectos como a cultura local, quesitos econômicos, variações provocadas pelo tempo e utilização institucional. No entanto, convém lembrar que deverá o gestor proceder com a aplicação da transparência sob seus aspectos de motivação e publicidade, ou seja, deverá motivar a aquisição de determinado produto ou serviço e dar ampla publicidade a seus argumentos.

A questão de enquadramento de determinado produto ou serviço como bem comum, especial ou de luxo é afeta a esta pesquisa, visto que a Lei n. 14.133/2021 possibilita a utilização do pregão para a realização de serviço comum de engenharia.[152] É de se esclarecer ser admitido, quando do estudo da Lei n. 10.520/2002, que os serviços comuns de engenharia fossem contratados por meio da utilização de pregão,[153]

---

[151] Entre outras medidas, a resolução estabelece que, de acordo com o artigo 4°, não serão enquadrados como bens de luxo aqueles que: inciso I) forem adquiridos a preço equivalente ou inferior ao preço do bem de qualidade comum de mesma natureza; ou inciso II) que tenham características superiores justificadas em face da atividade do órgão. Também estabelece, no artigo 6°, a vedação da inclusão de bens de luxo no Plano de Contratações Anual (PCA) e, no artigo 7°, a vedação de contratação de bens de luxo. Já no artigo 9°, refere-se à possibilidade de o Secretário-Geral de Administração editar norma não exaustiva de bens de luxo, podendo constar o preço de referência máximo do bem por categoria ou natureza.

[152] A Lei n. 14.133/2021, em seu artigo 29, parágrafo único, estabelece que o pregão não se aplica às contratações de serviços técnicos especializados de natureza predominantemente intelectual e de obras e serviços de engenharia, exceto os serviços de engenharia de que trata a alínea "a" do inciso XXI do *caput* do artigo 6° da Lei. Esse artigo, em seu inciso XXI, classifica serviço de engenharia como toda atividade ou conjunto de atividades que são destinadas a obter determinada utilidade, intelectual ou material, de interesse para a Administração e que, não enquadradas no conceito de obra a que se refere o inciso XII do *caput* deste artigo, são estabelecidas, por força de lei, como privativas das profissões de arquiteto e engenheiro ou de técnicos especializados, que compreendem: a) serviço comum de engenharia: todo serviço de engenharia que tem por objeto ações, objetivamente padronizáveis em termos de desempenho e qualidade, de manutenção, de adequação e de adaptação de bens móveis e imóveis, com preservação das características originais dos bens; b) serviço especial de engenharia: aquele que, por sua alta heterogeneidade ou complexidade, não pode se enquadrar na definição constante da alínea "a" do referido inciso.

[153] O Tribunal de Contas da União sumulou a questão. Conforme a Súmula 257 do TCU, o uso do pregão nas contratações de serviços comuns de engenharia encontra amparo na Lei

entendimento presente no âmbito da Lei n. 14.133/2021. Assim, poderá o poder público realizar licitação na modalidade pregão para a execução de atividades de engenharia que se enquadrem em objetos padronizáveis sob o aspecto de desempenho e qualidade, de manutenção, adequação e adaptação de bens móveis e imóveis, em cujas características originais não haja alteração. Pode-se citar, a título exemplificativo, a contratação de serviço de conservação e manutenção de infraestrutura predial;[154] serviços para estruturação de projeto relativo a modernização, eficientização, expansão, operação e manutenção de infraestrutura de iluminação pública;[155] enfim, serviços que possam ser padronizáveis e tenham especificações técnicas simples, cujos padrões de desempenho e qualidade possam ser definidos de forma objetiva no edital, por meio de especificações comumente utilizadas no mercado.[156]

A modalidade de licitação concorrência também é utilizada no âmbito de contratação de execução de obras públicas, empregada para a contratação de bens e serviços especiais e de obras e serviços comuns e especiais de engenharia, podendo utilizar os critérios de julgamento de menor preço, melhor técnica ou conteúdo artístico, técnica e preço, maior retorno econômico e maior desconto, conforme redação do artigo 6º, inciso XXXVIII, alíneas "a" a "e". A concorrência apresenta o

---

n. 10.520/2022. (BRASIL, Tribunal de Contas da União. *Acórdão n. 841/2010-Plenário*. Relator: José Mucio Monteiro. Disponível em: https://pesquisa.apps.tcu.gov.br/#/documento/sumula/servi%25C3%25A7o%2520comum%2520de%2520engenharia%2520preg%25C3%25A3o/%2520/DTRELEVANCIA%2520desc%252C%2520NUMEROINT%2520desc/0/sinonimos%253Dtrue Acesso em: 18 set. 2022).

[154] EMENTA: É irregular a adoção injustificada da modalidade concorrência em detrimento do pregão eletrônico para a contratação de serviços comuns de engenharia, a exemplo da contratação conjunta de serviços de conservação e manutenção de infraestrutura predial (*facilities*), uma vez que pode resultar na prática de ato de gestão antieconômico. (BRASIL. Tribunal de Contas da União. *Acórdão n. 1534/2020-Plenário*. Representação. Sistema FIEP. Concorrência. Possíveis irregularidades. Conhecimento do feito e suspensão cautelar do certame pelo acórdão 2.040/2019-TCU-PLENÁRIO [...]. Recorrente: Representante: José Eugênio Souza de Bueno Gizzi. Relator: André de Carvalho. Disponível em: https://pesquisa.apps.tcu.gov.br/#/documento/jurisprudencia-selecionada/*/KEY:JURISPRUDENCIA-SELECIONADA-93255/score%20desc,%20COLEGIADO%20asc,%20ANOACORDAO%20desc,%20NUMACORDAO%20desc/0/sinonimos%3Dtrue Acesso em: 18 set. 2022).

[155] EMENTA: Os serviços técnicos necessários à estruturação de projeto de parceria público-privada relativo à modernização, eficientização, expansão, operação e manutenção da infraestrutura de rede de iluminação pública são, em regra, serviços comuns, licitados na modalidade de pregão. (BRASIL, Tribunal de Contas da União. *Acórdão n. 1711/2012-Plenário*. Relator: Vital do Rêgo. Disponível em: https://pesquisa.apps.tcu.gov.br/#/redireciona/acordao-completo/%22ACORDAO-COMPLETO-1238541%22. Acesso em: 18 set. 2022).

[156] Destaca-se que, em se tratando de obras e serviços comuns de engenharia, o artigo 18, § 3º, da Lei n. 13.133/2021 estabelece que, se demonstrada a inexistência de prejuízo para a aferição dos padrões de desempenho e qualidade almejados, a especificação do objeto poderá ser realizada apenas em termo de referência ou em projeto básico, não havendo necessidade de elaboração de projetos.

mesmo rito do pregão, ou seja, o estabelecido no âmbito do artigo 17 da Lei n. 14.133/2021.

Celso Antônio Bandeira de Mello atenta para o fato de que tanto o pregão quanto a concorrência podem ser utilizados para a contratação de serviço comum de engenharia. Explica que a nova lei parece preterir a utilização do pregão para os serviços comuns de engenharia, admitindo a utilização da concorrência com qualquer dos critérios de julgamento estabelecidos para essa modalidade, devendo ser justificada a utilização da concorrência pelo gestor. A lei confere discricionariedade ao gestor para que possa, diante do caso concreto, escolher a melhor solução para o atendimento ao interesse público.[157]

Victor Aguiar Jardim de Amorim explica que, nesse caso, deve-se adotar postura conciliadora: tratando-se de serviço comum de engenharia em que seja possível adotar os critérios de menor preço ou menor desconto, deve-se adotar o pregão; de forma excepcional, diante das peculiaridades do mercado e diante de relevante variação de aptidão técnica na execução dos serviços, deve-se adotar a concorrência. Aduz que, com a aproximação procedimental ocorrida entre o pregão e a concorrência, os efeitos de eventual adoção equivocada de modalidade licitatória são afastados.[158]

Diferentemente do que se adotava quando da utilização das legislações em processo de revogação, não se cogita mais diferenciar as modalidades em decorrência do valor do objeto contratado (como ocorria entre tomada de preços e convite). Diante dos critérios estabelecidos para a utilização do pregão, a concorrência acaba por ter aplicação residual,[159] utilizada quando não for possível realizar o pregão, e a licitação

---

[157] MELLO, Celso Antônio Bandeira de. *Curso de Direito Administrativo*. São Paulo: Malheiros, 2021. p. 547-548.

[158] AMORIM, Victor Aguiar Jardim de. Modalidades e Rito Procedimento da Licitação. *In*: DI PIETRO, Maria Sylvia Zanella. *Licitações e contratos administrativos*: inovações da Lei 14.133, de 1º de abril de 2021. Rio de Janeiro: Forense, 2022. p.132-133.

[159] Henrique Savonitti Miranda descreve que o pregão é modalidade para aquisição de bens e serviços comuns; as alienações de bens móveis e imóveis são realizadas mediante leilão, restando para a concorrência a perda do caráter de modalidade universal de outros tempos. Diante das modificações legislativas, a concorrência será utilizada para os obras e serviços comuns e especiais de engenharia, além de: "a) formação de registro de preços, para o qual poderá ser adotada, além da contratação direta, licitação nas modalidades pregão ou concorrência, nos termos em que dispõe o inciso XLV do art. 6º da Lei; b) concessão de serviços públicos, precedida ou não da execução de obras públicas, cuja delegação far-se-á mediante licitação, na modalidade concorrência ou diálogo competitivo, conforme prescrição do art. 179, que alterou o art. 2º da Lei n. 8.987, de 13 de fevereiro de 1995, que 'dispõe sobre o regime de concessão e permissão da prestação de serviços públicos'; e c) contratação de PPPs, que será precedida de licitação na modalidade concorrência ou diálogo competitivo, conforme determinação do art. 180, que modificou o caput do art. 10 da Lei n. 11.079, de 31 de dezembro de 2004, que 'institui normas de licitação e contratação de parcerias público-privadas'". (MIRANDA, Henrique Savonitti. *Licitações e contratos administrativos*. São Paulo: Thomson Reuters Brasil, 2021 p. 261-262).

tiver como objeto a aquisição de bens e serviços não abarcados pelo diálogo competitivo.[160]

Ainda, há a previsão de realização do concurso e leilão. O concurso é modalidade de licitação utilizada para a escolha de trabalho técnico, científico ou artístico, em que o critério de julgamento será o de melhor técnica ou conteúdo artístico e no qual é entregue, ao vencedor, prêmio ou remuneração (conforme redação do artigo 6º, inciso XXXIX, da Lei n. 14.133/2021). Para a realização dessa modalidade de licitação, exigem-se, quando da realização do edital, a indicação da qualificação técnica necessária para cada participante, as diretrizes e formas em que o trabalho deve ser apresentado, as condições de realização e o prêmio ou remuneração que será concedida ao vencedor (artigo 30, incisos I a III, da Lei n. 14.133/2021). Quando o concurso tiver como objeto a realização de projeto, o vencedor deverá ceder à Administração Pública os direitos patrimoniais relativos ao projeto, autorizando a execução mediante juízo de conveniência e oportunidade dos gestores públicos (artigo 30, parágrafo único, da Lei n. 14.133/2021).

O concurso interessa a esta pesquisa enquanto modalidade licitatória para a contratação de projeto de arquitetura ou engenharia de obras públicas, concretizando importante ferramenta de desenvolvimento nacional e inovação no âmbito de obras. Imagine-se determinado Município que intente revitalizar praça pública. Poderá proceder à realização de concurso para seleção do melhor projeto a ser executado naquele local, atraindo engenheiros e arquitetos que desejem maior divulgação de seu trabalho, pois terão um local público em que suas ideias serão postas em prática, além de serem remunerados por isso.[161]

A adoção dessa modalidade de licitação para a elaboração dos projetos básicos e executivos de licitação de obra pública compreende a presunção de que será contratado o melhor objeto e, como consequência, o sujeito que o oferecer. Não há o risco de, mesmo que de forma aparente se esteja diante do sujeito mais indicado para elaborar o projeto, que o resultado seja indesejável. Diferentemente dos

---

[160] MADUREIRA, Claudio. *Licitações, contrato e controle administrativo*: descrição sistemática da Lei n. 14.133/2021 na perspectiva do Modelo Brasileiro de Processo. Belo Horizonte: Fórum, 2021. p. 188-189.

[161] A estratégia já foi adotada no âmbito do Estado do Rio Grande do Sul pela Universidade Federal do Pampa, em que houve a realização de concurso para elaboração de projeto de área da Universidade. Percebeu-se a redução de custos no que dizia respeito à realização de estudo preliminar e projeto executivo em 57,6%, bem como a ampla participação de escritórios de arquitetura e urbanismo interessados em participar do certame, havendo a concorrência entre 19 candidatos. (AMAUCHI, Vander; WIESE, Ricardo S. Licitações de projetos: o concurso de arquitetura da Universidade Federal do Pampa. *In*: ENCONTRO NACIONAL DE TECNOLOGIA NO AMBIENTE CONSTRUÍDO, 17, 2018. *Anais do XVII Encontro Nacional de Tecnologia do Ambiente Construído*. Porto Alegre: ANTAC, 2018. p. 2448–2454. Disponível em: https://eventos.antac.org.br/index.php/entac/article/view/1642. Acesso em: 25 set. 2022. p. 2452).

procedimentos que adotam como critérios menor preço, maior desconto e técnica e preço, no critério de melhor técnica, já se conhece do resultado antes mesmo da assinatura do contrato.[162] É que, nessa modalidade, a Administração contrata o trabalho pronto, que é apresentado no prazo do edital, e esse contrato não é estabelecido para que se desenvolva trabalho técnico, científico ou artístico.[163]

Consta da Lei, ainda, a possibilidade de realização de leilões por parte da Administração Pública. O leilão é modalidade de licitação utilizada para alienação de bens imóveis ou de bens móveis inservíveis ou legalmente apreendidos a quem oferecer o maior lance (artigo 6º, inciso XL, da Lei n. 14.133/2021). O processamento dessa modalidade licitatória está inserido no âmbito do artigo 31 da Lei n. 14.133/2021, sobre o qual não convém fazerem-se maiores esclarecimentos, visto não ser possível a realização de licitações de obras públicas utilizando-se essa modalidade.

Por fim, cabe o estudo da modalidade licitatória diálogo competitivo, inovação apresentada no artigo 32 da Lei n. 14.133/2021, que destaca aspectos de enquadramento do objeto (artigo 32, incisos I e II) e aspectos procedimentais (artigo 32, §§ 1º e 2º) dessa modalidade licitatória. Neste momento, interessa a esta pesquisa o enfoque dos requisitos para enquadramento do objeto. De inspiração no direito europeu (*wettbewerblicher dialog*, na Alemanha; *dialogue compétitif*, na França; *dialogo competitivo*, na Itália; *dialogo concorrencial*, em Portugal), é aplicável quando o objeto do contrato apresentar alta complexidade, inovação ou inventividade, bem como nos casos em que existam condições peculiares relacionadas à estrutura e às condições do contrato.[164] No diálogo competitivo, há desconhecimento por parte do ente licitante quanto ao objeto que deseja licitar, ou seja, é aplicável quando a Administração Pública tiver conhecimento do que deseja alcançar e de quais os seus objetivos com a licitação, porém desconhece os melhores mecanismos para que se alcancem esses objetivos.[165] Explica Cláudio Madureira que:

---

[162] BONATTO; Hamilton. *Licitação na modalidade concurso para contratação de projetos arquitetônicos e complementares e a busca do melhor resultado.* Disponível em: https://repositorio.ufsc.br/handle/123456789/222979. Acesso em: 19 set. 2022. p. 2.

[163] NIEBUHR, Joel de Menezes. *Licitação Pública e contrato administrativo.* 5ª ed. Belo Horizonte: Fórum, 2022. p. 628.

[164] MIRANDA, Henrique Savonitti. *Licitações e contratos administrativos.* São Paulo: Thomson Reuters Brasil, 2021. p. 269.

[165] ARAGÃO, Alexandre Santos de. O diálogo competitivo na nova lei de licitações e contratos da administração pública. *Revista de Direito Administrativo*, Rio de Janeiro, v. 280, n. 3, p. 41-66, set/dez. 2021. Disponível em: https://bibliotecadigital.fgv.br/ojs/index.php/rda/article/view/85147 Acesso em: 20 set. 2022. p. 54.

No regime da Lei n. 14.133/2021, a sua aplicação é restrita a contratações em que a Administração (art. 31, *caput*):

a) visa a contratar *objeto* que envolva inovação tecnológica ou técnica, num contexto em que é impossível ao órgão ou entidade ter sua necessidade satisfeita sem a adaptação de soluções disponíveis no mercado e definir as especificações técnicas com precisão suficiente (art. 31, I); e

b) verifique a necessidade de definir e identificar os *meios* e as alternativas que possam satisfazer suas necessidades, em especial para encontrar a solução técnica mais adequada, os requisitos técnicos aptos a concretizar a solução já definida e a estrutura jurídica ou financeira do contrato (art. 32, II).[166]

Assim, o diálogo competitivo tem por pressuposto a inediticidade do objeto ou do procedimento necessário para que se realize aquele objeto. A caracterização do diálogo competitivo como modalidade apta a atender aos anseios da Administração Pública pressupõe a necessidade da contratante, de identificar o objeto, a prestação ou o serviço do contrato, bem como de auferir a complexidade da solução a ser apresentada, ou seja, a procura de soluções capazes de satisfazer as necessidades da Administração, a fim de, uma vez que estas sejam definidas, formalizarem-se as ofertas e, posteriormente, a adjudicação.[167]

Assim, poderá a Administração Pública utilizar-se do diálogo competitivo quando a contratação tiver por finalidade a contratação de objeto que envolva inovação tecnológica ou técnica (inciso I, alínea "a"); haja impossibilidade de o órgão ou entidade ter sua necessidade satisfeita sem que ocorra a adaptação de soluções disponíveis no mercado (inciso I, alínea "b"); e seja impossível definir as especificações técnicas de forma precisa suficiente (inciso I, alínea "c"). Pode, ainda, ser utilizado quando se verifique a necessidade de definir e identificar os meios e as alternativas que possam vir a satisfazer as necessidades, mediante estruturação de solução técnica mais adequada (inciso II, alínea "a"); aptidão de requisitos técnicos para concreção da solução já definida (inciso II, alínea "b"); e estrutura jurídica e financeira do contrato (inciso II, alínea "c").

No que diz respeito às possibilidades previstas no âmbito do artigo 32, inciso I e suas alíneas, explica Joel de Menezes Niebuhr que os requisitos listados no mencionado artigo e inciso são adicionais, e não alternativos. Assim, para aplicação da modalidade necessária, apresenta todas as alternativas constantes da lei, o que indica a complexidade

---

[166] MADUREIRA, Claudio. *Licitações, contrato e controle administrativo*: descrição sistemática da Lei n. 14.133/2021 na perspectiva do Modelo Brasileiro de Processo. Belo Horizonte: Fórum, 2021. p. 193-194.

[167] RIDAO I MARTÍN, Joan. La colaboración público-privada en la provisión de infraestructuras de servicio público. Revisión crítica y alternativas al actual marco regulador. *Revista catalana de derecho público*, n. 45, p.191-214, 2012. Disponível em: http://revistes.eapc.gencat.cat/index.php/rcdp/article/view/109 Acesso em: 01 out. 2022. p. 201.

do objeto que deverá ser licitado. Resume o autor que o objeto deve envolver inovação técnica, algo novo, que ainda não seja dominado e padronizado pelo mercado; demonstrar, necessariamente, a insuficiência das soluções existentes e a necessidade de sua adaptação para atendimento da Administração Pública; e apontar a impossibilidade de definir as especificações técnicas com precisão.[168]

Rafael Sérgio Lima de Oliveira encontra similitude entre as disposições do artigo 32, inciso I, alínea "c" e as disposições do artigo 32, inciso II, no sentido de coincidirem por tratarem de déficit de informação da Administração Pública em relação ao que há disponível no mercado. No caso do inciso II, a Administração reconhece que as informações são insuficientes para dar início a um certame. Explica que as alíneas "a" e "b" relacionam-se ao objeto a ser contratado. No caso da alínea "a", a Administração conhece as soluções do mercado, mas opta por dialogar com os participantes com o escopo de identificar solução (ou soluções) técnica mais adequada. No caso da alínea "b", a solução já está definida, mas precisa do diálogo para delimitação dos aspectos técnicos. Considerando-se a alínea "c", o que se pretende estruturar de forma melhor são questões jurídicas e financeiras que estruturarão o contrato administrativo.[169]

Exemplo de aplicação do diálogo competitivo no Direito Europeu – e que apresenta a dimensão de sua utilização em se tratando de obras públicas – diz respeito ao projeto denominado *Grand Paris Express*.[170] Devido à complexidade da obra e à necessidade de pulverização do trabalho, adotou-se a ferramenta do diálogo competitivo, que foi muito bem recebida pelos arquitetos envolvidos no projeto,[171] o que demons-

---

[168] NIEBUHR, Joel de Menezes. *Licitação Pública e contrato administrativo*. 5ª ed. Belo Horizonte: Fórum, 2022. p. 633-634.

[169] OLIVEIRA, Rafael Sérgio Lima de. *O diálogo competitivo brasileiro*. Belo Horizonte: Fórum, 2021. Disponível em: https://divulgacao.editoraforum.com.br/ebook-gratuito-dialogo-competitivo-brasileiro-nova-lei-de-licitacoes Acesso em: 15 set. 2022. E-book. p. 33-34.

[170] *Grand Paris* é um projeto urbano, social e econômico que tem por escopo a união dos grandes territórios estratégicos da França. O foco é transgredir as identidades separadas do centro e da periferia para uma identidade baseada nas raízes locais e na comunidade global. Paris passaria de uma centralidade exclusiva, composta pela cidade de Paris e 11 territórios reorganizados. A nova metrópole de *Grand Paris* tem uma superfície de 814 km^2 e população de 7.020.210 habitantes (segundo dados de 2015). Os principais objetivos do projeto são: o desenvolvimento econômico sustentável e a redução das desigualdades. Como principal ferramenta de implantação, há a criação de novas linhas de metrô, com infraestrutura garantida pelo Estado. Com o *Grand Paris Express*, são criados 200 km de linhas automáticas (quatro novas linhas e extensão da linha 14), e 68 novas estações. (CANTÓ, Ignasi Gomis. *El Grand Paris Express, un nuevo modelo de organización de la metrópolis*. 2019. Trabalho de Conclusão de Curso – Universitat Politécnica de Valéncia, 2019. Disponível em: https://core.ac.uk/display/275644268?source=2 Acesso em: 20 set. 2022. p. 14).

[171] Afirma Mar Lehmann, um dos arquitetos envolvidos no projeto, que: "Preguntado sobre el proceso de diálogo competitivo, Marc Lehmann lo define como un trabajo interactivo. Todos los equipos se enfrentaban a un desafío, con un hilo conductor común, el túnel. Se trataba de un trabajo en equipo, respetando la autonomía de cada equipo para adoptar sus propias decisiones.

trou as possibilidades que a inclusão dessa modalidade no direito brasileiro pode proporcionar.

Mas, para que se possa realizar uma licitação, deve-se não apenas saber que modalidade aplicar, mas também que critério de julgamento e que regime de execução serão mais aptos ao estabelecimentos dos critérios necessários à condução do certame, de forma a atingir os objetivos almejados pela Administração Pública, ponto que se passa a investigar.

Os critérios de julgamento, há de se mencionar, são mecanismos de efetividade da segurança jurídica, transparência e legalidade. É por meio deles que a Administração Pública estabelecerá, para todos os participantes, os parâmetros pelos quais as propostas apresentadas serão julgadas. Por força do artigo 33 da Lei n. 14.133/2021, são critérios para o julgamento das propostas o menor preço, o maior desconto, a melhor técnica ou o melhor conteúdo artístico, a técnica e o preço, o maior lance e o maior retorno econômico.

Os critérios adotados devem estar em consonância com a modalidade licitatória escolhida por parte do ente público para persecução do objeto licitatório. Não há como, por exemplo, realizar-se um leilão utilizando como critério de julgamento das propostas apresentadas o menor preço, pois o que se busca com o leilão é alienação de um objeto pela maior quantia monetária possível.

Dito isso, a modalidade concorrência é compatível com os critérios de julgamento menor preço, melhor técnica ou conteúdo artístico, técnica e preço, maior retorno econômico e maior desconto (art. 6º, inciso XXXVIII); a modalidade concurso é compatível com o critério de julgamento melhor técnica ou conteúdo artístico (art. 6º, XXXIX); a modalidade leilão é compatível com o critério de julgamento maior lance (art. 6º, inciso XL); a modalidade pregão comporta os critérios de julgamento menor preço ou maior desconto; e, por fim, o diálogo competitivo compreende-se admitir todos os critérios de julgamento.[172]

Valora la posibilidad para los estudios de conseguir enriquecerse lo máximo con la experiencia. Todos los equipos tenían las mismas problemáticas, por lo que se beneficiaban de estudios e investigaciones comunes." (CANTÓ, Ignasi Gomis. *El Grand Paris Express, un nuevo modelo de organización de la metrópolis*. 2019. Trabalho de Conclusão de Curso – Universitat Politécnica de Valência, 2019. Disponível em: https://core.ac.uk/display/275644268?source=2. Acesso em: 20 set. 2022. p. 25).

[172] É que, diante da solução criada pelos participantes do certame, desde o momento da apresentação da problemática a ser desenvolvida, aparentemente o legislador não define critérios estanques para julgamento das propostas, justamente por esses critérios serem definidos por parte dos concorrentes. É o que se extrai da explicação apresentada por Marçal Justen Filho: "O edital deve contemplar todos os requisitos exigidos pela Lei 14.133/2021. Isso envolve a descrição da solução escolhida, do regime e de outras condições de execução do contrato (contemplando inclusive uma minuta do instrumento contratual). Também deve dispor sobre o procedimento a ser observado na fase competitiva, a forma da licitação, o modo de disputa e os critérios de julgamento das pro-

No que diz respeito ao diálogo competitivo, Rafael Sérgio Lima de Oliveira posiciona-se no sentido de que os critérios de julgamento que consideram apenas aspectos pecuniários, no caso do diálogo competitivo, podem não ser capazes de apresentar a contratação mais vantajosa. É que a modalidade de licitação em pauta demonstra não ser adequado seu julgamento pelos critérios apenas financeiros, visto que pode a administração eleger diversas soluções na etapa de negociação. No entanto, é importante lembrar que as propostas podem ser julgadas com base em quaisquer dos critérios previstos no artigo 33 da Lei n. 14.133/2021.[173] Não há de se confundir o diálogo competitivo com o procedimento de manifestação de interesse, que se caracteriza como um procedimento auxiliar em licitação. Caracteriza-se como um instrumento facultativo, consistente em meio pelo qual a Administração Pública consulta a iniciativa privada sobre a apresentação de um determinado modelo de proposta, com o escopo de atender a uma necessidade da administração, por meio de edital de chamamento público. Havendo a anuência dos particulares quanto à proposta, instaura-se um processo licitatório nos moldes aceitos.[174] Difere do diálogo competitivo no sentido de que não há a busca da resposta à necessidade de administração pública junto dos particulares, mas a consulta quanto à possibilidade de realização de uma licitação tem por base determinados aspectos. No diálogo, a solução é construída juntamente com os particulares.

O julgamento por **menor preço ou maior desconto** encontra previsão no artigo 34 da Lei n. 14.133/2021 e leva em consideração o menor dispêndio para a Administração Pública, atendendo-se aos parâmetros mínimos de qualidade, que são definidos no edital.[175] Nos certames em que se adota esse critério de julgamento o fator preponderante é o menor dispêndio, ou seja, considerar-se-ão fatores como qualidade, desempenho, rendimento, durabilidade, garantia e facilidade de

---

postas." (JUSTEN FILHO, Marçal. *Comentários à Lei de Licitações e Contratações Administrativas*: Lei 14.133/2021. São Paulo: Thomson Reuters Brasil, 2021. p 468).

[173] OLIVEIRA, Rafael Sérgio Lima de. *O diálogo competitivo brasileiro*. Belo Horizonte: Fórum, 2021. Disponível em: https://divulgacao.editoraforum.com.br/ebook-gratuito-dialogo-competitivo-brasileiro-nova-lei-de-licitacoes Acesso em: 15 set. 2022. E-book. p. 51.

[174] LOUREIRO, Carlos Henrique Benedito. Artigo 81. *In*: SARAI, Leandro. *Tratado da nova lei de licitações e contratos administrativos*: Lei n. 14.133/21 comentada por advogados públicos. São Paulo: JusPodivm, 2022. p. 1025.

[175] Nas licitações para aquisição de bens, inclusive, é permitido que a Administração Pública proceda à indicação de marcas ou modelos, desde que apresente justificativa para tanto e se dê em decorrência dos seguintes quesitos: (i) necessidade de padronização do objeto; (ii) necessidade de manutenção da compatibilidade com plataforma e padrões já adotados; (iii) necessidade de o produto com a marca ou modelo serem os únicos capazes de atender à solicitação do contratante; (iv) necessidade de a descrição do objeto ser mais bem compreendida pela identificação de determinada marca ou modelo, servindo como referência, conforme redação do artigo 41, inciso I, alíneas "a" a "d", da Lei n. 14.133/2021.

assistência técnica na verificação da proposta mais vantajosa. Esses requisitos também devem estar previstos em edital e devem ser atendidos para que a proposta seja classificada.[176]

Já o critério de **melhor técnica ou conteúdo artístico** está previsto no artigo 35 da Lei e deverá levar em consideração somente propostas técnicas ou artísticas apresentadas. É exigência do edital que seja definido o prêmio ou a remuneração ao vencedor. Marçal Justen Filho explica que, no edital de melhor técnica ou conteúdo artístico, a Administração formula um convite para que indivíduos indeterminados participem de uma competição; há um convite para que se apresente uma proposta técnica ou artística, que será objeto de avaliação.[177]

Há critério misto, que engloba a análise de aspectos técnicos e financeiros, em que será considerada a maior pontuação obtida a partir da ponderação dos fatores previstos no edital, das notas atribuídas aos aspectos técnicos e do preço da proposta, critério de julgamento denominado **técnica e preço** (artigo 36 da Lei n. 14.133/2021). Utilizar-se-á tal critério quando o estudo técnico preliminar indicar que a qualidade técnica das propostas for relevante aos fins que pretende a Administração nos casos previstos no artigo 36, § 1º, e seus incisos. Na avaliação das propostas, devem-se considerar os quesitos técnicos e, posteriormente, o preço, respeitando-se a proporção máxima de 70% (setenta por cento) da valoração da proposta técnica (artigo 36, § 2º). Deve ser considerado, ainda, o desempenho pretérito na execução dos contratos com a Administração Pública para fins de pontuação técnica (artigo 36, § 3º).

A utilização dessa modalidade serve aos casos em que a Administração Pública deseja proceder à aquisição de algo inovador. A modalidade prevê uma escolha científica, visto que há indicação de estudo técnico preliminar. Em um viés prático, o licitante deverá apresentar três lotes de documentos – ou, nos termos práticos, três "envelopes": um referente aos documentos de habilitação, um com a propositura técnica e um com a proposta de valor.[178]

O critério de **maior retorno econômico** é utilizado exclusivamente para contratos de eficiência[179] e levará em consideração a maior eco-

---

[176] MIRANDA, Henrique Savonitti. *Licitações e contratos administrativos*. São Paulo: Thomson Reuters Brasil, 2021. p. 311-312.

[177] JUSTEN FILHO, Marçal. *Comentários à Lei de Licitações e Contratações Administrativas*: Lei 14.133/2021. São Paulo: Thomson Reuters Brasil, 2021. p. 482.

[178] HEINEN, Juliano. *Comentários à Lei de Licitações e Contratos Administrativos*. São Paulo: JusPodivm, 2022. p. 258.

[179] Segundo estabelece o artigo 6º, inciso LIII, contrato de eficiência é aquele cujo objeto é a prestação de serviços, que pode incluir a realização de obras e o fornecimento de bens, com o objetivo de proporcionar economia ao contratante, na forma de redução de despesas correntes, remunerado o contratado com base em percentual da economia gerada.

nomia para a Administração Pública. A remuneração do licitante será fixada em percentual que incidirá de forma proporcional à economia obtida com a execução do contrato (art. 39), ou seja, a remuneração do contratado é uma fração do desconto que gerar com seu trabalho.

As propostas apresentadas devem conter um plano de trabalho, contemplando o que será executado e qual a economia estimada (artigo 39, § 1º, inciso I), além da proposta de preço, correspondente ao percentual sobre a economia (artigo 39, § 1º, inciso II). A economia gerada será determinada mediante verificação dos parâmetros estabelecidos no edital (artigo 39, § 2º), e o julgamento da proposta levará em consideração a economia gerada com a execução do contrato, descontando-se a proposta de preço (artigo 39, § 3º), ou seja, a economia menos o pagamento a ser realizado ao contratado. Não atingindo a economia proposta, a diferença entre economia contratada e obtida será descontada do contratado (artigo 39, § 4º, inciso I) e, sendo a diferença superior ao limite máximo estabelecido no contrato, poderá este sofrer outras sanções (artigo 39, § 4º, inciso II).

Joel de Menezes Niebuhr destaca que a estimativa de economia proposta pelo licitante deve ser séria e realista, visto que, caso não se concretize, haverá desconto da remuneração e, dependendo do caso, esse desconto pode vir a absorver a totalidade da remuneração.[180] Exemplificando, imagine-se um órgão público que, desejando reduzir o consumo de energia elétrica, procede à licitação para instalação de painéis solares e manutenção dos equipamentos, utilizando como critério de julgamento o maior retorno econômico. A empresa vencedora do certame apresenta sua proposta, indicando haver economia mensal de R$ 100 mil e, como remuneração, informa a porcentagem de 10%, ou seja, remunerar-se-á no valor mensal de R$ 10 mil, vencendo assim o certame. Durante a execução do contrato, verifica-se que a economia mensal atingida, na realidade, tenha sido de R$ 50 mil. Por força dos dispositivos em estudo, a empresa, em vez de receber R$ 10 mil, verá seu lucro consumido, pois o desconto não gerado é descontado do executor do contrato. Por esse motivo, destaca o doutrinador a importancia da análise de custos para formulação da proposta.

O estudo das modalidades de licitação e os critérios de julgamento demonstram a importância de estruturar-se de forma atenta o planejamento da licitação. É durante a etapa do planejamento – ou fase interna – que se caracterizará o objeto de futuro edital e será possível estabelecer a modalidade e o critério de julgamento que serão capazes de atender ao objetivo almejado pela Administração Pública.

---

[180] NIEBUHR, Joel de Menezes. *Licitação Pública e contrato administrativo*. 5ª ed. Belo Horizonte: Fórum, 2022. p. 751.

3.2. O planejamento da licitação e a importância do estabelecimento de critérios e do objeto do futuro edital

Para a persecução deste objetivo, a Administração Pública deve proceder a um planejamento. É necessária, como já se deve perceber, a realização de diversos estudos, elaborados por pessoal com capacidade técnica para tanto, em que se debaterão as possibilidades de execução do objeto de interesse público, os meios empregados para a execução, os mecanismos que melhor se agreguem à persecução daquele objetivo, entre outras questões. O planejamento é indispensável para que se possa lograr êxito em contratações eficientes.

Entre os que participam de licitações e não se dedicam ao estudo do procedimento, é possível perceber sentimento de descolamento da fase preparatória do procedimento externo do certame, como se não se relacionasse ao edital licitado a fase interna da licitação. Há um descolamento entre procedimento interno e procedimento externo, percepção que deve ser extinta,[181] como se verá.

A fase que antecede a publicação do edital, denominada fase preparatória, está descrita no âmbito do artigo 18 da Lei n. 14.133/2021 e estabelece ao poder público o respeito em relação a diversas etapas preparatórias.[182] O *caput* do artigo indica que a realização da licitação deve compatibilizar a realização de seu objeto com o planejamento proposto no plano de contratação anual[183] e nas leis orçamentárias.

---

[181] Em especial, devido ao estipulado no âmbito do artigo 17 da Lei n. 14.133/2021, que prescreve a observação das seguintes fases no processo licitatório, de forma sequencial: I – preparatória; II – de divulgação do edital de licitação; III – de apresentação de propostas e lances, quando for o caso; IV – de julgamento; V – de habilitação; VI – recursal; VII – de homologação. A lei prescreve que a divulgação do edital é somente uma das etapas do certame. Outrossim, ao estabelecer que as fases devem ser observadas de forma sequencial, indica, de certa forma, a dependência de uma etapa em relação a outra, ou seja, sem a preparação realizada de forma eficaz e atenta aos prescritivos legais, o edital perecerá de nulidades ou vícios que podem ocasionar a nulidade do certame.

[182] A problemática registrada diz respeito ao excesso de formalidade para realização da mais simples licitação, o que poderá ocasionar mecanismos de fuga ou facilitação dessas formalidades. A medida do legislador levou por base os órgãos do Governo Federal, esquecendo-se da aplicabilidade da lei para Município de menor porte, que não contam com profissionais em número e aptidão suficientes para cumprir todos os requisitos estabelecidos na nova legislação. (COSTA NETO, José Serafim da. Nova lei de contratações públicas: mudanças relevantes. *In Verbis*, Natal, v. 49, n. 1, p.285-318, jan./jun. 2021. Disponível em: http://www.inverbis.com.br/index.php/home/article/view/123 Acesso em: 22 set. 2022. p. 298-299).

[183] O plano de contratações anual, previsto no artigo 12, inciso VII, da Lei n. 14.133/2021, é elaborado a partir de documentos de formalização de demandas, em que os órgãos responsáveis pelo planejamento de cada ente federativo poderão, na forma de regulamento, elaborar plano de contratações anual, com o objetivo de racionalizar as contratações dos órgãos e entidades sob sua competência, garantir o alinhamento com seu planejamento estratégico e subsidiar a elaboração das respectivas leis orçamentárias. No âmbito do Governo Federal foi regulamentado pelo Decreto n. 10.947, de 25 de janeiro de 2022, que, além de regulamentar a disposição do artigo 12,

Percebe-se que há uma preocupação da Lei de Licitações em respeitar os planejamentos estabelecidos no âmbito da Administração Pública (conforme se constata pela redação do artigo 11, parágrafo único), questão deveras importante para que se possa atingir a vantajosidade da contratação. É que um planejamento mal formulado pode comprometer a organização, condenando os envolvidos ao não atendimento do princípio maior: a supremacia do interesse público. Planejamento não é adivinhar o que irá acontecer, mas utilizar estratégias para a persecução do interesse público.[184] Nesse contexto, o plano de contratual anual – quando elaborado – e as leis orçamentárias irão guiar a elaboração dos documentos iniciais da licitação.

A fase de planejamento incorpora importância por ser o momento em que são elaborados os estudos necessários ao desenvolvimento do edital (minutas de contrato, projetos e demais documentos que irão orientar o estabelecimento do objeto a ser licitado), mas, principalmente, por ser esse o momento em que se elabora o orçamento e se realiza a composição dos custos. Pode-se dizer que a fase de planejamento tem por finalidades: (i) o planejamento, a execução e o controle orçamentário; (ii) o amoldamento ao planejamento anual de contratações, pois a disponibilidade de recursos poderá determinar a realização de futuras contratações; (iii) a busca pelo preço justo, evitando a ocorrência de sobrepreço ou de preços inexequíveis, além do superfaturamento; e (iv) o emprego de maior controle interno, externo e social das contratações públicas.[185]

Estabelecida a demanda a ser atendida por parte do poder público, quer por discricionariedade proveniente do plano de contratações anual, quer por força de lei ou por decisão do gestor público, necessário que seja realizado o denominado Estudo Técnico Preliminar.[186] Por meio da elaboração desse documento, o gestor público verificará a viabilidade da realização do objeto de contratação.

Pode-se dizer que a finalidade do **Estudo Técnico Preliminar** é clarear o problema a ser resolvido e a melhor alternativa para tanto, possibilitando que ocorra avaliação da viabilidade técnica e econômica

---

inciso VII, da Lei n. 14.133/2021, também instituiu o Sistema de Planejamento e Gerenciamento de Contratações no âmbito da Administração Pública federal direta, autárquica e fundacional, o que consiste em ferramenta para elaboração e acompanhamento do plano de contratações anual.

[184] PALUDO, Augustinho V.; OLIVEIRA, Antonio G. *Governança organizacional pública e planejamento estratégico*: para órgãos e entidades públicas. Indaituba: Editora Foco, 2021. p. 148.

[185] CAPAGIO, Álvaro do Canto; COUTO, Reinaldo. *Nova Lei de Licitações e contratos administrativos*: Lei 14.133/2021. São Paulo: Saraiva Jur, 2021, p. 134.

[186] Artigo 6º, inciso XX – estudo técnico preliminar: documento constitutivo da primeira etapa do planejamento de uma contratação que caracteriza o interesse público envolvido e a sua melhor solução e dá base ao anteprojeto, ao termo de referência ou ao projeto básico a serem elaborados caso se conclua pela viabilidade da contratação.

da contratação. A lei exige que o estudo contenha, obrigatoriamente, os seguintes elementos: (i) descrição da necessidade da contratação, com base no problema a ser resolvido pelo prisma do interesse público; (ii) estimativas quantitativas da contratação, com memória de cálculo e documentos que o embasam e que devem considerar a interdependência com outras contratações, estabelecendo uma economia de escala; (iii) estimativa do custo da contratação, com preços unitários referenciais e memórias de cálculo, que poderão constar em anexo, no caso de haver a opção pela preservação do sigilo do orçamento até a conclusão da licitação; (iv) justificativas quanto ao parcelamento ou não do objeto; e (v) posicionamento conclusivo quanto à adequação da contratação ao atendimento da necessidade da administração pública.[187]

A principal crítica da doutrina diz respeito à extensão dos requisitos a serem preenchidos para elaboração do estudo técnico preliminar. Esse estudo compõe-se do documento inicial do procedimento licitatório, em que se identificará um problema e se apontará uma solução, mediante estudo comparativo entre as soluções compreendidas como possíveis, demonstrando qual a que trará mais vantagens à Administração Pública. É o documento que acaba por transformar hipóteses abstratas em concretas, sob o prisma das circunstâncias fáticas e possibilidades do Poder Público.

Como assevera Joel de Menezes Niebuhr, o cumprimento de todas as exigências ou de parte delas é tarefa complexa, requerendo da Administração, em um estudo inicial de possibilidade de contratação, posicionamento conclusivo sobre a adequação da contratação para atendimento da necessidade. As exigências legais destoam de um estudo técnico preliminar, em especial pelo fato de que as informações nele contidas, em sua essência, também podem ser encontradas no termo de referência ou no projeto básico. Na concepção do referido autor, os documentos são redundantes, oportunidade em que apenas a institui-

---

[187] Constam do artigo 18, § 1º, os seguintes elementos que podem vir a compor o estudo técnico preliminar: a) demonstração da previsão da contratação no plano de contratações anual, sempre que elaborado, de modo a indicar seu alinhamento com o planejamento da Administração; b) requisitos da contratação; c) levantamento de mercado, que consiste na análise das alternativas possíveis, e justificativa técnica e econômica da escolha do tipo de solução a contratar; d) descrição da solução como um todo, inclusive das exigências relacionadas à manutenção e à assistência técnica, quando for o caso; e) demonstrativo dos resultados pretendidos em termos de economicidade e de melhor aproveitamento dos recursos humanos, materiais e financeiros disponíveis; f) providências a serem adotadas pela Administração previamente à celebração do contrato, inclusive quanto à capacitação de servidores ou de empregados para fiscalização e gestão contratual; g) contratações correlatas e/ou interdependentes; h) descrição de possíveis impactos ambientais e respectivas medidas mitigadoras, incluídos requisitos de baixo consumo de energia e de outros recursos, bem como logística reversa para desfazimento e reciclagem de bens e refugos, quando aplicável. Destaca-se que a ausência desses requisitos não obrigatórios deverá ser justificada no âmbito do processo licitatório.

ção de um deles seria suficiente.[188] Nas palavras do autor, "preferiu-se a redundância, tudo em homenagem ao modelo burocrático, formalista e desconfiado".[189]

Diferente do Estudo Técnico Preliminar, cujo foco é a descrição da necessidade da Administração Pública, no **Termo de Referência**, a finalidade é descrever o objeto que irá atender àquela necessidade.[190] Esse documento é utilizado principalmente para a compra de produtos e contratação de serviços; portanto, quando da realização de pregão para contratação de serviço comum de engenharia – como a manutenção de estruturas prediais –, será necessária a estruturação documental do Termo de Referência. Esse documento, além de permitir a avaliação do custo, demonstra as necessidades administrativas de forma instrumental, além de permitir a elaboração de proposta de forma adequada e de viabilizar a execução de ajustes contratuais, possibilitando melhor controle da despesa pública.[191]

O **anteprojeto**, por sua vez, tem por característica ser peça técnica em que constam os subsídios necessários para que seja elaborado o projeto básico, voltado à preparação de projetos para a contratação de obra pública ou serviço de engenharia, elaborado depois que estabelecidas as necessidades e os estudos de viabilidade. Devem ser definidas a concepção do objeto e as diretrizes que serão seguidas no âmbito do projeto, apresentando-se seus elementos, instalações e componentes de maneira que se possibilite a avaliação do custo total de obra a ser executada, mediante utilização de orçamento sintético ou metodologia expedita ou paramétrica.[192] A Lei n. 14.133/2021, em seu art. 6º, prescreve que devem constar do anteprojeto: a) demonstração e justificativa do programa de necessidades, avaliação de demanda do público-alvo, motivação técnico-econômico-social do empreendimento, visão global dos investimentos e definições relacionadas ao nível de serviço desejado; b) condições de solidez, de segurança e de durabilidade; c) prazo de entrega; d) estética do projeto arquitetônico, traçado geométrico e/ou projeto da área de influência, quando cabível; e) parâmetros de adequação ao interesse público, de economia na utilização, de facilidade

---

[188] NIEBUHR, Joel de Menezes. Fase preparatória das licitações. *In*: NIEBUHR, Joel de Menezes. *Nova Lei de Licitações e Contratos Administrativos*. Curitiba: Zenite, 2020. E-book. p. 35-36.

[189] Ibid., p. 36.

[190] O artigo 6º, inciso XXIII e alíneas. da Lei n. 14.133/2021 estabelece os elementos necessários para validade do termo de referência.

[191] SANTANA, Jair Eduardo; CAMARÃO, Tatiana; CHRISPIM, Anna Carla Duarte. *Termo de Referência*: o impacto da especificação do objeto e do termo de referência na eficácia das licitações e contratos. Belo Horizonte: Fórum, 2020. p. 72-73.

[192] OLKOWSKI, Gustavo Ferreira *et al*. *Planejamento de licitação de obras públicas de edificação e saneamento*. Belo Horizonte: Fórum, 2019. p. 61.

na execução, de impacto ambiental e de acessibilidade; f) proposta de concepção da obra ou do serviço de engenharia; g) projetos anteriores ou estudos preliminares que embasaram a concepção proposta; h) levantamento topográfico e cadastral; i) pareceres de sondagem; j) memorial descritivo dos elementos da edificação, dos componentes construtivos e dos materiais de construção, de forma a estabelecer padrões mínimos para a contratação.

O anteprojeto guarda similitude com o termo de referência, diferenciando-se em virtude da necessidade pública em que se pretende averiguar a viabilidade de atendimento. Enquanto o termo de referência tem melhor adesão no que diz respeito à aquisição de produtos e serviços comuns, no anteprojeto pode-se notar mais similitude com o atendimento da necessidade de realização de obras, pois exige a apresentação de questões estéticas e arquitetônicas, de memorial descritivo, de levantamento topográfico e de outros itens típicos da construção civil.

Marçal Justen Filho explica que o anteprojeto é uma expressão utilizada vulgarmente no meio técnico para descrever esboços e estudos necessários, mas não suficiente para a realização de uma obra ou serviço. Destaca, ainda, que é necessário que contemple elementos suficientes para identificar o empreendimento, definindo os resultados pretendidos e propiciando a formulação de propostas.[193] É que, a depender do regime de execução de obra estabelecido por parte do Poder Público, o edital de licitação partirá do anteprojeto, objetivando que proceda o particular à elaboração dos demais documentos exigidos por lei para persecução do interesse público.[194]

---

[193] JUSTEN FILHO, Marçal. *Comentários à Lei de Licitações e Contratações Administrativas*: Lei 14.133/2021. São Paulo: Thomson Reuters Brasil, 2021. p. 343.

[194] Os regimes de execução de contrato estão estabelecidos nos incisos XXVIII a XXXIV do artigo 6º da Lei n. 14.133/2021 e abrangem as modalidades de empreitada por preço unitário, que ocorre: 1) na contratação de obra ou serviço por preço certo de unidades determinadas; 2) na empreitada por preço global, que é a contratação da execução da obra ou do serviço por preço certo e total; na empreitada integral, que se refere à contratação de empreendimento em sua integralidade, compreendida aí a totalidade das etapas de obras, serviços e instalações necessárias, sob inteira responsabilidade do contratado; 3) na contratação por tarefa, sendo o regime de contratação de mão de obra para pequenos trabalhos por preço certo, com ou sem fornecimento de materiais; 4) na contratação integrada, que se caracteriza como o regime de contratação de obras e serviços de engenharia em que o contratado é responsável por elaborar e desenvolver os projetos básico e executivo, executar obras e serviços de engenharia, fornecer bens ou prestar serviços especiais e realizar montagem, teste, pré-operação e as demais operações necessárias e suficientes para a entrega final do objeto; 5) na contratação semi-integrada, que é o regime de contratação de obras e serviços de engenharia em que o contratado é responsável por elaborar e desenvolver o projeto executivo, executar obras e serviços de engenharia, fornecer bens ou prestar serviços especiais e realizar montagem, teste, pré-operação e as demais operações necessárias e suficientes para a entrega final do objeto; 6) por último, ainda, no fornecimento e prestação de serviço associado: regime de contratação em que, além do fornecimento do objeto, o contratado responsabiliza-se por sua operação, manutenção ou ambas, por tempo determinado.

Efetuado o anteprojeto, dependendo do regime de execução do futuro contrato, far-se-á necessária a elaboração do **projeto básico**, em que será possível encontrar todas as informações necessárias para que se possa definir e dimensionar a obra ou serviço. É documento elaborado com base no que indicou o estudo técnico preliminar, assegurando a viabilidade técnica e o adequado tratamento do impacto ambiental do empreendimento, bem como a avaliação do custo da obra e a definição dos métodos e prazos de execução (artigo 6º, XXV). Por meio desse documento, tem-se um panorama geral do que deverá ser executado, como e quanto irá custar. A Lei de Licitações (artigo 6º, XXV, alíneas "a" a "f") define que no projeto básico deverão constar:

a) levantamentos topográficos e cadastrais, sondagens e ensaios geotécnicos, ensaios e análises laboratoriais, estudos socioambientais e demais dados e levantamentos necessários para execução da solução escolhida;

b) soluções técnicas globais e localizadas, suficientemente detalhadas, de forma a evitar, por ocasião da elaboração do projeto executivo e da realização das obras e montagem, a necessidade de reformulações ou variantes quanto à qualidade, ao preço e ao prazo inicialmente definidos;

c) identificação dos tipos de serviços a executar e dos materiais e equipamentos a incorporar à obra, bem como das suas especificações, de modo a assegurar os melhores resultados para o empreendimento e a segurança executiva na utilização do objeto, para os fins a que se destina, considerados os riscos e os perigos identificáveis, sem frustrar o caráter competitivo para a sua execução;

d) informações que possibilitem o estudo e a definição de métodos construtivos, de instalações provisórias e de condições organizacionais para a obra, sem frustrar o caráter competitivo para a sua execução;

e) subsídios para montagem do plano de licitação e gestão da obra, compreendidos a sua programação, a estratégia de suprimentos, as normas de fiscalização e outros dados necessários em cada caso;

f) orçamento detalhado do custo global da obra, fundamentado em quantitativos de serviços e fornecimentos propriamente avaliados, obrigatório exclusivamente para os regimes de execução previstos nos incisos I, II, III, IV e VII do caput do art. 46 desta Lei.

O projeto básico reveste-se de grande importância para o bom deslinde da licitação. É por meio desse documento que se realiza o aprofundamento no que diz respeito à obra que será executada, estudando-se todos os requisitos legais para sua execução (trabalhistas, previdenciários, ambientais, fiscais etc.), bem como os requisitos atinentes à qualificação técnica e ao melhor mecanismo para execução do objeto que será licitado. Contudo, ele ainda não é o projeto bem acurado, especificado, não permitindo saber qual a qualidade do material que deverá ser utilizado, por exemplo. Apenas sabe-se o tipo de material, mas não a qualidade. Também não há a definição de um tempo de execução do futuro contrato, mas uma expectativa de tempo de duração da obra. Assim, pode-se dizer que os elementos de execução do contrato estão presentes nesse projeto, mas ainda não estão apurados de maneira que se possa proceder à execução do contrato.

A maior elaboração e especificação do que será executado é encontrável no âmbito do **projeto executivo**,[195] em que ocorrerá o detalhamento completo da obra e a inserção de todos os elementos necessários e suficientes para que se proceda à execução de forma completa, detalhando-se todas as soluções apontadas no âmbito do projeto básico, identificando-se serviços, materiais, equipamento, especificações técnicas, modalidade de licitação que será utilizada, critério de julgamento, regime de execução do futuro contrato, orçamento, prazo de execução, multas e garantias contratuais. Trata-se, enfim, do fechamento da atividade administrativa e do estabelecimento de todos os requisitos que se fizerem necessários para lançamento do edital e execução do contrato.

Esse documento é de suma importância para realização do certame, visto que, por força do artigo 46, § 1º, da Lei n. 14.133/2021, é vedada a realização de licitações de obras públicas e serviços de engenharia sem que haja a elaboração do projeto executivo, salvo na hipótese prescrita no artigo 18, § 3º, da Lei. Adriano Carrijo afirma que o artigo 46, § 1º, repete o "jogo do faz de conta" existente na Lei n. 8.666/1993, acreditando que a exceção ao projeto executivo acabará por se tornar regra. Aduz que, no caso de dispensa de realização do projeto executivo, dever-se-á elaborar o projeto básico de maneira mais completa, com planilha de composição de custos, cronograma físico-financeiro, enfim, e que o documento seja elaborado de forma clara e precisão ao que será executado. Por fim, destaca que também poderá ocorrer a dispensa no projeto executivo no caso previsto no artigo 14, § 4º, da Lei.[196]

As concepções de anteprojeto, projeto básico e projeto executivo podem parecer confusas e dar a entender que se trata de um mesmo documento ou que algum deles seja desnecessário, porém não é assim. Para clarear as diferenciações, apresentamos a explicação de José Eduardo Guidi:

> O anteprojeto não é projeto. O projeto é uma evolução do anteprojeto, assim como o projeto básico também o é. O projeto executivo é uma evolução do projeto básico. Tanto o projeto básico quanto o projeto executivo fazem parte de um todo maior, qual seja, o projeto de engenharia (a solução/concepção geral, a obra intelectual que gera a respectiva identidade).

---

[195] Nos termos do artigo 6º, inciso XXVI: projeto executivo: conjunto de elementos necessários e suficientes à execução completa da obra, com o detalhamento das soluções previstas no projeto básico, a identificação de serviços, de materiais e de equipamentos a serem incorporados à obra, bem como suas especificações técnicas, de acordo com as normas técnicas pertinentes.

[196] CARRIJO, Adriano. Artigo 46. In: SARAI, Leandro. *Tratado da nova lei de licitações e contratos administrativos*: Lei n. 14.133/21 comentada por advogados públicos. São Paulo: JusPodivm, 2022. p. 659.

Ainda assim, em determinados caso a legislação permitiu à Administração contratações objetivando a execução de obras públicas tão somente de pose do anteprojeto (observados os requisitos mínimos). Repita-se, pois, que a distinção entre anteprojeto e projeto se revela demasiada importante, sendo a identificação da fronteira entre os conceitos, mais ainda.

Conforme exaurido nas linhas anteriores, o projeto é a formatação no presente de algo que se pretende realizar no futuro. Mas, de forma análoga, temos que o anteprojeto também se revela em algo que se pretende realizar, porém, está cronologicamente posicionado em momento anterior ao projeto. A diferença repousa na insuficiência de sua formatação. É dizer que, para se atingir o *status* de projeto, todas as ações (atividades e/ou serviços) necessárias à execução daquilo que se pretende realizar deverão ser passíveis de determinação, ainda que não estejam completa e/ou adequadamente fixadas.[197]

A fim de tornar mais clara a diferenciação, apresenta-se um exemplo. Imagine-se que determinado Município conceba a necessidade de fomento ao turismo, objetivando que mais pessoas circulem na cidade e que, dessa forma, amplie-se o ingresso de dinheiro no comércio local. Para tanto, entende que a construção de uma concha acústica em área disponível no centro da cidade possibilitará a realização de atividades artísticas e, consequentemente, trará maior circulação de pessoas ao Município, que viriam assistir aos espetáculos. Assim, procederá à elaboração de um anteprojeto, ou seja, definirá o que entende que deva constar naquela concha acústica: deverá ser de alvenaria, ter espaço para camarins, dispor de banheiros públicos de qualidade, de estrutura de energia elétrica capaz de suportar a utilização de inúmeros equipamentos de energia, de bancos para a plateia etc. Todos os requisitos serão descritos, implementando diretrizes para elaboração do projeto.

Escrito o anteprojeto, passa-se à fase de elaboração do projeto. A alvenaria da concha acústica receberá que tipo de tinta? Qual a cor? Qual o tamanho edificado da concha acústica? Qual o posicionamento solar? Quantos metros quadrados terão o palco e os camarins? É nesse ponto que se passa a estruturar os aspectos técnicos da edificação a ser realizada e se passa a conceber a elaboração do que será executado de forma mais pormenorizada. Detalhada a obra da concha acústica, definindo-se todos os parâmetros técnicos, passa-se ao projeto executivo. Nesse, será possível saber todos os detalhes da obra, devidamente descritos, como as tintas que se deverão usar, a qualidade dos materiais, as técnicas que devem ser empregadas, as exigências de segurança, o memorial descritivo, o tempo que a empresa terá para executar o trabalho, os custos, ou seja, é nesse ponto que será apresentado o projeto final da concha acústica com todas as suas especificações e o que o Município contratará.

---

[197] GUIDI, José Eduardo. *Engenharia legal aplicada aos labirintos das obras públicas*: soluções aos aspectos subjetivos da legislação. São Paulo: Leud, 2022. p. 135-136.

É quando da elaboração do projeto executivo que procederá o poder público à confecção da **matriz de riscos**, cláusula que integrará o futuro contrato. No entanto, a análise dos riscos é realizada quando da confecção do projeto executivo, e a estruturação da matriz ocorrerá ao se considerarem os diversos aspectos do contrato e da atividade administrativa. Renato Fenili afirma que a matriz de riscos é instrumento interessante para a prevenção dos riscos inerentes à contratação, em especial, por ser realizada pelo órgão interno da administração pública.[198] O autor explica:

> Há dois níveis básicos de aplicabilidade da gestão de riscos em contratações públicas, a saber:
> (i) gestão riscos do metaprocesso de compras públicas, em sentido *lato*;
> (ii) gestão de riscos de processos específicos, em sentido *stricto*.
> Na aplicação da gestão em sentido lato, o que se almeja é a melhoria da *performance* do processo. Assemelha-se, em seu intuito último, a outras ferramentas de gestão de processo, tais como o Seis Sigma, *Kaizen, Lean*, Trilogia de Juran ou o método insculpido no BPM CBOK. Nesse sentido, os riscos priorizados e tratados induzem inovações estruturais no macroprocesso, tais como implementação de modelos de estudos técnicos preliminares ou a elaboração dos instrumentos de governança abordados no capítulo anterior.
> [...]
> Já em sentido estrito, o foco recais sobre empreitadas específicas, usualmente relevantes e que guardam maior complexidade. Não raramente aludem a contratações de serviços continuados ou de soluções de tecnologia de informação e de comunicação (TIC). Tal ótica – espelhada, por exemplo, na Instrução Normativa MPDG n° 05/2017 – usualmente impinge três momentos de consideração da gestão de riscos ao longo do rito em análise, a saber: o planejamento de contratação, a seleção do fornecedor e a gestão contratual em si.[199]

A lei exige que conste da matriz de risco a previsão de ocorrência de possíveis eventos que, supervenientes à assinatura do contrato, possam vir a impactar o equilíbrio econômico-financeiro e a eventual necessidade de realização de termo aditivo (artigo 6º, inciso XXVII), ou seja, a lei prescreve a aplicação da gestão de riscos em sentido estrito. Naqueles contratos em que há uma obrigação de resultado, devem constar as frações do objeto em que haverá liberdade para inovação em soluções metodológicas ou tecnológicas, no que diz respeito à modificação das soluções anteriormente delineadas no anteprojeto ou projeto básico. Por fim, no caso de obrigações de meio, deverão estabelecer-se, de forma precisa, as frações do objeto que não gozam de liberdade para inovação atinente a soluções metodológicas ou tecnológicas que

---

[198] FENILI, Renato. *Governança em aquisições públicas*: teoria e prática à luz da realidade. Rio de Janeiro: Impetus, 2018. p. 71.

[199] Ibid., p. 83-84.

tenham sido anteriormente delineadas, no anteprojeto ou no projeto básico. Leva-se em consideração aí as características do regime de execução no caso de obras e serviços de engenharia.

Elaborada a documentação necessária para estabelecimento do projeto a ser executado e dos riscos que se está correndo com a contratação, a documentação deve ser remetida ao setor jurídico do órgão para averiguação do tramitar do procedimento, assim também os documentos que devem constar da fase externa do processo licitatório (edital e minuta de contrato). O processo deverá ser encaminhado ao setor jurídico para análise e parecer quanto à aprovação dos documentos.

No parecer jurídico, previsto no artigo 53 da Lei n. 14.133/2021, deverá ser realizado um controle prévio da legalidade do certame e das exigências estabelecidas pela lei no que diz respeito ao procedimento administrativo interno.[200] É o parecer jurídico que encerrará o tramitar interno da licitação, podendo recomendar sua aprovação, rejeição ou reelaboração. Destaca-se que o parecer jurídico será realizado mediante juízo de legalidade dos atos administrativos formulados, jamais devendo adentrar em questões técnicas de cada órgão.[201] Assim é que a lei

---

[200] Anderson Sant'Ana Pedra e Ronny Chares Lopes criticam essa necessidade de controle de legalidade por parte dos órgãos de assessoramento da Administração Pública. Entendem tratar-se de disposições que mantêm para esses órgãos função atípica de controle. Para os autores, com a atuação dos órgãos de controle interno e externo, entre os quais destacam os Tribunais de Contas, esse deslocamento de atribuições para a assessoria dos órgãos públicos é desnecessário. Também, fundamentam seu posicionamento na existência do Portal Nacional de Contratações Públicas, que, em seu entendimento, possibilitará a fiscalização dos atos licitatórios pelo próprio sistema, mediante aplicação de inteligência artificial. (PEDRA, Anderson Sant'Ana; TORRES, Ronny Charles Lopes de. O papel da assessoria jurídica na nova Lei de Licitações e Contratos Administrativos (Lei n. 14.133/2021). *Revista Jurídica da Procuradoria-Geral do Estado do Paraná*: Direito do Estado em Debate, p. 89-136. Curitiba: NCA – Comunicação e Editora Ltda., 2022. p. 102-103).

[201] Aspecto a ser observado pelos pareceristas diz respeito a sua responsabilidade diante do conteúdo de seu parecer. Cláudio Penedo Madureira realiza estudo quanto a precedentes firmados pelo Supremo Tribunal Federal – ainda sob a égide da Lei n. 8.666/1993 –, no que se refere ao fato de ser ou não possível a responsabilização dos advogados públicos pareceristas por suas manifestações de cunho jurídico. Após o estudo de diversas decisões, conclui o autor que: "Posto isso, e considerando que esse posicionamento pretoriano adota como premissa de decisão a constatação de que esse ato (aprovação de minutas de editais de licitação, contratos, acordos, convênios e ajustes) não corporifica simples opinião, mas, em rigor, ato de gestão, aos demais pareceres proferidos por advogados na esfera administrativa, na medida em que compreendidos como simples atos opinativos, aplica-se o precedente anteriormente firmado pelo Supremo Tribunal Federal quando julgamento do Mandado de Segurança n. 24.073 (relatado pelo Ministro Carlos Velloso), que refuta a possibilidade de responsabilização de advogados pareceristas à consideração de que 'o parecer não é ato administrativo, sendo, quando muito, ato de administração consultiva, que visa a informar, elucidar, sugerir providências administrativas a serem estabelecidas nos atos de administração ativa'. Por esse motivo, e porque o Tribunal Constitucional não acolheu a proposição do Ministro Joaquim Barbosa (veiculada em ambos os julgamentos) quanto à coligação da responsabilidade do advogado ao caráter vinculante do parecer proferido, *cai por terra o mito*, construído a partir desses precedentes, *de que a prolação de pareceres vinculantes autorizaria a responsabilidade objetiva de seus autores*". (MADUREIRA, Cláudio Penedo. O STF e a Responsabilização de Advogados Públicos Pareceristas. *Direito Público*, [S. l.], v. 19, n. 102, 2022. DOI: 10.11117/rdp.v19i102.3455. Disponível em: https://www.portaldeperiodicos.idp.edu.br/direitopublico/article/view/3455. Acesso em: 25 set. 2022).

determina que o parecer deverá apreciar o processo licitatório mediante critérios objetivos prévios de atribuição de prioridade. Além disso, a manifestação deverá ser redigida em linguagem simples e compreensível, de forma clara e objetiva, apreciando-se todos os elementos necessários à contratação e expondo-se os pressupostos de fato e de direito que foram levados em consideração quando da análise jurídica.

O parecer indicando a necessidade de correção de algum ato implica que o processo administrativo retorne ao responsável. Em caso de alterações no processo administrativo interno, deverão os autos retornar ao setor de assessoramento jurídico para nova emissão de parecer. Havendo a aprovação sem alterações, restará autorizada e possível a realização da divulgação do edital, dando-se início à fase externa do processo licitatório. Por força do artigo 53, § 5°, poderá haver a dispensa do parecer jurídico em hipóteses definidas em ato da autoridade jurídica máxima, que deverá considerar o baixo valor, complexidade, entrega do bem ou a utilização de minutas de edital e contratos padronizados.

Convém frisar que todos os atos administrativos devem vir acompanhados de sua devida motivação, ou seja, no projeto básico, ao se decidir por determinada modalidade de licitação, deverá o administrador público indicar as razões que o levaram a estabelecer aquela modalidade e sua conexão com o objeto a ser licitado, demonstrando as vantagens e desvantagens da modalidade de contratação. O mesmo vale para o projeto executivo, devendo o gestor demonstrar os motivos que o levaram a escolher determinado material em detrimento de outro.

Por fim, inovação importante apresentada pela Lei, que impacta tanto a fase interna quanto a externa do processo licitatório, diz respeito à incorporação dos julgados do Tribunal de Contas da União no que tange à **segregação de funções**. Princípio incorporado pela nova lei, sobre o qual já este estudo já se manifestou no primeiro capítulo, implica que haja divisão de funções, evitando que quem fiscalize seja o executor de determinada tarefa. Irene Patrícia Diom Nohara explica que, apesar do enfoque de controle da lei, também existe a finalidade de evitar que haja sobrecarregamento de algum servidor e propiciar que não se corram riscos desnecessários. Aduz que a segregação de funções implica divisão de funções dos agentes em três principais aspectos:[202]

---

[202] O princípio da segregação de funções, advindo de construção jurisprudencial do Tribunal de Contas da União, prescreve uma série de cuidados quando do tramitar do processo interno, bem como na própria contratação. Por exemplo, pela jurisprudência do Tribunal de Contas da União, é vedado o exercício, por uma mesma pessoa, das atribuições de pregoeiro e de fiscal do contrato celebrado (Acórdão n. 1375/2015-TCU-Plenário), devendo as atribuições ou responsabilidades serem divididas entre diferentes pessoas, possibilitando o controle das etapas do processo por setores distintos e impedindo que uma mesma pessoa seja responsável por mais de uma atividade sensível ao mesmo tempo (Acórdão n. 2829/2015-TCU-Plenário). Ainda, no caso de contratos,

autorização, execução e controle, evitando o conflito de interesses. Para a autora, essa divisão visa a evitar que o agente público acabe por incorrer em ocultação de alguma falha.[203] É que, ao se envolver vários agentes no processo, ocorre, também, compartilhamento de informações e tarefas, efetivando-se o controle.

Quanto mais agentes participarem da contratação, mais fácil se torna o controle de falhas e violações,[204] o que implica maior cuidado na atribuição das funções de contratação aos agentes públicos.[205] As exigências do artigo 7º justificam-se, a começar pela exigência de que seja concedida preferência para agentes efetivos, pois o vínculo efetivo garante maior independência para a execução da lei, proporcionando maior eficácia à impessoalidade.[206] No mesmo sentido, a de que os agentes tenham formação compatível para realização do certame, visto que os concursos públicos acabam por ser um conjunto de questões teóricas, não se configurando como instrumento adequado para avaliação de habilidades específicas.[207]

O que deve ser considerado com certa parcimônia diz respeito à parte final do inciso III do artigo 7º, em relação aos pequenos municípios. É que, por vezes, devido à pouca demanda, poderá ocorrer de determinado servidor manter vínculo civil com algum licitante, como no caso de locação de um imóvel de propriedade da empresa pelo servidor para moradia. A segregação de funções em pequenos municípios, que não contam com mais de um ou dois servidores para realização das tarefas operacionais, pode ser dificultosa, recebendo críticas devido às

---

o Tribunal tem jurisprudência no sentido de ser vedada a participação de empresa em licitação para monitoramento ambiental de área em que a empresa, devido à execução de outros serviços, possa causar impacto ambiental na área a ser monitorada (Acórdão n. 4202/2014-TCU- Segunda Câmara).

[203] NOHARA, Irene Patrícia. *Direito Administrativo*. Barueri: Atlas, 2022. p. 284-285.

[204] DI PIETRO, Maria Sylvia Zanella; MARRARA, Thiago. Estrutura Geral da Nova Lei: abrangência, objetivos e princípios. *In*: DI PIETRO, Maria Sylvia Zanella. *Licitações e contratos administrativos*: inovações da Lei 14.133, de 1º de abril de 2021. Rio de Janeiro: Forense, 2022. p. 41.

[205] Por força do artigo 7º da Lei n. 14.133/2021, a lei exige que se estabeleça gestão por competências, designando-se agentes públicos mediante o preenchimento dos seguintes requisitos: I – sejam, preferencialmente, servidor efetivo ou empregado público dos quadros permanentes da Administração Pública; II – tenham atribuições relacionadas a licitações e contratos ou possuam formação compatível ou qualificação atestada por certificação profissional emitida por escola de governo criada e mantida pelo poder público; e III – não sejam cônjuge ou companheiro de licitantes ou contratados habituais da Administração, nem tenham com eles vínculo de parentesco, colateral ou por afinidade, até o terceiro grau, ou de natureza técnica, comercial, econômica, financeira, trabalhista e civil.

[206] SARAI, Leandro. Artigo 7º *In*: SARAI, Leandro. *Tratado da nova lei de licitações e contratos administrativos*: Lei n. 14.133/21 comentada por advogados públicos. São Paulo: JusPodivm, 2022. p. 264.

[207] JUSTEN FILHO, Marçal. *Comentários à Lei de Licitações e Contratações Administrativas*: Lei 14.133/2021. São Paulo: Thomson Reuters Brasil, 2021. p.197-198.

peculiaridades do Brasil.[208] Recomenda-se, assim, que os critérios sejam ponderados diante das particularidades de cada órgão e entidade, nos casos concretos, sem que se fixe orientações expressas em fórmulas prontas e abstratas.[209] É possível constatar que o procedimento é deveras burocrático; contudo, vale a ressalva realizada por Joel de Menezes Niebuhr:

> A burocracia não é em si o mal, ela qualifica a decisão administrativa, evita e reprime desvios por meio de planejamento e de controle. O mal está no excesso de burocracia. O desequilíbrio importa na perda de celeridade no atendimento das demandas da Administração Pública, sobretudo diante da deficiência de quadros especializados nas diversas soluções por parte dos órgãos e entidades administrativas. Diante do conjunto de regras hoje vigente e conhecendo um pouco a realidade da Administração Pública, não é exagerado estimar que o atendimento de necessidades mais complexas requeira meses e meses, se não anos, para fazer todas as investigações, levantar informações, compilá-las, aprová-las nas instâncias competentes e chegar ao ponto de publicar um mero edital. E isso é só o começo, ainda falta fazer a licitação.[210]

Em breve síntese, podemos resumir o processo licitatório interno como um procedimento formal e burocrático, devendo o gestor público planejar as ações que irá executar – em conformidade com o Plano de Contratações Anual –, descrevendo o objeto e utilizando-se do corpo técnico do órgão para estudo e elaboração dos projetos. Também, deve-se atentar a quem está executando cada tarefa, exigindo-se que seja aplicado verdadeiro sistema gerencial no que diz respeito às contratações. É visível que o procedimento não é simples, requerendo a atuação de inúmeros servidores, com a finalidade de se chegar ao ato que inaugura a fase externa do processo licitatório: o edital.

3.3. Fase competitiva ou fase externa: a competição e as regras de sua realização

O edital, conforme se verificou, não inicia o processo licitatório como se percebe pairar no imaginário de quem não lida com licitações. Pode-se dividir a realização de uma licitação de obra pública em duas etapas: a etapa do planejamento e a concorrencial, em que se estabelece quem será o executor de futuro contrato. Em cada estágio, deve-se observar a prática de uma gama de atos a serem executados, de forma

---

[208] MELLO, Celso Antônio Bandeira de. *Curso de Direito Administrativo*. São Paulo: Malheiros, 2021. p. 524.

[209] NIEBUHR, Joel de Menezes. *Licitação Pública e contrato administrativo*. 5ª ed. Belo Horizonte: Fórum, 2022. p. 110.

[210] NIEBUHR, Joel de Menezes. *Regime emergencial de contratação pública para o enfrentamento à pandemia de COVID-19*. Belo Horizonte: Fórum, 2020. p. 13-14.

geral, além de atos específicos, provenientes da modalidade de licitação adotada e de peculiaridades do objeto a ser licitado. Juliano Heinen explica que a fase externa diz respeito à seleção e à avaliação dos requisitos de habilitação, tendo início com a publicação do instrumento convocatório. A partir dessa divulgação, a escolha da melhor proposta envolverá a habilitação dos interessados, a classificação das propostas mais vantajosas e a adjudicação.[211]

O edital, além de publicizar o certame, também fixa as regras de participação, razão pela qual é comumente denominado "a lei interna" da licitação, devendo ser cumprido à risca, sob pena de nulidade. O edital não é lei em sentido técnico, não valendo de forma genérica, mas seus regramentos têm validade em determinado certame, o que lhe confere natureza jurídica mais próxima de ato administrativo em sentido amplo.[212] Tal força vinculatória do edital se deve ao fato de ser a forma mais clara de materialização da discricionariedade administrativa, pois sua elaboração envolve a escolha de alternativas viáveis por parte do administrador, observando-se os estudos quanto à viabilidade e à pertinência dessas alternativas, com o escopo de garantir que o certame obedeça aos requisitos estabelecidos na lei.[213]

A partir do pressuposto de que é o processo administrativo interno que disciplinará a futura contratação, é na fase interna da licitação que se estabelecerá o regramento a constar no âmbito do edital. Explica Marçal Justen Filho que o conteúdo e a pertinência das regras constantes do edital decorrem das informações e decisões produzidas durante a preparação da licitação, ou seja, a disciplina do edital não pode ser produzida a partir de escolhas subjetivas da autoridade administrativa; essas escolhas são o resultado das conclusões produzidas na fase anterior do procedimento licitatório.[214]

Os requisitos de validade do edital são descritos no artigo 25 da Lei n. 14.133/2021, devendo constar do instrumento convocatório o objeto da licitação, as regras relativas à convocação, ao julgamento, à habilitação, aos recursos e penalidades da licitação, à fiscalização e à gestão do contrato, à entrega do objeto e às condições de pagamento, podendo-se adotar minutas padronizadas de edital e contrato, com cláusulas uniformes (artigo 24, § 1º). Destaca-se que esses requisitos devem ter por base, quando de seu estabelecimento, as disposições da

---

[211] HEINEN, Juliano. *Curso de Direito Administrativo*. São Paulo: JusPodivm, 2022. p. 1161.

[212] NOHARA, Irene Patrícia Diom. *Direito Administrativo*. Barueri: Atlas, 2022. p. 306.

[213] MARINANGELO, Rafael; DONATO, Priscila Bigotte; MONNERAT, Nelson Winandy. *Licitações de obras públicas na perspectiva do TCU*. Lisboa: Lisbon International Press, 2019. p. 15-16.

[214] JUSTEN FILHO, Marçal. *Comentários à Lei de Licitações e Contratações Administrativas*: Lei 14.133/2021. São Paulo: Thomson Reuters Brasil, 2021. p. 409.

Lei de Licitações, ou seja, apesar da discricionaridade já mencionada, não pode o Poder Público adotar critérios além dos estabelecidos em lei.[215]

O edital exige que a publicação seja acompanhada de diversos documentos. O art. 25, § 3º, estabelece que deverão ser divulgados, conjuntamente com o instrumento convocatório, a minuta de contrato, os termos de referência, o anteprojeto, os projetos e outros anexos, sem a exigência de registro prévio para tanto. O dispositivo auxilia na publicidade e no acesso aos documentos necessários para formulação da proposta, evitando o que é constatado por Marçal Justen Filho, quanto à divulgação de aviso de licitação sem fornecimento do edital e de suas peças,[216] e garantindo a igualdade de condições para a competição, em especial, diante da desnecessidade de registro prévio por se considerar um entrave e desestímulo ao cidadão que deseja não licitar, mas fiscalizar o andamento do certame.[217]

---

[215] Assim como todo ato administrativo, ao edital aplica-se o princípio da legalidade, oportunidade em que deve obediência à lei. Levando-se em consideração que a licitação tem por base a ampla concorrência, não há sentido em proceder ao estabelecimento de exigências além daquelas previstas na lei e das necessárias à persecução do objeto a ser contrato. É a vedação ao "formalismo exacerbado", ou seja, a imposição de itens ou a interpretação da lei de forma a tornar o procedimento licitatório menos competitivo. É o que se extrai de jurisprudência do Superior Tribunal de Justiça: "ADMINISTRATIVO E PROCESSUAL CIVIL. AGRAVO INTERNO NO RECURSO ESPECIAL. LICITAÇÃO. INABILITAÇÃO. DOCUMENTO DECLARADO SEM AUTENTICAÇÃO. FORMALISMO EXACERBADO. PRECEDENTES. 1. Esta Corte Superior possui entendimento de que não pode a administração pública descumprir as normas legais, em estrita observância ao princípio da vinculação ao instrumento convocatório, previsto no art. 41 da Lei n. 8.666/1993. Todavia, o Poder Judiciário pode interpretar as cláusulas necessárias ou que extrapolem os ditames da lei de regência e cujo excessivo rigor possa afastar da concorrência possíveis proponentes. 2. Agravo interno a que se nega provimento." (BRASIL. Superior Tribunal de Justiça. *AgInt no REsp n. 1.620.661/SC*. Administrativo e Processual Civil. Requerente: Estado de Santa Catarina. Requerido: TV O Estado Florianópolis Ltda. Requeridos: Capella, Fogaça e Suzin Advogados Associados. Relator: Ministro Og Fernandes, Segunda Turma, 3/8/2017, DJe de 9/8/2017. Disponível em: https://www.jusbrasil.com.br/jurisprudencia/stj/860723263/inteiro-teor-860723273. Acesso em: 25 out. 2022.). Também da jurisprudência do Tribunal de Contas da União: "A inabilitação de licitantes por divergência entre assinaturas na proposta e no contrato social deve ser considerada *formalismo exacerbado*, uma vez que é facultada à comissão, em qualquer fase do certame, a promoção de diligência destinada a esclarecer ou a complementar a instrução do processo". (BRASIL. Tribunal de Contas da União. *Acórdão n. 5181/2012-Primeira Câmara*. Relatório de auditoria. FOC FUNASA. Restrição à competitividade da licitação. Julgamento do certame em desacordo com o edital. Ausência do depósito da contrapartida. Audiência dos responsáveis. Rejeição de parte das razões de justificativa. Multa. Relator: Walton Alencar Rodrigues, 28/08/2012. Disponível em: https://pesquisa.apps.tcu.gov.br/#/documento/acordao-completo/*/KEY%253AACORDAO-COMPLETO-1244797/DTRELEVANCIA%2520desc/0/sinonimos%253Dfalse. Acesso em: 25 out. 2022).

[216] JUSTEN FILHO, Marçal. *Comentários à Lei de Licitações e Contratações Administrativas*: Lei 14.133/2021. São Paulo: Thomson Reuters Brasil, 2021. p. 417.

[217] BARRETO, Lucas Hayne Dantas. Artigo 25. In: SARAI, Leandro. *Tratado da nova lei de licitações e contratos administrativos – Lei n. 14.133/21 comentada por advogados públicos*. São Paulo: JusPodivm, 2022. p. 467.

Ademais, para cada modalidade licitatória, far-se-á necessária a publicação do ato com prazo de antecedência,[218] garantindo-se que possam os licitantes apropriar-se do objeto que está sendo licitado e do regramento que será aplicado. O processo licitatório será conduzido por pregoeiro, que poderá ou não ser assessorado por comissão de licitações.

A Lei n. 14.133/2021 estabeleceu processo administrativo para realização do pregão e concorrência, procedimento para a realização do diálogo competitivo e, por fim, procedimento para realização do concurso. A esse respeito, tecer-se-ão, aqui, comentários quanto à modelagem do processo no que se refere ao pregão e à concorrência, visto ser processo mais amplo e completo, passando-se ao estudo dos demais modelos na sequência.

Divulgado o edital, poderão os licitantes proceder à realização de impugnação no que diz respeito aos termos desse edital. As impugnações serão protocoladas em até três dias úteis antes da data de abertura do certame, sendo qualquer pessoa parte legítima para tanto e devendo o ente público apresentar esclarecimento no prazo de até três dias úteis, limitado ao último dia anterior à data de abertura do certame (artigo 164, *caput* e parágrafo único). Impugnado o edital, essa impugnação será encaminhada ao setor jurídico para emissão de parecer. Acolhendo-se a impugnação, o edital deverá ser publicado novamente, nos mesmos moldes da divulgação original. No que diz respeito à impugnação de edital, merece atenção aspecto apresentado por Joel de Menezes Niebuhr, quando se manifesta sobre licitante que não impugna o edital e ingressa judicialmente, postulando a decretação de nulidade de previsão editalícia:

> De plano, o inciso XXXV do artigo 5º da Constituição Federal consagra o princípio da inafastabilidade do Poder Judiciário ou da universalidade da jurisdição, prescrevendo que lei não excluirá da apreciação do Poder Judiciário lesão ou ameaça de lesão a direitos. Logo, quem se sentir lesionado por edital, que é uma espécie de ato administrativo,

---

[218] O processo licitatório externo inicia com a sessão de propostas. Caso não haja inversão de fases, o edital deverá respeitar os seguintes prazos entre divulgação e realização da sessão de apresentação de propostas para aquisição de bens: oito dias úteis, quando adotados os critérios de julgamento de menor preço ou de maior desconto (artigo 55, I, "a"); 15 dias úteis, nas hipóteses não abrangidas pela alínea "a" daquele inciso (artigo 55, I, "b"). Para contratação de serviços e obras: dez dias úteis, quando adotados os critérios de julgamento de menor preço ou de maior desconto, no caso de serviços comuns e de obras e serviços comuns de engenharia (artigo 55, II, "a"); 25 dias úteis, quando adotados os critérios de julgamento de menor preço ou de maior desconto, no caso de serviços especiais e de obras e serviços especiais de engenharia (artigo 55, II, "b"); 60 dias úteis, quando o regime de execução for de contratação integrada (artigo 55, II, "c"); 35 dias úteis, quando o regime de execução for de contratação semi-integrada ou nas hipóteses não abrangidas pelas alíneas "a", "b" e "c" desse inciso (artigo 55, II, "c"); 15 dias úteis para licitação em que se adote o critério de julgamento de maior lance (artigo 55, III); e 35 dias úteis para licitação em que se adote o critério de julgamento de técnica e preço ou de melhor técnica ou conteúdo artístico (artigo 55, IV).

goza do direito constitucional de levar o seu inconformismo ou descontentamento ao Poder Judiciário, sem que qualquer lei possa impedi-lo.

De toda sorte, a legislação não prescreve que licitante que não impugnou o edital a tempo perante a Administração perde o direito de contestá-lo judicialmente. Noutros termos, quem não oferece impugnação no tempo devido perde o direito de fazê-lo perante a Administração e não perante o Poder Judiciário. Por consequência, a quem não impugnou o edital a tempo é permitido propor medida judicial para questioná-lo, ainda que posteriormente, no curso ou após a licitação.

De mais a mais, todos os atos administrativos devem obediência ao princípio da legalidade. O edital é uma espécie de ato administrativo, que, como todos os outros, deve alinhar-se à legalidade. Nesse passo, se o edital contém ilegalidade, ele deve ser invalidado ou convalidado, mesmo que a licitação já esteja em andamento. O escoamento do prazo para a impugnação administrativa do edital não sabeia as ilegalidades nele existentes, que, se levadas ao conhecimento do Judiciário, devem ser invalidadas por ele.

Conclui-se, com base em tais argumentos, que aos licitantes que não impugnaram administrativa o edital a tempo é permitido ainda discutir suas cláusulas e exigências posteriormente na esfera judicial, por ocasião da habilitação, do julgamento das propostas ou mesmo depois de homologada a licitação.[219]

Deve-se lembrar, ainda, o entendimento do Tribunal de Contas da União no que concerne às consultas realizadas à Administração Pública que se consubstanciam não em impugnação ao edital, mas em pedidos de esclarecimentos. Entende o Tribunal de Contas da União que, nesses casos, estará a Administração Pública vinculada ao parecer que emitir, devendo fazer-se respeitar os termos do esclarecimento durante o tramitar do processo de licitação.[220]

Aspecto inovador da Lei n. 14.133/2021 compreende a obrigatoriedade de que a licitação ocorra de forma digital (artigo 17, § 2º), *online*, e não mais de forma presencial. Assim, todos os atos da fase externa, obrigatoriamente, devem ocorrer de forma eletrônica, sendo a

---

[219] NIEBUHR, Joel de Menezes. *Licitação Pública e contrato administrativo*. 5ª ed. Belo Horizonte: Fórum, 2022. p. 670.

[220] Quando de sua manifestação sobre aspectos da Lei n. 8.666/1993, o Tribunal de Contas da União decidiu: "Assertiva de pregoeiro, em sede de esclarecimentos, tem efeito vinculante para os participantes da licitação. A inobservância, pelo pregoeiro, da vinculação de sua resposta ao instrumento convocatório pode levar a sua responsabilização perante o TCU" (BRASIL. Tribunal de Contas da União. *Acórdão n. 915/2009-Plenário*. Relator: José Jorge, 06/05/2009. Disponível em: https://pesquisa.apps.tcu.gov.br/#/redireciona/acordao-completo/%22ACORDAO-COMPLETO-1126801%22. Acesso em: 25 out 2022) e "O esclarecimento, pela Administração, de dúvida suscitada por licitante que importe na aceitação de propostas com exigências distintas das previstas no edital não supre a necessidade de republicação do instrumento convocatório (art. 21, § 4º, da Lei 8.666/1993)". (BRASIL. Tribunal de Contas da União. *Acórdão n. 548/2016-Plenário*. Representação. pregão eletrônico. Fornecimento e instalação de cabeamento estruturado. Ausência de certificação da Anatel. Aprovação de solução tecnológica vedada no edital. Conhecimento. Audiência. Acolhimento das razões de justificativa em relação ao primeiro ponto. [...]. Relator: José Mucio Monteiro, 09/03/2016. Disponível em: https://pesquisa.apps.tcu.gov.br/#/documento/acordao-completo/*/KEY%253AACORDAO-COMPLETO1649294/DTRELEVANCIA%2520desc/0/sinonimos%253Dfalse. Acesso em: 25 out. 2022).

forma presencial exceção. No caso de realização de licitação de forma presencial, deverá o poder público justificar os motivos que levaram à realização do ato dessa maneira e proceder à gravação dos atos, com a juntada ao processo licitatório de mídia que contenha vídeo e áudio. A realização de licitações de forma eletrônica não é novidade: a Lei n. 10.520/2002 (Lei do Pregão) já previa essa possibilidade, bem como também previa a realização de forma presencial.

O estudo da utilização de licitações eletrônicas, mais especificamente na modalidade do pregão eletrônico, apontou que a licitação de forma eletrônica apresenta vantagens em decorrência do aumento da competitividade, possibilitando a participação de empresas de todos os lugares do Brasil e a aplicação de maior eficiência administrativa e competitiva, garantindo maior integridade ao procedimento. Também é ferramenta de transparência, assegurando maior acompanhamento dos atos por parte da sociedade. Contudo, visualizou-se dificuldade no que diz respeito ao fornecimento dos produtos, à demora na substituição dos inadequados ou defeituosos, e a problemas referentes à conectividade de internet.[221] Ademais, a possibilidade de realização de licitações presenciais, mediante justificativa, pode ser indispensável ao atingimento dos objetivos da Administração Pública, como no caso de aquisição de produtos que necessitem de sigilo em decorrência da segurança nacional.[222]

Feitas ou não impugnações, no edital estarão estabelecidos data e horário para realização da solenidade. Pelo regramento existente na Lei n. 14.133/2021, a primeira fase do procedimento diz respeito à análise das propostas, passando-se, então, à abertura dos documentos de habilitação do vencedor. Nesse aspecto, a Lei n. 14.133/2021 apresenta inovação importante: não há motivo para expor todos os documentos das empresas que sequer terão chances de executar o contrato com o poder público. A documentação que compõe a habilitação da empresa é organizada a partir de diversos dados sensíveis e documentos de cunho administrativo dessas empresas, além de eventuais documentos exigidos por força do objeto que se está licitando.[223] Pelo modelo exis-

---

[221] BRITO, Bruna Ohana Silva; FELÍCIO, Giovanna Oliveira; SILVA, Anne Herecleia de Brito e. Os benefícios e os desafios na utilização do pregão eletrônico na administração pública municipal. *Revista da ESDM*, Porto Alegre/RS, v. 8, n. 15, p. 7-18, 2022. Disponível em: http://revista.esdm.com.br/index.php/esdm/article/view/181 Acesso em: 28 set. 2022.

[222] LOUREIRO, Marcelo. Artigo 17. In: SARAI, Leandro. *Tratado da nova lei de licitações e contratos administrativos*: Lei n. 14.133/21 comentada por advogados públicos. São Paulo: JusPodivm, 2022. p. 323.

[223] Para a habilitação das empresas, são apresentados documentos que comprovam a regularidade jurídica (contrato social, cartão CNPJ); técnica (atestados de trabalhos semelhantes executados); fiscal, social e trabalhista (mediante apresentação de certidões fiscais e provenientes da Justiça do Trabalho) e econômico-financeiro (mediante apresentação de documentos de regularidade financeira, tais como livro caixa ou escrituração contábil), conforme previsão do artigo 62 da Lei n. 14.133/2021.

tente no âmbito da Lei n. 8.666/1993, todos os envelopes de habilitação eram abertos, e a documentação, exposta. Somente após isso ocorria a abertura dos envelopes da proposta, analisando-se os documentos apresentados e verificando-se quem seria o vencedor do certame.

Essa mudança de fases não é novidade em se tratando de compras públicas. Na Lei do Pregão (Lei n. 10.520/2002), o processo licitatório dava-se, inicialmente, com a apresentação das propostas financeiras, passando-se à análise dos documentos de habilitação somente daquele que fosse declarado vencedor dos itens, do lote ou do certame, e então abria-se a fase de recursos. Essa inovação apresenta inúmeras vantagens.

Flávio Amaral Garcia, ao estudar o pregão e suas fases (com fundamento na previsão da Lei n. 10.520/2002), explicava que a sistemática adotada pelo pregão atendia ao princípio da economicidade, com redução de valores empregados nas aquisições de bens e prestação de serviços, concretizando o princípio da eficiência. Atribuía esse êxito a três fatores: i) a inversão de fases, julgando-se primeiramente a proposta e, após, verificando-se a habilitação do vencedor; ii) a introdução de lances verbas; iii) a otimização da sessão com a manifestação da intenção de recorrer somente ao final da sessão.[224]

No entanto, poderá a Administração Pública inverter as fases da licitação, procedendo inicialmente à habilitação das empresas e, posteriormente, à realização da análise das propostas – porém, referida mudança terá de ser justificada. A possibilidade, contudo, é plausível. Imagine-se um procedimento em que se terá por critério de julgamento melhor técnica e preço ou melhor técnica. Nesse procedimento, o que importará ao poder público não diz respeito ao valor monetário dispendido para a realização do objeto, mas a empresa que reúne as melhores condições técnicas para executar aquele objeto. Assim, não é crível que, primeiramente, analise-se a proposta financeira para então passar-se à análise da documentação técnica. Nesse caso, é justificável a análise dos critérios técnicos inicialmente para após seguir para a análise financeira.

No que diz respeito à fase de julgamento e recursal, disciplinada no âmbito dos artigos 165 a 168 da Lei n. 14.133/20221, ao final de cada etapa, a comissão de licitações emitirá sua decisão quanto à aceitabilidade da proposta ou não, bem como quanto à habilitação da empresa ou não. Juliano Heinen considera benéfica a modificação de fases apresentada pela Lei. Para o autor, a principal vantagem reside no fato de que há ganho em celeridade e agilidade. Exemplifica com situação em que haja cinco concorrentes, e as fases sejam estabelecidas em habili-

---

[224] GARCIA, Flávio Amaral. *Licitações e contratos administrativos*: casos polêmicos. São Paulo: Malheiros, 2018. p. 153.

tação e propostas: serão, então, protocolados tantos recursos quanto concorrentes. Havendo a inversão das fases, o recurso de habilitação será movido somente em relação ao vencedor, simplificando o certame. Destaca, também, que se analisarão somente os documentos de habilitação de um, e não de todos, os licitantes.[225]

Em todos os casos (habilitação ou não da empresa, desclassificação ou não da proposta, decretação da deserção do certame ou nulidade procedimental), deverão as empresas informar o desejo de recorrer, sendo que a fase recursal ocorrerá da forma una, ou seja, emitido o ato decisório final do certame, deverá o interessado manifestar sua intenção de recorrer na própria sessão, sob pena de preclusão, independentemente da exposição de motivos, pois a lei não exige a exposição da motivação para registrar o interesse de recurso.[226] Contudo, mesmo que não exigida motivação, necessário que haja o preenchimento dos requisitos recursais, evitando-se meros atos emulativos, com o escopo de protelar o andamento do processo licitatório. Esclarece Anderson Moarias Diniz:

> Trazemos à baila algumas considerações sobre princípios gerais em matéria recursal, necessários à análise preliminar de qualquer recurso. Deve-se atentar para a existência de pressupostos recursais, sem os quais qualquer recurso manejado não poderá ser analisado. Eles se dividem em pressupostos intrínsecos e extrínsecos.
>
> Os pressupostos intrínsecos são relativos à essência do recurso, são pressupostos atinentes ao seu conteúdo e dividem-se em: a) cabimento – previsão na norma; b) interesse – deve haver interesse manifesto no recurso, ou seja, deve haver matéria na qual a decisão recorrida prejudique a parte recorrente; c) legitimidade – a parte recorrente deve ser a parte prejudicada ou deve manifestar interesse de que a decisão atacada também contrariou interesse próprio.
>
> Já os pressupostos extrínsecos dizem respeito a questões formais do recurso, e se dividem em: a) tempestividade – o recurso deve ser apresentado no prazo delimitado pela Lei; b) preparo – quando exigível, devem ser recolhidas as taxas previstas na Lei, sendo que, no caso do processo licitatório, não há previsão de preparo, o que é uma regra dos processos administrativos, e c) regularidade formal – devem ser observadas as regras descritas na Lei para a proposição do recurso.
>
> Atendidos tais pressupostos, aviado o recurso a tempo e modo previstos na Lei, ele deve ser objeto de conhecimento por parte da autoridade legalmente competente para sua análise.[227]

---

[225] HEINEN, Juliano. *Comentários à Lei de Licitações e Contratos Administrativos*. São Paulo: JusPodivm, 2022. p. 140.

[226] AMORIM, Victor Aguiar Jardim de. Modalidades e Rito Procedimento da Licitação. In: DI PIETRO, Maria Sylvia Zanella. *Licitações e contratos administrativos*: inovações da Lei 14.133, de 1º de abril de 2021. Rio de Janeiro: Forense, 2022. p. 174-175.

[227] DINIZ, Anderson Morais. Artigo 165. In: SARAI, Leandro. *Tratado da nova lei de licitações e contratos* administrativos: Lei n. 14.133/21 comentada por advogados públicos. São Paulo: JusPodivm, 2022. p. 1431.

Alerta que deve ser realizado no sentido de que a Lei de Licitações é, muitas vezes, manejada por licitantes que não têm conhecimento técnico jurídico, oportunidade em que se deve admitir ampla fungibilidade recursal no que diz respeito ao atendimento de requisitos formais do recurso, em especial pelo fato de a Lei prever somente duas espécies de impugnações à decisão (recurso e pedido de reconsideração), com o estabelecimento do mesmo prazo (três dias úteis), garantindo-se a efetividade do direito de petição. O recurso é dirigido à autoridade que editou o ato, que poderá reconsiderar ou encaminhar, juntamente com sua motivação, a autoridade superior, que, por sua vez, conta com o prazo de dez dias para manifestação. O acolhimento do recurso importará a invalidação apenas de ato insuscetível de aproveitamento. A anulação de um ato administrativo provoca a nulidade dos subsequentes, pois cada um é fundamento de validade dos demais, o que não ocorrerá *in casu*.[228] Por força do artigo 168, será atribuído efeito suspensivo ao recurso e ao pedido de reconsideração.

Apresentados os recursos e contrarrazoados ou o pedido de reconsideração, poderá a comissão de licitações ou o pregoeiro proceder ao juízo de retratação. Nesse caso, por força da ampla defesa e do contraditório, entende-se, aqui, que deverá abrir-se novo prazo para recurso, visto que se expede nova decisão sobre o tema. Ademais, o procedimento deverá ser encaminhado à assessoria jurídica para elaboração de parecer e verificação dos requisitos de legalidade, no que diz respeito ao tramitar do processo licitatório.

Não havendo qualquer tipo de ilegalidade no processo, passar-se-á à adjudicação do objeto ao vencedor, procedendo-se à apresentação de eventuais garantias contratuais exigidas no edital e à assinatura do contrato. Após a assinatura, é emitido documento intitulado "Carta de início", oportunidade em que começa a transcorrer o lapso de tempo para execução do objeto do contrato. Esse é um resumo do que trata o que se pode nomear de procedimento geral de licitações.

No caso do **concurso**, o procedimento difere do regramento geral na etapa concorrencial, mantendo-se o procedimental recursal. O concurso seguirá as normativas estabelecidas no âmbito do edital, ou seja, poderá o poder público definir como se realizará o procedimento de concurso. Contudo, as decisões tomadas devem ser sempre fundamentadas. Por força do artigo 30 da Lei n. 14.133/2021, o edital deve indicar a qualificação que se exigirá dos licitantes, bem como as diretrizes e formas em que o trabalho técnico deverá ser apresentado, as condições de realização e o prêmio ou remuneração que será concedido ao vencedor.

---

[228] MIRANDA, Henrique Savonitti. *Licitações e contrato administrativos*. São Paulo: Thomson Reuters Brasil, 2021. p. 383-384.

Por sua vez, o **diálogo competitivo** também guarda suas particularidades procedimentais que o fazem diferir do procedimento geral.[229] Quanto a esse procedimento licitatório, é importante relembrar que a Administração Pública busca uma inovação, uma solução que não existe no mercado. Portanto, não é possível ao poder público especificar o objeto que pretende contratar, somente detém conhecimento dos atributos da necessidade que precisa suprir. O procedimento do diálogo competitivo, pode-se afirmar, é dividido em três fases: (i) pré-seleção: quando se definem as necessidades da Administração Pública e se publica o edital para os interessados se manifestarem; (ii) fase do diálogo: em que os interessados são, de forma individual, contatados para apresentarem as soluções; (iii) fase competitiva: quando, selecionadas as soluções, há publicação de edital com os critérios objetivos de quem irá prestar o serviço.[230] A principal característica da fase procedimental do diálogo é que há uma antecipação da disputa, que passa a ocorrer no âmbito do planejamento da licitação. Nos demais procedimentos, a competição é instaurada após a Administração Púbica exaurir as avaliações e escolhas quanto às questões da disputa.[231]

Assim, o procedimento do diálogo competitivo inicia-se com o edital descrevendo as necessidades e exigências para atendimento daquelas necessidades e concedendo o prazo de 25 dias úteis para manifestação de interesse. O edital, nesse caso, é uma espécie de convite às empresas interessadas. É importante referir que o edital não deverá ser discriminatório, apesar das exigências de maior qualificação técnica que se presumem necessárias a empresas que atuam com inovações tecnológicas. Deve ser estruturado e organizado de maneira que haja pluralidade de concorrentes, garantindo-se o direito de participação às mais variadas empresas interessadas. Estas, ao se considerarem aptas a apresentar a solução pretendida pelo poder público, irão se cadastrar para participarem do certame, oportunidade em que se passará à fase do diálogo.

---

[229] No artigo 32, § 1º, inciso XI, é estabelecido que o procedimento será conduzido por comissão de contratação composta por pelo menos três servidores efetivos ou empregados públicos pertencentes aos quadros permanentes da Administração, admitida a contratação de profissionais para assessoramento técnico da comissão. Os profissionais contratados para assessoramento técnico deverão assinar termo de confidencialidade e abster-se de atividades que possam configurar conflito de interesses (conforme artigo 32, § 2º). A obrigatoriedade de existência de servidores públicos ou empregados públicos pertencentes aos quadros permanentes tem por finalidade aplicar maior segurança jurídica ao procedimento, garantindo que será conduzido de forma a proteger os interesses da administração pública e os segredos empresariais a que a comissão terá acesso durante o tramitar do procedimento. Evidente, no que diz respeito a qualificação da comissão, que deve ser composta por assessores especializados, com conhecimento técnico relativo às necessidades da Administração Pública que se pretende atender.

[230] HEINEN, Juliano. *Comentários à Lei de Licitações e Contratos Administrativos*. São Paulo: JusPodivm, 2022. p. 241.

[231] JUSTEN FILHO, Marçal. *Comentários à Lei de Licitações e Contratações Administrativas*: Lei 14.133/2021. São Paulo: Thomson Reuters Brasil, 2021. p. 461.

Nesse ponto, as empresas realizam sessões com o poder público para apresentarem as soluções que entendem adequadas ao atendimento da necessidade descrita no edital. Essas reuniões serão gravadas, utilizando-se recursos de áudio e vídeo. Aspecto importante desse diálogo é que não poderá o poder público proceder à revelação das propostas ou de informações sigilosas comunicadas a um licitante sem que haja consentimento, ou seja, as gravações de sessões, documentos e informações obtidas devem ser mantidas em sigilo enquanto perdurar a fase do diálogo. Dessa forma, não poderão ser reveladas as soluções apresentadas por cada um dos proponentes, nem mesmo informações sigilosas apresentadas por um proponente sem que haja seu consentimento. A solução é criada de forma individual por cada empresa, não de forma coletiva, não estando as empresas obrigadas a revelar a sua expertise.[232]

Enquanto não se obtiver uma solução para a demanda da Administração Pública, poderá haver a manutenção da fase do diálogo, que somente cessará quando a Administração Pública, mediante expedição de decisão fundamentada, entender que se chegou a uma solução viável para o que pretende realizar. Convém esclarecer que poderá haver a previsão de realização de fases sucessivas, ou seja, havendo a apresentação de solução que atenda de forma parcial à necessidade do poder público, proceder-se-á ao encerramento da fase do diálogo naquele aspecto, prosseguindo-se em relação aos demais.

Declarado o atendimento da necessidade do poder público, deverá haver a juntada aos autos dos registros de gravações, iniciando-se a fase competitiva. Essa fase tem início com a publicação de edital contendo as especificações da solução às necessidades e os critérios objetivos estabelecidos na fase do diálogo, que serão utilizados para seleção da proposta mais vantajosa. Ocorrerá, também, a abertura do prazo para apresentação dessas propostas, que não deverá ser inferior a 60 dias úteis, para todos que tenham sido pré-selecionados para participação na da fase do diálogo.

O diálogo competitivo brasileiro é inspirado no artigo 30 da Diretiva 2014/24/EU, da União Europeia, com procedimento bastante similar, embora com diferença relevante: no diálogo competitivo europeu, há a previsão de pagamento de bonificação àquele que constrói a solução inovadora e acaba por não ser o vencedor da fase competitiva, sendo compreendido esse pagamento como forma de estímulo à participação no certame, bem como remunera-se o trabalho na construção da solução inovadora que será utilizada pelo Poder Público. A crítica que se faz ao diálogo competitivo brasileiro é, justamente, a de não ter

---

[232] HEINEN, Juliano. *Curso de Direito Administrativo*. São Paulo: JusPodvim, 2022. p. 1177.

a previsão de pagamento de tal bonificação, ocasionando o desencorajamento da participação de interessados e, ainda, reduzindo e comprometendo a efetividade do diálogo competitivo. Ademais, também afeta a isonomia do certame, pois empresas de menor porte ou menos passíveis de se exporem a riscos acabam por ser desfavorecidas no certame, em especial ao considerar-se que inovações tecnológicas são geradas por empresas emergentes (*startups*).[233] Sob esse aspecto, merece destaque o entendimento de Celso Antônio Bandeira de Mello:

> A solução da lei é exótica e, ao que parece, sentenciará o insucesso dessa modalidade licitatória. Por quê? Presume-se que os licitantes pré-selecionados empreenderão esforço e capital para edificar uma solução capaz de tutelar o interesse público delimitado no edital. Esse labor é olimpicamente ignorado pela lei, que não prevê qualquer espécie de contrapartida ao licitante que concebeu a "solução" vencedora, a exemplo do previsto no Procedimento de Manifestação de Interesse PMI (art. 81, § 1º). Tanto isso é verdade que todos os licitantes pré-selecionados podem elaborar projetos na fase "competitiva" para concretização da "solução" eleita pela Administração, sendo declarado vencedor aquele cujo projeto for considerado o mais vantajoso.[234]

Por fim, no que diz respeito à fase recursal do procedimento de diálogo competitivo, a lei não apresenta qualquer regramento específico quanto a esse aspecto. Marçal Justen Filho manifesta-se no sentido de ser "evidente o cabimento do recurso contra a decisão adotada pela Administração no sentido de inadmissão do sujeito a participar do diálogo competitivo", complementando que, na aplicação rigorosa da lei, caberia pedido de reconsideração (artigo 165, II), com efeito suspensivo (artigo 168), mas essa interpretação seria incompatível com a garantia do devido processo administrativo.[235] Joel de Menezes Niebuhr afirma que, realizado o julgamento das propostas, parte-se para a conclusão do certame e a abertura da fase recursal,[236] indicando que segue o modelo geral de recursos da Lei n. 14.133/2021. Juliano Heinen apenas menciona que, apesar de o inciso VIII nada dizer, deve ser garantida a oportunidade de os licitantes recorrerem da decisão que abre a competitividade do certame.[237]

---

[233] FERNANDES, André Dias; COUTINHO, Débora de Oliveira. A nova Lei de Licitações, as encomendas tecnológicas e o diálogo competitivo. *Revista Brasileira de Políticas Públicas*, Brasília, v. 11, n. 3., p. 60-78, 2021. Disponível em: https://www.publicacoesacademicas.uniceub.br/RBPP/article/view/8059 Acesso em: 29 set. 2022. p. 73-74.

[234] MELLO, Celso Antônio Bandeira de. *Curso de Direito Administrativo*. São Paulo: Malheiros, 2021. p. 551-552.

[235] JUSTEN FILHO, Marçal. *Comentários à Lei de Licitações e Contratações Administrativas*: Lei 14.133/2021. São Paulo: Thomson Reuters Brasil, 2021. p. 465.

[236] NIEBUHR, Joel de Menezes. *Licitação Pública e contrato administrativo*. 5ª ed. Belo Horizonte: Fórum, 2022. p. 63.

[237] HEINEN, Juliano. *Comentários à Lei de Licitações e Contratos Administrativos*. São Paulo: JusPodivm, 2022. p. 245.

Na visão desta pesquisa, a fase recursal estabelecida no âmbito da Lei n. 14.133/2021 não é capaz de atender à complexidade do procedimento de diálogo competitivo. Como já mencionado, no diálogo competitivo, a competição inicia-se na elaboração do projeto, ou seja, a Administração Pública só sabe o problema que precisa resolver, e não como resolvê-lo e o quanto isso poderá custar. Para isso, chama os interessados a fim de que construam a solução para a necessidade, juntamente com o poder público. Ao possibilitar-se que os recursos sejam manejados somente na fase de propostas, abre-se a possibilidade para desvios de conduta, tais como direcionamentos ou escolhas baseadas em interesses particulares, e não públicos.

Entende-se, aqui, que, no diálogo competitivo, fazem-se necessárias duas fases recursais: a primeira, compreendendo a decisão de encerramento do diálogo, e a segunda, a análise das propostas apresentadas. É que o diálogo competitivo admite julgamentos parciais, possibilitando um afunilamento dos concorrentes, uma cláusula de barreira à participação (artigo 32, § 1º, inciso VII), podendo a cada etapa do diálogo ocorrerem restrições de candidatos que continuarão a disputar o certame.[238] Assim, para garantia da ampla defesa e do contraditório, a possibilidade de recursos deve ser ofertada a cada encerramento de fase de diálogo, podendo as empresas efetivamente contribuírem para a construção da solução. É que, como já mencionado, as propostas apresentadas pelas empresas são secretas, e somente serão externalizadas aos demais concorrentes no encerramento da fase do diálogo. Portanto, para que se possa avaliar se o poder público, efetivamente, escolheu a proposta que melhor atende ao interesse público, é necessário que se conheçam as demais propostas, e, para que se possa proceder à impugnação dessa escolha, deve-se garantir a fase de recurso.

Outrossim, é sabido que o edital da fase competitiva abarcará o resultado da fase do diálogo, podendo ser impugnado. No entanto, impugnar o edital não é o mesmo que recorrer de uma decisão. A impugnação pressupõe que o ato administrativo de confecção daquele edital está encerrando, bem como a publicação do edital sem possibilidade de recorrer da decisão que determina sua elaboração é retirar da empresa participante a possibilidade de influenciar o ato administrativo discricionário e contribuir para a construção da melhor solução. Assim, pode-se resumir o que aqui se propõe da seguinte forma: ao encerramento de casa fase de diálogo, deve ser garantida a possibilidade de manejo de recurso aos licitantes; o edital que abre a etapa concorrencial do certame pode ser alvo de impugnação; a decisão que escolhe a proposta com maior vantajosidade para o interesse público também pode ser alvo de recurso.

---

[238] HEINEN, Juliano. *Curso de Direito Administrativo.* São Paulo: JusPodvim, 2022. p. 1177.

O procedimento, dessa forma, torna-se evidentemente mais burocrático. Contudo, estar-se-á garantindo, assim, a ampla defesa, o contraditório e a participação das empresas licitantes na busca pela solução almejada. A licitação precisa ser transparente e prestar contas a todos os participantes do procedimento. Para que possa garantir a lisura, a isonomia, a transparência, a publicidade e os demais atributos exigidos no âmbito da Constituição Federal e do artigo 5º da Lei n. 14.133/2021, é necessário que sejam garantidas a ampla defesa e o contraditório. O pretexto de eventual aumento de burocracia com a possibilidade de manejo de recurso ao final de cada fase de diálogo, destoando da fase recursal una prescrita na lei, não se justifica. Os princípios incidentes no certame exigem que se possibilite a manifestação das empresas, em especial, quando são chamadas a criar solução inovadora. O sigilo prescrito no procedimento exige a possibilidade de impugnação da medida adotada.

Outro aspecto da proposta aqui apresentada diz respeito à garantia do contraditório. Ao se manter a fase recursal una, com recursos somente na fase de propostas, ou manejo de impugnação do edital, não é garantido à empresa que obteve a decretação de sua solução como a mais vantajosa a possibilidade de defender-se. Explica-se: a impugnação do edital não admite contraditório; não é possibilitado às empresas participantes do certame que se manifestem no que diz respeito à impugnação apresentada. Ao possibilitar o manejo do recurso ao final da fase do diálogo, também se possibilita que a empresa que apresentou a solução mais adequada ao atendimento da necessidade pública apresente contrarrazões aos recursos, defendendo sua solução e ampliando o debate a respeito da proposta, o que não ocorrerá se simplesmente aplicada a fase recursal prescrita em lei.

Por fim, poderá ocorrer, ainda, a dispensa de licitação nos casos que envolvam a contratação em valores inferiores a R$ 100.000,00 (cem mil reais), no caso de obras e serviços de engenharia (artigo 75, inciso I, da Lei n. 14.133/2021), prescrevendo a lei o rol de documentos que devem constar do processo administrativo.[239] Ainda, é possível a dispensa de licitação quando houver ocorrido licitação anterior, no prazo de um ano, e, nessa licitação, não tenham surgido licitantes interessados

---

[239] O artigo 72 prescreve que deverá o processo de dispensa de licitação ser instruído com os seguintes documentos: I – documento de formalização de demanda e, se for o caso, estudo técnico preliminar, análise de riscos, termo de referência, projeto básico ou projeto executivo; II – estimativa de despesa, que deverá ser calculada na forma estabelecida no artigo 23 da Lei; III – parecer jurídico e pareceres técnicos, se for o caso, que demonstrem o atendimento dos requisitos exigidos; IV – demonstração da compatibilidade da previsão de recursos orçamentários com o compromisso a ser assumido; V – comprovação de que o contratado preenche os requisitos de habilitação e qualificação mínima necessária; VI – razão da escolha do contratado; VII – justificativa de preço; e VIII – autorização da autoridade competente.

ou tenham sido apresentadas propostas válidas, bem como as propostas tenham consignados preços manifestamente superiores aos praticados no mercado ou incompatíveis com os fixados pelos órgãos, devendo a contratação manter todas as condições definidas no âmbito do edital.[240]

Isso posto, é possível concluir que o processo licitatório na fase externa também não pode classificar-se como simplório, ensejando a prática de diversos atos que têm por finalidade garantir a isonomia e a ampla concorrência, além de resguardar o interesse público. Apesar de toda a burocracia estabelecida na Lei n. 14.133/2021 e nas que esta revoga, os casos de utilização da lei para fins espúrios ocorrem, havendo mecanismos para burlar a tentativa de proteção ao erário que a lei visa a ofertar. Diante disso, passa-se ao estudo dos casos de ilícitos praticados mediante aplicação da Lei n. 14.133/2021.

3.4. Nova lei, velhos problemas

O procedimento estabelecido no âmbito da Lei n. 14.133/2021 é um processo burocrático, e a burocracia deve ser aqui compreendida como uma forma de organização humana, lastreada na racionalidade de correspondência entre os meios e os fins que se buscam alcançar, objetivando a aplicação da máxima eficiência possível em seu desenrolar.[241] É o que se depreende nos inúmeros procedimentos de planejamento de uma licitação de obra pública (necessidade de projetos e manifestação de corpo técnico), nas exigências de motivação de decisões (prescrição de aplicabilidade da LINDB nas licitações) e no aparato de publicidade exigido para eficácia dos atos administrativos licitatórios (necessidade de publicação dos atos licitatórios no Portal Nacional das Contratações Públicas).

Não obstante, essa mesma burocracia que visa a aplicar isonomia ao processo é deturpada com o escopo de garantirem-se vantagens indevidas àqueles que, eivados de má-fé e sedentos da obtenção de vantagens, acabam por praticar ilícitos em licitações. Pode-se afirmar que a fraude em licitações é comum nos municípios brasileiros, o mais comum ato de corrupção, englobando grande parte das contratações públicas, tais como aquisição de produtos em supermercado,

---

[240] BITTENCOURT, Sidney. *Contratando sem licitações*: contratação direta por dispensa ou inexigibilidade. São Paulo: Almedina, 2021. p. 176-177.
[241] LEAL, Rogerio Gesta. *Patologias corruptivas nas relações entre Estado, administração pública e sociedade*: causas, consequências e tratamentos. Santa Cruz do Sul: EDUNISC, 2013. p. 173.

fracionamento de despesas, ajustes de preços e contratação de profissionais liberais.[242]

Inicialmente, é de se esclarecer que não se pretende esgotar o tema referente a fraudes e práticas de ilícitos em licitações, mas apontar alguns problemas recorrentes nos procedimentos, que poderão implicar desperdícios de verbas públicas. Também, não se irão abordar os crimes inseridos no Código Penal com a publicação da Lei n. 14.133/2021, visto que a ideia é demonstrar que, mesmo diante da alteração legislativa ocorrida, não há melhorias no sistema capazes de evitar a ocorrência das falhas constatadas outrora.

Ao compreender-se, aqui, a licitação como um processo, voltando o estudo ao que diz respeito à fase do planejamento e à fase da competição ou concorrência do certame, pode-se compreender melhor em que espaço ocorrem as falhas procedimentais capazes de implicar ocorrência de ilícitos. Ao se diferenciar enquanto processo, possibilita-se maior complexidade de observação atinente a decisões que podem ser suscetíveis de corrupção,[243] possibilitando o aumento da capacidade de observação e de detecção e controle dos ilícitos.[244]

Wanderley Guilherme dos Santos, ao tratar da relação entre democracia e corrupção, explica que, na mesma extensão que se distribui o poder, distribuem-se as oportunidades de corrupção nele implícitas.[245] Ao se pensar no processo licitatório, em especial nas disposições dos artigos 7º e 8º da Lei n. 14.133/2021, verifica-se que há uma busca pela distribuição do "poder", exigindo os dispositivos que ocorra a distribuição dos atos de forma que não ocorra a ocultação de erros ou vícios no agir administrativo. Sem embargo, por mais que se distribua o poder decisório e se pulverizem os atos do processo administrativo,

---

[242] RUFATO, Pedro Evandro de Vicente; SILVA, Vinícius de Oliveira e. *Combate à corrupção nos municípios brasileiros*. Leme: Mizuno, 2021. p. 150.

[243] Adota-se nesta pesquisa a compreensão de corrupção de forma ampla, conforme estabelecido pela Transparência Internacional, em que é caracterizada pelo abuso do poder confiado para ganhos privados, compreendendo a prática de atos ilícitos ou ilegítimos de forma deliberada ou intencional, que se caracteriza pela quebra da confiança por parte do agente que comete o ato (BRASIL. Tribunal de Contas da União. *Referencial de combate a fraude e corrupção*: aplicável a órgãos e entidades da Administração Pública. Brasília, DF: TCU, Coordenação-Geral de Controle Externo dos Serviços Essenciais ao Estado e das Regiões Sul e Centro-Oeste (Coestado), Secretaria de Métodos e Suporte ao Controle Externo (Semec), 2ª ed., 2018. Disponível em: https://portal.tcu.gov.br/data/files/A0/E0/EA/C7/21A1F6107AD96FE6F18818A8/Referencial_combate_fraude_corrupcao_2_edicao.pdf. Acesso em: 25 out. 2022. p. 16).

[244] BITTENCOURT, Caroline Muller; RECK, Janriê Rodrigues. A construção de categorias de observação do contrato público e suas relações com a corrupção a partir de uma perspectiva processualista. In: LEAL, Rogério Gesta. *Patologias corruptivas*: as múltiplas faces da hidra (recurso eletrônico). Santa Cruz do Sul: EDUNISC, 2015. p. 52.

[245] SANTOS, Wanderley Guilherme dos. Democracia. In: AVRITZER, Leonardo; BIGNOTTO, Newton; GUIMARÃES, Juarez; STARLIN, Heloísa Maria Murgel. *Corrupção*: ensaios e críticas. Belo Horizonte: Editora UFMG, 2012. p. 107.

poderá ocorrer a prática de atos fraudulentos ou a prática da corrupção.

Importante apresentar alguns estudos, com o escopo de elucidar a problemática existente, no que diz respeito à ocorrência de ilícitos no processo licitatório, ressalvando-se que, possivelmente em decorrência da contemporaneidade e da utilização de outras Leis que não a n. 14.133/2021 (por força dos artigos 191 e 193), não há muitos estudos de apreciação de ocorrência de práticas ilícitas mediante aplicação da nova lei. Assim, com lastro nos dizeres de Celso Antônio Bandeira de Mello, que critica a Lei n. 14.133/2021 por ter pouco inovado e por apresentar aumento da burocracia, com a necessidade de elaboração de uma infinidade de documentos,[246] entende-se por possível a apreciação dos casos com base em pesquisas desenvolvidas a partir das leis em processo de revogação.

Ricardo Letizia Garcia, procedendo a um estudo sobre a corrupção pelo prisma econômico, em relação ao setor de obras rodoviárias do Rio Grande do Sul, destaca oito formas de corrupção e fraudes: i) venda de informações privilegiadas, podendo ocorrer na fase de elaboração da proposta orçamentária e no momento de definição das obras prioritárias e apresentando a possíveis interessados em contratar com o poder público informações que ainda não foram divulgadas; ii) prática de *lobby*, ocorrida no momento de aprovação do orçamento ou quando da definição de obras prioritárias, objetivando que haja um direcionando às preferências de quem pratica o *lobby*; iii) mudança nas regras para beneficiar uma empresa de engenharia específica, com realização de atos administrativos (aditivos de prazo e tempo, alterações no objeto, reequilíbrio do contrato etc.) para favorecimento da empresa; iv) pagamento de comissão pela intermediação junto ao poder público para obtenção de contratos; v) fraude em licitações públicas, em que se ignoram critérios técnicos e de custos a fim de selecionar determinada empresa para execução do contrato; vi) sobrepreço ou superfaturamento, compreendendo situações que consistem na alteração dos preços de forma a majorá-los, ou, então, realização de medições além do efetivamente executado, proporcionando lucros adicionais; vii) agilização de pagamento, por meio de antecipação de orçamentos e pagamentos de obras executadas; e viii) alteração de quantidade e especificações técnicas, com realização de acordos para alteração da qualidade dos objetos a serem utilizados nas obras.[247]

---

[246] MELLO, Celso Antônio Bandeira de. *Curso de Direito Administrativo*. São Paulo: Malheiros, 2021. p. 520-521.

[247] GARCIA, Ricardo Letizia. *A economia da corrupção* – teoria e evidências – uma aplicação ao setor de obras rodoviárias no Rio Grande do Sul. 2003. Tese de Doutorado (Economia) – Universidade

No levantamento realizado pelo autor, pode-se notar que parte das fraudes e atos corruptivos detectados são executáveis no âmbito do processo de planejamento (i, ii, v e vi) e de concorrência do processo licitatório (ii, iv, v e vi). O Tribunal de Contas da União, no decorrer de 2021, consolidou 49 fiscalizações de empreendimentos de infraestrutura no Brasil, no valor aproximado de R$ 55,8 bilhões. Das 49 fiscalizações realizadas, detectaram-se indícios de irregularidades em 67,3%.[248] O percentual é deveras elevado, demonstrando que a regra é a ocorrência de desvios no âmbito das licitações, sendo a exceção a aplicação da lei pautada pela boa-fé e a garantia da defesa do interesse público.

Aspecto comum em licitações diz respeito à realização de conluio entre as empresas ou entre empresas e servidores, com a finalidade de obter vantagem indevida por meio da realização do certame. Em se tratando de obras públicas, a situação é mais comum e de fácil estruturação. É que, em linhas gerais, os modelos teóricos sugerem que disputas em mercados de licitações podem ser consideradas como jogos que se repetem indefinidamente, em um ambiente de monitoramento imperfeito. Inseridos nesse sistema, os participantes podem ser incentivados a adotar comportamentos conclusivos, lastreados na convicção de que ações atuais podem afetar ações futuras, ou seja, os acordos implícitos podem ser mantidos mediante estratégias punitivas, especialmente quando há probabilidade de novas interações.[249] O que se está a dizer é que, em um sistema em que haja baixo controle e restrição de participantes, as possibilidades de conchavos entre os licitantes são facilitadas, em especial, quando aquele que não honrar os compromissos ilícitos assumidos possa ser alvo de estratégias dos demais para punição.

Esses acordos implicam que uma ou mais empresas realizem contratos com o poder público de forma fraudulenta, a depender dos ajustes estabelecidos, deturpando o previsto no âmbito do processo licitatório de forma a interpretar as regras, a fim de que sejam favorecidas, ou, então, utilizando-se dos mecanismos para maquiar a ocorrência do ilícito. As situações constantes da jurisprudência dos Tribunais são as mais variadas, todas demonstrando acordos entre empresas ou entre empresas e agentes públicos. O Tribunal de Justiça do Estado do Rio

---

Federal do Rio Grande do Sul, UFRGS, Porto Alegre, 2003. Disponível em: https://lume.ufrgs.br/handle/10183/5271. Acesso em: 03 out. 2022. p. 89-90.

[248] BRASIL. Tribunal de Contas da União. *Relatório Anual de Atividades do TCU*: 2021. Brasília, DF: TCU, 2022. Disponível em: https://portal.tcu.gov.br/relatorio-anual-de-atividades-do-tcu.htm. Acesso em: 25 out. 2022. p. 105-106.

[249] RAMALHO, Hilton Martins de Brito; ALMEIDA, Aléssio Tony Cavalcanti de; FRAGA, Alcimar Alves. Detecção de casos suspeitos de conluio em licitações públicas: uma aplicação do algoritmo *a priori* de aprendizado de máquina para o Estado da Paraíba. *Teoria e Prática em Administração*, [S. l.], v. 10, n. 2, p. 5-22, 2020. DOI: 10.21714/2238-104X2020v10i2-51526. Disponível em: https://periodicos.bbn.ufpb.br/index.php/tpa/article/view/51526. Acesso em: 04 out. 2022. p. 7-8.

Grande do Sul julgou caso em que a prova dos autos demonstrava, de forma clara, que um dos participantes do certame foi flagrado com a proposta dos demais licitantes, após a indicação de que, antes mesmo da solenidade de abertura de envelopes, o objeto da licitação já havia sido entregue em obra da Prefeitura, demonstrando haver o conluio entre os empresas e gestor público.[250] Nesse aspecto, nota-se que há fraude no que diz respeito ao processo competitivo, ou seja, a fraude ocorre no momento de apresentação das propostas, deturpando a competitividade do certame.

No mesmo sentido é o julgamento de caso, realizado pelo Tribunal Regional Federal da 4ª Região, que julgou processo no qual se condenou Prefeito por contribuir para fraudar caráter competitivo do procedimento licitatório, procedendo a sua homologação quando deveria ser dever fiscalizar e acompanhar o certame, e não validar práticas ilícitas ocorridas em seu âmbito.[251] No mesmo sentido, o julgamento realizado pelo Tribunal de Justiça do Estado do Rio Grande do Sul que condenou diversos réus por combinarem as propostas a serem apresentadas em certame ocorrido no Município de Passa Sete. Tal procedimento foi detectado em diversos certames ocorridos na comarca, dos quais as empresas participaram.[252]

Percebe-se, nesse caso, que há conluio prévio à realização da licitação, em que as empresas já estabelecem quem será o vencedor do certame, antes mesmo de se lançarem a participar do pleito. Em outro caso, comprovou-se conluio entre empresário e Prefeito, situação em que havia pluralidade de empresas, mas em que todas as participantes do certame pertenciam ao mesmo empresário, sendo essa situação de conhecimento do Chefe do Executivo Municipal, visto que no

---

[250] RIO GRANDE DO SUL. Tribunal de Justiça do Estado do Rio Grande do Sul. *Apelação Criminal* n. 50004328620178210127. Quarta Câmara Criminal. EMBARGOS DE DECLARAÇÃO. CONTRADIÇÃO. OMISSÃO. INEXISTÊNCIA. ACORDO DE NÃO PERSECUÇÃO PENAL. DISCUSSÃO NÃO DEVOLVIDA NO RECURSO. TIPICIDADE. DOLO. REDISCUSSÃO DO MÉRITO. PREQUESTIONAMENTO. 1. Não há contradição ou omissão no acórdão, quando a discussão vertida nos embargos de declaração não foi [...] Relator: Julio Cesar Finger, 03/02/2022. Disponível em: https://www.tjrs.jus.br/buscas/jurisprudencia/exibe_html.php. Acesso em: 04 out. 2022.

[251] BRASIL. Tribunal Regional Federal da 4ª Região. *ACR 2005.70.13.005223-1*. Sétima Turma. Penal e processual. Novo julgamento de apelação. Falsidade ideológica. Documento público e particular. Art. 299 do CP. Prescrição. Ocorrência. Fraude à licitação [...]. Relatora: Salise Monteiro Sanchotene, 22/08/2013, Disponível em: https://jurisprudencia.trf4.jus.br/pesquisa/inteiro_teor.php?orgao=1&documento=5971262&termosPesquisados=ZnJhdWRlIGxpY2l0YWNhbyBvYnJhcyBtdW5pY2lwaW8gZW1wcmVzYXMg Acesso em: 04 out. 2022.

[252] RIO GRANDE DO SUL. Tribunal de Justiça do Estado do Rio Grande do Sul. *Apelação Criminal* n. 70075473306. Quarta Câmara Criminal. APELAÇÃO CRIMINAL. ART. 90 DA LEI 8.666/93. FRAUDE A LICITAÇÃO. AJUSTE ENTRE CONCORRENTES. PRELIMINARES AFASTADAS. REGULARIDADE DAS INTERCEPTAÇÕES TELEFÔNICAS. PROVAS DA AUTORIA E MATERIALIDADE. MANUTENÇÃO DA CONDENAÇÃO DOS RECORRENTES. PRESCRIÇÃO EM RELAÇÃO AOS RÉUS ABSOLVIDOS. [...] Relator: Julio Cesar Finger, 26/09/2019. Disponível em: https://www.tjrs.jus.br/buscas/jurisprudencia/exibe_html.php. Acesso em: 04 out. 2022.

Município havia menos de três mil habitantes.²⁵³ Nesse caso, a combinação surgiu antes mesmo de instaurado o processo licitatório, caso em que este é realizado somente para aplicar aspecto de legalidade ao ilícito cometido.

As fraudes não ocorrem somente mediante interpretação da lei, mas, também, mediante a inserção de cláusulas restritivas no âmbito do edital. Ao planejar a licitação, acaba o gestor público por inserir exigências que não se coadunam com o objeto licitado e que somente determinada ou determinadas empresas têm a capacidade de atendimento da exigência, direcionando-se o edital.

As únicas exigências que podem ser feitas aos interessados em participar de um certame licitatório são aquelas indispensáveis ao cumprimento do contrato, nada mais, sob pena de ser violado o princípio da competitividade. A Administração tem o dever de exigir compatibilidade entre documentos de qualificação com a obra a ser executada; no entanto, não é possível confundir cuidado na busca por resultado eficaz com cláusulas abusivas e restritivas à competição, devendo o gestor utilizar a razoabilidade nas exigências de qualificação. A problemática é que não há um conceito fechado a respeito do que sejam as cláusulas restritivas ao caráter competitivo da licitação.²⁵⁴ A expressão *cláusula restritiva* é conceito jurídico indeterminado, havendo a presença de um núcleo de certeza comum a todos, ou seja, de uma cláusula editalícia que se constitui não razoável e sem qualquer lastro fático capaz de mitigar os riscos relevantes, frustrando a competitividade e a isonomia.²⁵⁵

Assim, diante da indeterminação do que seria cláusula restritiva, podem ser citados alguns casos extraídos da jurisprudência do Tribunal de Contas da União. O Acórdão n. 1542/2021 – Plenário julgou denúncia referente a cláusulas restritivas da competitividade, em que

---

²⁵³ RIO GRANDE DO SUL. Tribunal de Justiça do Estado do Rio Grande do Sul. *Ação Penal – Procedimento Ordinário n. 70039637988*. Quarta Câmara Criminal. PREFEITO MUNICIPAL – LICITAÇÃO – FRAUDE – CONTRATAÇÃO DE EMPRESA PARA COLETA DE LIXO – SINALIZAÇÃO PROBATÓRIA – RECEBIMENTO DA DENÚNCIA. Ajuste ou combinação para fraudar licitação, entre Prefeito Municipal e empresários da coleta de lixo, havendo sinalização de que todas as empresas concorrentes [...] Relator: Gaspar Marques Batista, 14/04/2011.

²⁵⁴ NEVES, Cleuler Barbosa das; NAVES, Fernanda de Moura Ribeiro. Controle concomitante de editais de licitação de obras como política pública de prevenção à corrupção. *Fórum Administrativo – FA*, Belo Horizonte, a. 19, n. 220, p. 20-32, jun. 2019. Disponível em: https://www.academia.edu/40395795/Controle_concomitante_de_editais_de_licita%C3%A7%C3%A3o_de_obras_como_pol%C3%ADtica_p%C3%BAblica_de_preven%C3%A7%C3%A3o_%C3%A0_corrup%C3%A7%C3%A3o Acesso em: 05 out. 2022. p. 27-29.

²⁵⁵ SILVA, Sérvio Túlio Teixeira e. *Inteligência artificial na análise de patologias corruptivas*: delimitação jurisprudencial nas decisões do TCU do conceito aberto de cláusula restritiva ao caráter competitivo em editais de licitação. 2020. Dissertação (Mestrado em Direito e Políticas Públicas) – Universidade Federal de Goiás, Goiânia, 2020. Disponível em: https://repositorio.bc.ufg.br/tede/handle/tede/11119?mode=simple. Acesso em: 24 out. 2022. p. 58.

se exigia a comprovação de qualificação técnica mediante registro de atestado da empresa no CREA e ausência de parâmetros objetivos para mensuração de quantitativo mínimo de serviços executados.[256] Corriqueira também é a exigência de apresentação de documentação com firma reconhecida em cartório, além da exigência de qualificação técnica que se posiciona além do indispensável à garantia do objeto, hipótese em que é reconhecida a restrição à competitividade.[257] Vejam-se, a seguir, as irregularidades contidas no âmbito de edital que acabou por culminar com a prolação da decisão publicizada pelo Acórdão n. 1007/2022-Plenário:

> Irregularidade 1: cobrança pelo fornecimento do edital em valores desarrazoados com exigência de retirada presencial materializada no item 18.10 do edital em desacordo com o art. 32, § 5º, da Lei 8.666/1993.
>
> Irregularidade 2: exigência de visita técnica sem justificativa técnica razoável, impossibilidade de substituição por declaração de pleno conhecimento do objeto da licitação e agendamento presencial prevista no item 4.2.4.8 do edital em desacordo com o art. 37, inciso XXI, da Constituição Federal, e com o art. 3º, § 1º, inciso I, da Lei 8.666/1993.
>
> Irregularidade 3: exigência de que a visita técnica somente poderia ser efetuada por Engenheiro Responsável Técnico ou representante da empresa prevista no art. 4.2.4.9 do edital em desacordo com o art. 3º, § 1º, inciso I, da Lei 8.666/93.
>
> Irregularidade 4: exigência de prestação de garantia da proposta antes da data de apresentação dos documentos de habilitação, nos termos do item 3.5 do edital, contrariando os arts. 31, inciso III, e 43, inciso I, da Lei 8.666/1993, assim como o art. 37, inciso XXI, da Constituição Federal.
>
> Irregularidade 5: exigência cumulativa de capital social mínimo e garantia de proposta, prevista no art. 31, inciso III, da Lei 8.666/1993 (garantia de participação), materializada nos itens 3.5, 4.2.5.1.1 e 4.2.5.3 do edital, em afronta ao art. 31, § 2º, da Lei 8.666/1993 e a Súmula TCU n. 275.
>
> Irregularidade 6: exigência específica de profissionais para executar o objeto licitado apesar da possibilidade de execução por outros profissionais com as mesmas atribuições, nos termos do item 4.2.4.2 do edital em desacordo com o art. 3º, § 1º, inciso I, da Lei 8.666/93.
>
> Irregularidade 7: exigência de comprovação de execução de serviços de menor relevância nos termos do item 4.2.4.2 do edital em desacordo com o art. 30 da Lei 8666/93 e art. 37, inciso XXI, da Constituição Federal, e a Súmula TCU nº 263.

---

[256] BRASIL. Tribunal de Contas da União. *Acórdão n. 1542/2021-Plenário*. Denúncia. Pregão eletrônico para registro de preços. Fornecimento de ambiente profissional multimídia. Suspensão cautelar de novas adesões. Oitivas: I) falhas na elaboração da estimativa de preços [...]. Relator: Marcos Bemquerer, 30/06/2021. Disponível em: https://contas.tcu.gov.br/sagas/SvlVisualizarRelVotoAcRtf?codFiltro=SAGAS-SESSAO-ENCERRADA&seOcultaPagina=S&item0=753648 Acesso em: 05 out 2022.

[257] BRASIL. Tribunal de Contas da União. *Acórdão n. 4061/2020-Plenário*. Objeto do processo: Licitação: 1/2020 – Contratação de empresa para execução de obras de Engenharia na Construção de Escola com 12 (doze) salas de aula do Projeto Padrão FNDE, no município de Ipirá – BA. Indícios de restrição indevida à competitividade. Relator: Raimundo Carneiro, 08/12/2020. Disponível em: https://conecta-tcu.apps.tcu.gov.br/tvp/65376839 Acesso em: 05 out. 2022.

Irregularidade 8: exigências de qualificação técnica quanto ao (s) responsável (is) técnico (s) restritivas ou irregulares consubstanciadas nos itens 4.2.4.4 e 4.2.4.5 do edital em afronta as definidas pelo art. 30, inciso II e § 1º, inciso I, da Lei 8.666/1993.

Irregularidade 9: indicação de marca específica de estação de tratamento microbiológico de água para fins de comprovação de execução de serviços na qualificação técnica sem motivo justificado concretizada no item 4.2.4.2 do edital em desacordo com os artigos 3º, *caput* e § 1º, e 7º, § 5º, da Lei 8.666/1993.

Irregularidade 10: ausência de previsão editalícia de itens obrigatórios, em especial os relativos aos "locais, horários e códigos de acesso dos meios de comunicação à distância em que serão fornecidos elementos, informações e esclarecimentos relativos à licitação e às condições para atendimento das obrigações necessárias ao cumprimento de seu objeto" conforme estabelece o art. 40, VIII, da Lei 8.666/93.[258]

Na leitura das irregularidades constatados por parte do Tribunal de Contas da União, fica evidente que há a busca pela contratação de empresa específica, e não a busca pela contratação daquela que garanta a vantajosidade na execução do objeto. As exigências restritivas constantes do edital implicam que a empresa esteja sediada próxima ao local de execução da obra, estabelecendo tanto a necessidade da presença do responsável técnico da empresa em diversas oportunidades no local (irregularidades 2, 3 e 6), como a capacidade financeira desproporcional (irregularidades 1, 4 e 5) e comprovativos de execução de itens semelhantes de forma exacerbada (irregularidades 7, 8 e 9). Cristalino que a licitação que se estava a realizar tinha destinatário, tratando-se de mero ato emulatório.

Aspectos corriqueiros no âmbito de licitações públicas que têm como essência a discrepância no que concerne ao estabelecimento dos preços, alterando a competitividade e onerando o erário, advêm do superfaturamento, do sobrepreço e da realização do jogo de planilhas. Esses mecanismos de lesão ao erário guardam relação com a fase de planejamento do certame e, em especial, com a do orçamento confeccionado pela administração pública.

Atinente à formação do preço em licitação, ponto de partida para verificação de sobrepreço e/ou superfaturamento, Bradson Camelo, Marcos Nóbrega e Ronny Charles L. de Torres explicam que preço é o valor monetário expresso numericamente e associado a uma mercadoria, serviço ou patrimônio, que a parte compradora aceita pagar,

---

[258] BRASIL. Tribunal de Contas da União. *Acórdão n. 1007/2022-Plenário*. Pedido de reexame em representação. Restrição à competitividade na contratação de obras com recursos da Fundação Nacional de Saúde. Argumentos recursais incapazes de alterar a deliberação recorrida. Conhecimento. Negativa de provimento. Relator: Jorge Oliveira, 11/05/2022. Disponível em: https://pesquisa.apps.tcu.gov.br/#/documento/acordao-completo/edital%2520E%2520licita%25C3%25A7%25C3%25A3o%2520E%2520cl%25C3%25A1usula%2520restritiva%2520E%2520obra.SUMARIO%2520/%2520/DTRELEVANCIA%2520desc%252C%2520NUMACORDAOINT%2520desc/8/%2520 Acesso em: 05 out. 2022.

e o vendedor aceita vender. O problema é que a definição do preço é afetada por fatores objetivos e subjetivos e disposição dos envolvidos. Assim, o preço deve ser compreendido como um encontro de vontade e fatores. Ao se tratar de contratações públicas, a realização de pesquisa de preços ou estimativa dos custos é a preparação para esse "encontro"; é a definição de um parâmetro ou limite para definição do encontro.[259]

Outrossim, a realização de pesquisa de preços de forma inconsciente, insuficiente ou com valores distorcidos implicará a contratação de forma prejudicial para a Administração Pública.[260] Atento a essa problemática, o legislador definiu, no artigo 23, § 2º, incisos I a IV, da Lei n. 14.133/2021, que o valor estimado da contratação de obras e serviços de engenharia deve ser realizado adotando-se, preferencialmente: a) composição do Sistema de Custos Referenciais de Obras (SICRO), para obras de infraestrutura de transportes, ou o Sistema Nacional de Pesquisa de Custos e Índices de Construção Civil (SINAPI), para as demais obras e serviços de engenharia; b) dados de pesquisa em mídia especializada, de tabela de referência formalmente aprovada pelo Poder Executivo Federal e de *sites* especializados e de amplo domínio; c) contratações similares, em execução ou concluídas no período de um ano anterior à pesquisa, observado o índice de atualização correspondente; d) pesquisa na base nacional de notas fiscais eletrônicas. Em qualquer caso, o valor deverá ser acrescido do percentual de Benefício e Despesas Indiretas (BDI) e dos encargos sociais cabíveis.[261]

Ainda assim, mesmo diante do estabelecimento de referenciais para realização do orçamento, acabam por ocorrer o superfaturamento[262]

---

[259] CAMELO, Bradson; NÓBREGA, Marcos; TORRES, Ronny Charles L. de. *Análise econômica das licitações e contratos*: de acordo com a Lei n. 14.133/2021 (Nova Lei de Licitações). Belo Horizonte: Fórum, 2022. p. 145-147.

[260] SANTANA, Jair Eduardo; CAMARÃO, Tatiana; CHRISPIM, Anna Carla Duarte. *Termo de Referência*: o impacto da especificação do objeto e do termo de referência na eficácia das licitações e contratos. Belo Horizonte: Fórum, 2020. p. 137.

[261] Por força do artigo 23, § 3º, nas contratações realizadas por Municípios, Estados e Distrito Federal, desde que não envolvam recursos da União, o valor previamente estimado da contratação poderá ser definido por meio da utilização de outros sistemas de custos adotados pelo respectivo ente federativo.

[262] O artigo 6º, inciso LVII, da Lei n. 14.133/2021 prescreve que o superfaturamento é o dano provocado ao patrimônio da administração, sendo caracterizado por: "a) medição de quantidades superiores às efetivamente executadas ou fornecidas; b) deficiência na execução de obras e de serviços de engenharia que resulte em diminuição da sua qualidade, vida útil ou segurança; c) alterações no orçamento de obras e de serviços de engenharia que causem desequilíbrio econômico-financeiro do contrato em favor do contratado; d) outras alterações de cláusulas financeiras que gerem recebimentos contratuais antecipados, distorção do cronograma físico-financeiro, prorrogação injustificada do prazo contratual com custos adicionais para a Administração ou reajuste irregular de preços". A conceituação e as hipóteses demonstram que o superfaturamento não está ligado somente à prática de preços incompatíveis, mas também à execução de obras e serviços com qualidade aquém da esperada pelo poder público.

e o sobrepreço.[263] Ao manifestarem-se quanto ao superfaturamento, explicam Maria Sylvia Zanella Di Pietro e Thiago Marrara que o superfaturamento se compara a um pagamento a mais, indevido, resultante não de um preço exagerado na licitação (sobrepreço), mas de comportamentos, ou seja, não advém de vícios do preço, mas de condutas praticadas ao longo da execução do contrato. Destacam que o rol de comportamentos gerados de superfaturamento é meramente exemplificativo.[264] De qualquer sorte, o superfaturamento, configurável quando de conduta do licitante, inicia-se com a apresentação da proposta. Não é crível imaginar que o licitante que reduz o preço ofertado em licitação, em que há previsão de lucros, impostos e todos os encargos incidentes, optará por praticar ilícito na licitação para majorar a margem de lucro. Na prática, o que se percebe ocorrer é a redução de valores na apresentação das propostas e posterior adoção de condutas para majorar (ou garantir) o lucro, tais como pedidos de aditivos contratuais, impugnações quanto a exigências de execução do memorial descritivo, aplicação de materiais de qualidade inferior e redução de mão de obra.

No que diz respeito ao sobrepreço, os autores adotam postura comedida, afirmando que nem sempre há má intenção por parte do licitante ao ofertar preços abaixo do necessário. Aduzem que pode ocorrer cálculo incorreto dos custos, tendo a inexequibilidade do contrato a imperícia do licitante. Apontam como causa, ainda, a redução de preços de forma passional, comprometendo a racionalidade econômica, e, por fim, afirmam haver agentes que reduzem os preços para arruinar concorrentes, inviabilizando a sobrevivência dos competidores.[265] O entendimento dos autores, porém, beira a ingenuidade. Ao se tratar de obras e serviços de engenharia, a elaboração da planilha exige estudo e experiência, não sendo plausível considerar que haja imperícia do licitante. Da mesma forma, a atuação passional não se revela crível, em especial, pelo fato de grande parte dos certames adotar o modelo fechado de apresentação de propostas. Quanto à redução de preços para arruinar concorrentes, tal perseguição ocorreria somente em mercados restritos.

Ressalta-se que a avaliação da exequibilidade e de sobrepreço em certames que tenham por objeto obras e serviços de engenharia será

---

[263] O artigo 6º, inciso LVI, estabelece que o sobrepreço estará configurado quando se verificar que o preço para licitação foi orçado ou contratado em valor expressivamente superior aos preços referenciais de mercado, seja de apenas um item, se a licitação ou a contratação ocorrer por preços unitários de serviço, seja do valor global do objeto, se a licitação ou a contratação ocorrer por tarefa, empreitada por preço global ou empreitada integral, semi-integrada ou integrada.

[264] DI PIETRO, Maria Sylvia Zanella; MARRARA, Thiago. Estrutura Geral da Nova Lei: abrangência, objetivos e princípios. *In*: DI PIETRO, Maria Sylvia Zanella. *Licitações e contratos administrativos*: inovações da Lei 14.133, de 1º de abril de 2021. Rio de Janeiro: Forense, 2022. p. 12-13.

[265] Ibid., p. 13-14.

considerada com base no preço global ofertado, nos quantitativos e nos preços unitários tidos como relevantes, observado o critério de aceitabilidade de preços unitário e global a ser fixado no edital. Frisa-se, ainda, que, nas licitações de obras e serviços de engenharia, serão consideradas inexequíveis propostas com valores inferiores a 75% do valor orçado pela Administração, e será exigida garantia adicional de quem apresentar proposta inferior a 85% do valor orçado pela Administração, equivalente à diferença entre esse último e o valor da proposta.[266]

O superfaturamento e o sobrepreço estão ligados ao denominado "jogo de planilhas", que consiste na estruturação da planilha de proposta orçamentária de forma a ocultar a diminuição ou majoração considerável de preços nos itens individuais, não se alterando a composição do valor global da proposta.[267] Tentativa de evitar tal prática é estabelecida no âmbito do artigo 59, § 3°, da Lei n. 14.133/2021, o qual prescreve que, nos casos de obras e serviços de engenharia, "para efeito de avaliação da exequibilidade e de sobrepreço, serão considerados o preço global, os quantitativos e os preços unitários tidos como relevantes, observado o critério de aceitabilidade de preços unitário e global a ser fixado no edital, conforme as especificidades do mercado correspondente".

Apesar da estruturação de nova legislação, verifica-se que as medidas de prevenção de condutas lesivas ao erário podem não se mostrar efetivas, sendo estabelecido pela doutrina que as modificações implementadas não passam de maior burocratização e pouca inovação. Nesse contexto, é concebível questionar-se a respeito da possibilidade de interpretação do ordenamento pátrio de forma a buscar a mitigação da ocorrência de ilícitos e a aplicação de medidas preventivas. Diante disso, é que se propõe a exigência de maior transparência nos processos interno e externo do certame, tema que se passa a explorar.

---

[266] MADUREIRA, Claudio. *Licitações, contrato e controle administrativo*: descrição sistemática da Lei n. 14.133/2021 na perspectiva do Modelo Brasileiro de Processo. Belo Horizonte: Fórum, 2021. p. 285.

[267] É o que se vislumbra ocorrer a partir da leitura da ementa do Acórdão n. 1515/2010-Plenário do TCU: "Representação formulada ao TCU apontou possível sobrepreço nas obras da 2ª fase do 'Perímetro de Irrigação Tabuleiros Litorâneos', no Estado do Piauí. Para subsidiar a sua conclusão, a representante elaborou laudo de avaliação dos preços praticados na proposta da licitante vencedora, comparando-os com valores de mercado e com tabelas de referência (Sicro e Sinapi). Relatório da auditoria realizada pelo TCU nas aludidas obras identificou sobrepreço no fornecimento de tubos de ferro dúctil e aço carbono de 7,09% e 2,90%, respectivamente, porém 'desconto nos serviços comuns de engenharia de 5,27%, que, somados, não apresentavam sobrepreço'. Portanto, analisado de forma global, o contrato do Departamento Nacional de Obras Contra as Secas (Dnocs) não continha sobrepreço, mas a equipe de auditoria 'encontrou vários itens individuais com elevado sobrepreço ou desconto em relação aos sistemas de referência [...]'". (BRASIL. Tribunal de Contas da União. *Acórdão n. 1515/2010-Plenário, TC-008.137/2009-6*. FISCOBRAS 2009. 2ª fase do perímetro de irrigação Tabuleiros Litorâneos/PI. Indício de sobrepreço nos tubos de ferro e aço. Preços globais compatíveis. ICMS contabilizado em percentual indevido. [...] Disponível em: https://pesquisa.apps.tcu.gov.br/#/documento/publicacao/jogo%2520E%2520planilha%2520E%2520obra/%2520/DTRELEVANCIA%2520desc/3/%2520 Acesso em: 06 out. 2022).

4. A transparência nos procedimentos licitatórios e os mecanismos de prevenção à prática de ilicitudes nas contratações de obras públicas

A Lei de Licitações (Lei n. 14.133/202) incorporou em seu conteúdo a previsão de mecanismos de prevenção à prática de ilícitos, instituindo a necessidade de aplicação de gestão de riscos e controle preventivo, mediante implementação de programas de *compliance* como exigência para efetivação de contratos com as empresas participantes de certames em licitações de grande vulto,[268] além de estabelecer linhas de defesa, que são meios de controle permanente das construções públicas.

André Luiz dos Santos Nakamura afirmava, enquanto escrevia sob a égide da Lei n. 8.666/1993, que o combate à corrupção no Brasil não se mostrava eficaz, visto ser centrado somente na punição, não havendo meios eficientes de prevenir a ocorrência dos desvios éticos. Criticava o fato de somente após a consumação dos atos e dos prejuízos ser a corrupção atacada.[269] Ao debruçar-se sobre possibilidades de prevenção, entre os inúmeros aspectos que apresenta, como a ausência de financiamento de campanhas por empresas e pessoas físicas, destaca que o controle é um fator determinante para impedir a corrupção, merecendo aperfeiçoamento o modelo adotado no Brasil (realizado pelos Tribunais de Contas, Corregedorias e Ministério Público). Para o autor, tal modelo comprometia a eficiência e não gerava os resultados

---

[268] O artigo 25, § 4º, da Lei n. 14.133/2021 estabelece que, nas contratações de obras, serviços e fornecimentos de grande vulto, o edital deverá prever a obrigatoriedade de implantação de programa de integridade pelo licitante vencedor, no prazo de seis meses, contados da celebração do contrato, conforme regulamento que disporá sobre as medidas a serem adotadas, a forma de comprovação e as penalidades pelo seu descumprimento. É preciso lembrar, ainda, que licitações de grande vulto, por força do artigo 6º, inciso XXII, e do anexo do Decreto n. 10.922, de 30 de dezembro de 2021, obras, serviços e fornecimentos de grande vulto são aqueles cujo valor estimado supera R$ 216.081.640,00 (duzentos e dezesseis milhões, oitenta e um mil, seiscentos e quarenta reais).

[269] NAKAMURA, André Luiz dos Santos. A infraestrutura e a corrupção no Brasil. *Revista Brasileira de Estudos Políticos*, Belo Horizonte, n. 117, p. 97-126, jul./dez. 2018. Disponível em: Base HeinOnline Acesso em: 07 out. 2022. p. 109.

esperados. Afirmava que o controle deveria ser focado no resultado a ser exercido pela Administração Pública, órgãos de controle externo e a população, que deveria ter ampliados os canais de controle da atividade administrativa.[270] De certo modo, pode-se dizer que os pedidos do autor foram atendidos pela Lei n. 14.133/2021.

As exigências estabelecidas justificam-se, visto que os casos de corrupção envolvendo processos licitatórios são deveras estarrecedores, gerando questionamentos quanto à lisura dos processos. Entre as mazelas provocadas pela corrupção, nota-se o rompimento com pressupostos fundamentais do regime democrático, com a igualdade política e de participação, além da redução da influência da população no processo de tomada de decisões e minimização da transparência das ações governamentais.[271] Ainda, há quem diga que, nos tempos atuais, há um clamor maior pelo combate à corrupção que se reflete em desejo coletivo no sentido de que o país avance na incorporação de parâmetros mais éticos no relacionamento entre público e privado. No entanto, para que não passe de uma quimera, é importante que os discursos anticorrupção não sejam manejados para fins políticos-partidários específicos. Por isso é que o *compliance* se apresenta como ferramenta no combate à corrupção, pois foca no problema central, que é a mudança da cultura de integridade nas organizações,[272] para que então um parâmetro mais ético do agir empresarial reflita-se *a posteriori* nos negócios celebrados entre o Poder Público e as empresas privadas.[273]

É que, ao apresentar objetivos preventivos e reativos, acaba por auxiliar na prevenção da prática de ilícitos. Preventivos, visto que

---

[270] NAKAMURA, André Luiz dos Santos. A infraestrutura e a corrupção no Brasil. *Revista Brasileira de Estudos Políticos*, Belo Horizonte, n. 117, p. 97-126, jul./dez. 2018. Disponível em Base HeinOnline Acesso em: 07 out. 2022. p. 119-120.

[271] GERCWOLF, Susana; Zanon, Patricie Barricelli. Programas de compliance e incentivos no combate à corrupção no Brasil. In: NOHARA, Irene Patrícia; PEREIRA, Flávio de Leão Bastos Pereira. *Governança, compliance e cidadania*. São Paulo: Thomson Reuters Brasil, 2019, p. 52.

[272] Para que essa modificação comportamental seja efetiva, estabelece-se a necessidade da presença de alguns pilares no programa de *compliance*. A ISO (*Internetional Organization for Standardization*) estabeleceu duas normas técnicas com a finalidade de criar um padrão para os programas de conformidade. A primeira delas foi a ISO 19600: *Sistema de gestão de compliance – Diretrizes*, editada em dezembro de 2014, já havendo versão em português, lançada pela Associação Brasileira de Normas Técnicas (ABNT) e pelo Sistema FIRJAN, tendo sido indicada, no âmbito da Operação Lava-Jato, como referência para reestruturação dos programas anticorrupção das empresas envolvidas, como ocorreu com o caso Andrade Gutierrez. Também a ISO 37001, publicada em 14 de outubro de 2016, indicando como se pode "estabelecer, implementar, manter e melhorar" o programa de *compliance* anticorrupção, voltado para o estabelecimento de orientações obrigatórias para se obter uma certificação, diferentemente da ISO 19600, que apenas estabelece normas de prevenção. (LIMA, Danielle Pinheiro Diógenes. *Compliance*: prevenção de responsabilidades nos negócios e contratos. Rio de Janeiro: Lumen Juris, 2018, p. 51-52).

[273] NOHARA, Irene Patrícia. Lei Anticorrupção empresarial e compliance: programa de compliance efetivo e cultura de integridade. In: NOHARA, Irene Patrícia; PEREIRA, Flávio de Leão Bastos Pereira. *Governança, compliance e cidadania*. São Paulo: Thomson Reuters Brasil, 2019. p. 33.

buscam evitar a ocorrência de infrações legais, prevenindo os riscos legais e de reputação a que a empresa está sujeita em caso de ocorrência de ilícitos. Impõem, também, à empresa o dever de apurar as condutas ilícitas de uma forma geral, as que violam as diretrizes da empresa, e adotar medidas corretivas, além de entregar os resultados de investigações internas às autoridades competentes. No aspecto reativo, revelado quando ocorrerem eventos que demandem uma resposta da empresa, tais como investigações, busca de elementos de prova, preparação de defesa junto a autoridades regulatórias ou de aplicação da lei penal, além da gestão do impacto de descumprimento das normas, mitigando os danos à reputação da empresa.[274]

Importante para a efetividade dos programas de *compliance* como meio de proteção da administração pública em relação a práticas corruptivas é o estudo dos elementos que compõem os programas de integridade. Pesquisando-se os conceitos de um programa de *compliance*, encontram-se sete elementos básicos para que se tenha sua efetividade: comprometimento da alta administração; criação de políticas, procedimentos e controles de referência para o *compliance*; aplicação de um programa efetivo de comunicação, treinamento e sensibilização; avaliação, monitoramento e auditoria para assegurar a efetividade do programa; aplicação adequada das medidas disciplinares e ações corretivas pertinentes; adequação na delegação de responsabilidades e melhoria contínua.[275]

Note-se que é deveras complexa a instituição de um programa efetivo no âmbito das empresas que desejarem licitar com a administração pública, sendo esse um problema do artigo 25, § 4º, da Lei n. 14.133/2021. O mencionado artigo prescreve o prazo de seis meses para que seja instituído um programa de *compliance*, prazo curto para tanto. A efetividade do programa depende de participação da alta administração da empresa, pois se trata de modificação da cultura empresarial, não sendo possível modificar a essência da estruturação empresarial em prazo tão curto.

Rodrigo Pironti Aguirre de Castro e Mirela Miró Ziliotto defendem que, diante da impossibilidade de regulamentos inovarem em relação à norma geral, deve haver a possibilidade de que o prazo para demonstração da efetividade e o engajamento do programa seja ajustado nos instrumentos normativos, ou seja, que se demonstre a busca

---

[274] VERÍSSIMO, Carla. *Compliance*: incentivo à adoção de medidas anticorrupção. São Paulo: Saraiva, 2017. p. 91-92.

[275] GIOVANINI, Wagner. Programas de compliance e anticorrupção: importância e elementos essenciais. *In*: DE PAULO, Marco Aurélio Borges; DE CASTRO, Rodrigo Pironti. *Compliance, gestão de riscos e combate à corrupção*. Integridade para o desenvolvimento. Belo Horizonte: Fórum, 2019. p. 55.

pela implementação no prazo legal, mas que em regulamento se prescreva prazo maior para a efetividade do programa. Também sugerem a possibilidade de alteração da redação do artigo para estabelecer o prazo de implementação a cargo de regulamento ou flexibilização a partir do perfil do contrato. Afirmam que a mudança é necessária para que a implementação não se torne somente meramente ato de fachada, ou seja, sem que traga resultado prático.[276]

Cristian Ricardo Wittmann e Anayara Fantinel Pedroso compreendem que a lei acerta ao solicitar a implementação do programa de *compliance* após ser realizada a contratação, pois entendem que isso permite a manutenção dos princípios da livre concorrência e da isonomia, bem como dos que decorrem desses princípios. Problematizam no sentido de que exigir uma plena adequação e uma mudança cultural na empresa é complicado, assim como os motivos que levaram o legislador a somente implementar tais programas em sede de licitações de grande vulto, e não nos procedimentos de menor escala.[277]

O artigo 25, § 4º, apresenta problemas, como se pode verificar. O prazo para implementação é bastante curto, em especial, ao considerar-se que o programa de *compliance* implica a modificação cultural da empresa: ele altera o "DNA" empresarial, provocando a necessidade de treinamentos, monitoramentos, criação de novas mecânicas de trabalho, tarefas cuja efetivação não é simples. Ademais, o momento em que se exige sua implementação é ineficiente para prevenção de ilícitos. Como já mencionado e demonstrado neste estudo, a prática delituosa não ocorre somente na execução do contrato, mas nos processos interno e externo da licitação, sendo que, nesse ponto, se entende que a empresa deve apresentar o programa implementado no momento de habilitação ao certame, e não quando da execução do contrato. Diante desses apontamentos, este estudo não considera o *compliance*, nos moldes postos no mencionado artigo, como mecanismo capaz de efetivamente prevenir a prática de ilícitos.

Além da implementação de programas de *compliance*, o legislador compreendeu que, na gestão da coisa pública, deve o administrador adotar práticas de gestão sobre atividades que implementem linhas de

---

[276] CASTRO, Rodrigo Pironti Aguirre de; ZILIOTTO, Mirela Miró. A obrigatoriedade de *compliance* nas contratações públicas pela nova lei de licitações. In: ZOCKUN, Maurício; GABARDO, Emerson; O direito administrativo do pós-crise. Curitiba: Íthala, 2021. Disponível em: https://rcl.adv.br/site/wp-content/uploads/2021/11/2021.-Direito-Administrativo-P%C3%B3s-Crise.pdf#page=377 Acesso em: 07 out. 2022. p. 385.

[277] WITTMANN, Cristian Ricardo; PEDROSO, Anayara Fantinel. Programa de *compliance* como exigência em licitações: análises em prol da qualificação do processo licitatório no contexto da lei 14.133/2021. *Revista Brasileira de Políticas Públicas*, Brasília, v. 11, n. 3, p. 206-226, 2021. Disponível em: https://www.publicacoesacademicas.uniceub.br/RBPP/article/view/8048 Acesso em: 07 out. 2022. p. 215-216.

defesa em se tratando de prevenção a ilícitos. Para tanto, instituiu, no artigo 169, incisos I, II e III, três linhas de defesa: a primeira delas, integrada por servidores e empregados públicos, agentes de licitação e autoridades que atuam na estrutura de governança do órgão ou entidade; a segunda, integrada pelas unidades de assessoramento jurídico e de controle interno do próprio órgão ou entidade; e a terceira, integrada pelo órgão central de controle interno da Administração e pelo tribunal de contas.

O Instituto de Auditores do Brasil explica que o modelo de três linhas ajuda as organizações na identificação de estruturas e processos que têm a capacidade de melhor auxiliar no atingimento dos objetivos e que facilitam a governança e o gerenciamento de riscos, como o da ocorrência de ilícitos. Além disso, o modelo é otimizado por (i) adotar abordagem lastreada em princípios, de forma a adaptar o modelo para atender aos objetivos organizacionais; (ii) manter foco na contribuição que o gerenciamento de riscos oferece para atingir objetivos, criar valor e contribuir para a defesa e proteção de valor; (iii) compreender os papéis e as responsabilidades e o relacionamento entre eles; e (iv) implantar medidas para garantir que as atividades e os objetivos estejam alinhados com os interesses dos grupos e indivíduos impactados pela organização.[278]

Atinente à primeira linha, esta se compõe pelos servidores e empregados públicos, agentes de licitação e autoridades e diz respeito à implementação de gestão por competência no âmbito da Administração Pública, alocando-se o pessoal responsável por planejar, coordenar e executar os atos administrativos de forma que se respeitem competências e qualificação técnica adequada, como demonstra o artigo 11, parágrafo único, da Lei n. 14.133/2021, sempre lembrando que a alocação de pessoal deve estar em consonância com o princípio da segregação de funções, que dita suas regras nos artigos 7º e 8º da Lei.

Esse modelo determina a gestão por competências e a designação dos agentes para o desempenho de funções, de forma que sejam desempenhadas preferencialmente por agentes que componham o quadro permanente da administração pública e tenham funções ou formação compatíveis à realização das licitações, estabelecendo, no rol dos já mencionados artigos 7º e 8º, a estruturação da equipe ou servidor que será responsável pela contratação. Nesse contexto, a legislação incorpora matriz de responsabilidade ao designar a tomada de decisões ao agente de contratação ou comissão de contratações, permitindo maior

---

[278] MODELO das Três Linhas do IIA 2020: uma atualização das três linhas de defesa. *In*: INSTITUTO dos Auditores Internos do Brasil. [S.l.], 20 jul. 2020. Disponível em: https://iiabrasil.org.br/noticia/novo-modelo-das-tres-linhas-do-iia-2020. Acesso em: 24 out. 2022. p. 1.

clareza nas atribuições que serão desempenhadas pelos agentes públicos.²⁷⁹ Isso, para este estudo, implica maior segurança jurídica, pois, ao se estabelecer a responsabilidade a determinado agente, este, consequentemente, incorporará conduta mais zelosa, visto que porá em risco sua carreira e patrimônio.

Além da atuação de servidores e empregados públicos, agentes de licitação e autoridades, também se estabeleceu como linha de defesa o assessoramento jurídico e o controle interno da Administração Pública. Este último assemelha-se ao controle externo, com pequenas distinções; no entanto, a atuação da advocacia pública é primordial para a efetivação enquanto mecanismo de controle. Explica-se: para que haja atuação coerente e isonômica da Administração Pública, evitando-se atos contraditórios e tratamento desigual entre pessoas no mesmo contexto fático-jurídico, há dependência da advocacia pública, pois são os advogados e advogadas públicos que orientam os gestores, mediante emissão de opiniões técnicas e imparciais. Demonstram, por meio de seus pareceres, os riscos das possibilidades de decisão disponíveis ao gestor público, cabendo a este último escolher qual caminho irá percorrer.²⁸⁰

A consultoria jurídica tem como escopo a orientação dos gestores sobre a interpretação e aplicação do direito. No Estado de Direito Democrático e Social, é dever da advocacia pública não somente legitimar decisões administrativas determinadas pelos gestores, mas também resguardar a juridicidade do ato em face de pretensões individuais infundadas. Assim, seu papel fundamental é zelar pela interpretação e aplicação do Direito.²⁸¹ O que busca o artigo 169, inciso II, da Lei n. 14.133/2021 é destacar esse papel preventivo e de fiscalização. Constata-se o importante papel da atividade consultivo-preventiva, que exerce a missão constitucional de controle de legalidade e atua como órgão de balizamento e orientação jurídica para a Administração

---

[279] CARVALHO, Samuel Silas dos Santos; ALMEIDA, Mariza Gonçalves; ARENAS, Marleno Valério dos Santos. Governança nas contratações públicas sob a perspectiva da nova lei de licitações e contratos administrativos. *Brazilian Journal of Development*, Curitiba, v. 8, n. 4, p. 23703-23724, abr. 2022. Disponível em: https://brazilianjournals.com/ojs/index.php/BRJD/article/view/46040 Acesso em: 07 out. 2022. p. 23714-23715.

[280] OLIVEIRA, Rafael Carvalho Rezende de. O papel da advocacia pública no dever de coerência na Administração Pública. *Revista Interdisciplinar do Direito – Faculdade de Direito de Valença*, [S. l.], v. 19, n. 2, p. 153-172, 2021. DOI: 10.24859/RID.2021v19n2.1183. Disponível em: https://revistas.faa.edu.br/FDV/article/view/1183. Acesso em: 07 out. 2022. p. 164.

[281] SANTOS, Marcus Gouveia dos. A advocacia pública como instituição essencial ao estado de direito democrático e social. *REI – Revista Estudos Institucionais*, [S. l.], v. 5, n. 2, p. 422-440, 2019. DOI: 10.21783/rei.v5i2.396. Disponível em: https://www.estudosinstitucionais.com/REI/article/view/396. Acesso em: 07 out. 2022. p. 436-437.

Pública, bem como a verificação da eficiência dos serviços e/ou utilidade dos atos.[282]

Ainda, como uma terceira barreira aos desvios, a lei estabelece como integrantes desse bloqueio o órgão central de controle interno da Administração e o Tribunal de Contas. Essa concepção implica uma espécie de atuação final e complementar, devendo-se entender que as duas primeiras linhas devem ter capacidade de identificar e prevenir os defeitos.[283] A alteração provocada pela Lei n. 14.133/2021 implica uma nova compreensão da atividade de controle, que era exercida após a ocorrência do fato, no momento da prestação de contas em que fossem detectados vícios. Ao situar os órgãos de controle como terceira linha, estar-se-á a incluí-los como mecanismo de defesa preventivos, concomitantes e posteriores, todos exercidos de maneira conjugada e com a finalidade de evitar lesão ao erário, atos corruptivos e ineficiência do Estado.[284]

Essa modificação, de mero controle contábil, para mecanismo de vanguarda no controle econômico/financeiro e de políticas públicas, é a materialização da teoria de freios e contrapesos, mecanismo encontrado pela ação evolutiva da administração pública, de buscar o equilíbrio nas relações administrativas.[285] Victor Aguiar Jardim de Amorim explica que é salutar a distinção das atividades de controle interno (2ª linha) e auditoria (3ª linha), devendo salientar que a terceira linha deve ser realizada por uma unidade central de auditoria, dotada do maior nível possível e com independência.[286]

Os mecanismos implementados por força da Lei n. 14.133/2021 são importantes para o fim de prevenir a ocorrência de lesões ao erário; contudo, podem agregar contributos advindos da interpretação da legislação pelo prisma do princípio da transparência. Ao desvendarem-se os segredos administrativos, as atribuições das linhas de defesa restam facilitadas, pois haverá o clareamento da atividade administrativa.

---

[282] JAQUES, Marcelo Dias; SPENGLER, Fabiana Marion. Novas perspectivas para a advocacia pública no Brasil: a Lei n. 13.140/2015 e a função consultivo-preventiva como instrumentos de solução de conflito. *Prisma Jur*, São Paulo, v. 15, n. 2, p. 111-147, jul/dez, 2016. Disponível em: https://periodicos.uninove.br/prisma/article/view/7098 Acesso em: 07 out. 2022. p. 122.

[283] JUSTEN FILHO, Marçal. *Comentários à Lei de Licitações e Contratações Administrativas*: Lei 14.133/2021. São Paulo: Thomson Reuters Brasil, 2021. p 1.689.

[284] CABRAL, Flávio Garcia. Artigo 169. In: SARAI, Leandro. *Tratado da nova lei de licitações e contratos administrativos*: Lei n. 14.133/21 comentado por advogados públicos. São Paulo: JusPodivm, 2022 p. 1456-1457;

[285] SILVA FILHO, João Antonio da. *Tribunais de Contas no Estado Democrático e os desafios do controle externo*. São Paulo: Editora Contracorrente, 2019. p. 74-75.

[286] AMORIM, Victor Aguiar Jardim de. Agentes Públicos. In: ROCHA, Wesley; VANIN, Fábio Scopel; FIGUEIREDO, Pedro Henrique Poli de. *A nova Lei de Licitações*. São Paulo: Almedina, 2021. p.67.

4.1. A transparência na fase do planejamento e na fase da competição do processo administrativo licitatório

A transparência administrativa pressupõe a visibilidade do processo administrativo que desencadeia o ato administrativo, que, por sua vez, também deve estar visível à coletividade. Como forma de desnudar-se a atividade administrativa, além de empregar maior economia ao erário diante da redução de custos com impressão de documentos e a disponibilidade de servidores, institui-se, no âmbito da Lei n. 14.133/2021, a realização de certame de forma digital.

O artigo 12, inciso VI, prescreve que os atos serão preferencialmente digitais, permitindo que sejam produzidos, comunicados, armazenados e validados por meio eletrônico. Por sua vez, o artigo 17, § 2º, determina que as licitações sejam realizadas preferencialmente de forma eletrônica, podendo ser utilizada a forma presencial, desde que mediante motivação, oportunidade em que a sessão será registrada em ata e gravada em áudio e vídeo. No artigo 174, § 3º, incisos III e IV, da Lei, ao tratar do Portal Nacional das Contratações Públicas, há a prescrição de que o portal deverá possuir sistema de planejamento e gerenciamento de contratações e sistema eletrônico para a realização de sessões públicas.

A medida é importante para fins de majoração do poder fiscalizatório; no entanto, resta dúvida se os documentos elaborados no âmbito do processo interno, aqueles referentes ao planejamento da contratação do serviço, devem estar expostos no PNCP. A expressão "sistema de planejamento e gerenciamento de contratações" não deixa claro se será disponibilizado sistema para fins de tramitação interna dos processos administrativos ou se será fornecido sistema para captura de documentos auxiliares na elaboração desses processos, como minutas de contrato. Também não esclarece quem terá acesso a esse sistema. Apesar da dúvida, interpreta-se, a partir da leitura integral da Lei n. 14.133/2021, que o sistema de planejamento e gerenciamento de contratações disporá de documentos e modelos para o acompanhamento das contratações públicas, acessível por parte dos órgãos do poder público. Essa questão se torna relevante quando se lançam olhares aos documentos que devem ser elaborados no âmbito da etapa do planejamento do processo licitatório:

I – a descrição da necessidade da contratação fundamentada em estudo técnico preliminar que caracterize o interesse público envolvido;

II – a definição do objeto para o atendimento da necessidade, por meio de termo de referência, anteprojeto, projeto básico ou projeto executivo, conforme o caso;

III – a definição das condições de execução e pagamento, das garantias exigidas e ofertadas e das condições de recebimento;

IV – o orçamento estimado, com as composições dos preços utilizados para sua formação;

V – a elaboração do edital de licitação;

VI – a elaboração de minuta de contrato, quando necessária, que constará obrigatoriamente como anexo do edital de licitação;

VII – o regime de fornecimento de bens, de prestação de serviços ou de execução de obras e serviços de engenharia, observados os potenciais de economia de escala;

VIII – a modalidade de licitação, o critério de julgamento, o modo de disputa e a adequação e eficiência da forma de combinação desses parâmetros, para os fins de seleção da proposta apta a gerar o resultado de contratação mais vantajoso para a Administração Pública, considerado todo o ciclo de vida do objeto;

IX – a motivação circunstanciada das condições do edital, tais como justificativa de exigências de qualificação técnica, mediante indicação das parcelas de maior relevância técnica ou valor significativo do objeto, e de qualificação econômico-financeira, justificativa dos critérios de pontuação e julgamento das propostas técnicas, nas licitações com julgamento por melhor técnica ou técnica e preço, e justificativa das regras pertinentes à participação de empresas em consórcio;

X – a análise dos riscos que possam comprometer o sucesso da licitação e a boa execução contratual;

XI – a motivação sobre o momento da divulgação do orçamento da licitação, observado o art. 24 desta Lei.[287]

Os documentos elaborados, em sua grande maioria, são carregados de poder de escolha por parte do gestor público. Ademais, também é possível constatarem-se falhas e vícios procedimentais que impliquem prejuízo à competitividade mediante acompanhamento de sua elaboração. Destacam Maria Sylvia Zanella Di Pietro e Thiago Marrara que cabe aos agentes públicos refletirem sobre as relações de custo-benefício do que desejam contratar já na fase de preparação do certame, na definição do objeto. Para os autores, as características do objeto, as obrigações de execução do contrato, as garantias, a necessidade ou não de parcelamento do objeto e demais decisões tomadas no planejamento da licitação são necessárias para acirrar a competição e buscar a vantajosidade da contratação.[288]

A concepção de competitividade está fundada no planejamento da licitação. É no âmbito do planejamento que se passam a definir as medidas restritivas à competitividade e os requisitos que irão implicar

---

[287] Artigo 18 da Lei n. 14.133/2021 (BRASIL. *Lei n. 14.133, de 01 de abril de 2021*. Lei de licitações e contratos administrativos. Brasília, DF: Presidência da República, 2021. Disponível em: http://www.planalto.gov.br/ccivil_03/_ato2019-2022/2021/lei/L14133.htm. Acesso em: 27 out. 2022).

[288] DI PIETRO, Maria Sylvia Zanella; MARRARA, Thiago. Estrutura Geral da Nova Lei: abrangência, objetivos e princípios. *In*: DI PIETRO, Maria Sylvia Zanella. *Licitações e contratos administrativos*: inovações da Lei 14.133, de 1º de abril de 2021. Rio de Janeiro: Forense, 2022. p. 11.

a restrição de participação de determinadas empresas. O princípio da competitividade, que tem por fim favorecer um ambiente competitivo, funda-se no interesse público em ampliar a quantidade de empresas que possam participar da licitação. Por força desse princípio, cláusulas dúbias do edital, por exemplo, devem ser interpretadas de forma a possibilitar que mais empresas participem do certame. A lei reconhece a importância desse princípio para a licitação, mitigando a formalidade, conforme consta dos incisos I e V do art. 59 da Lei n. 14.133/2021, que prevê a desclassificação das propostas que "contiverem vícios insanáveis" (inciso I) ou que "apresentarem desconformidade com quaisquer outras exigências do edital, desde que insanável" (inciso V).[289] Negar a possibilidade de fiscalização e acompanhamento do planejamento da licitação de forma facilitada é lançar nuvens em procedimento importante para o fim a que se destina a licitação.

Partindo da concepção da transparência enquanto mecanismo de participação popular e de publicidade, contribuindo para prevenção à prática de ilícitos, defende-se, aqui, que esse sistema de planejamento deva compreender a possibilidade de consulta e interação com todos os atos administrativos praticados no processo interno da licitação, em sua fase de planejamento. Assim, estar-se-á diante de sistema de implementação de governo digital, compreendido enquanto processo que visa à interação entre Administração Pública e a sociedade, na formulação, no acompanhamento e na implementação de políticas públicas. Nessa concepção, a transparência se demonstra pelo agir da Administração Pública ao utilizar a internet como instrumento de melhoria de sua capacidade de interação com a população.[290] [291]

---

[289] MIRANDA, Henrique Savonitti. *Licitações e contrato administrativos.* São Paulo: Thomson Reuters Brasil, 2021. p. 112-113.

[290] MESSA, Ana Flávia. *Transparência, Compliance e Práticas Anticorrupção na Administração Pública.* São Paulo: Almedina, 2019. p. 264-265.

[291] A mesma autora posiciona-se no seguinte sentido: "Defende-se a necessidade da coexistência e complementariedade entre a mídia digital e a mídia tradicional e a revalorização dos jornais impressos no contexto da comunicação digital, partindo do pressuposto de que a mídia digital é insuficiente de per si de selecionar e aprofundar conhecimentos, estabelecer relações, contextualizar e desenvolver os temas de forma explicativa e analítica, para abarcar o sentido da publicidade e o valor da cidadania". (ROVAI, Armando Luiz; MESSA, Ana Flavia. Das publicações legais e sua obrigatoriedade. *Revista de Direito Bancário e do Mercado de Capitais.* vol. 93. ano 24. p. 181-236. São Paulo: Ed. RT, jul.-set./2021. Disponível em: Base RT Online. Acesso em: 10 out 2022). O artigo citado questiona a possibilidade de se considerar obsoleta a publicação em mídia impressa em virtude da existência da internet, concluindo no sentido de que a mídia impressa é relevante devido a diversos fatores, destacando-se sua credibilidade. A argumentação é válida e pertinente, pois, de fato, a sensação de confiança em informar-se por meio da mídia impressa é elevada em relação aos meios digitais. No entanto, sob o prisma da transparência governamental e da publicidade dos atos administrativos, a utilização da mídia impressa parece mecanismo de custeio público de empresas privadas, e não a realização da transparência enquanto dever de publicidade.

Vale lembrar que não se deve compreender um governo eletrônico somente pela disponibilização dos serviços no meio digital, mas também como a possibilidade de interação e participação entre governo e sociedade. Uma gestão pública que atua pautada pela eficiência, buscando atender à crescente demanda da sociedade por serviços de qualidade, exige que se busquem novos modelos de integração de políticas públicas e estrutura governamental com a tecnologia da informação.[292]

Têmis Limberger explica que o desafio da operacionalização da democracia eletrônica consiste numa tríade entre a busca da informação pública disponível na internet, a realização de debate nos fóruns presenciais e virtuais e, ao fim disto, o retorno sob a forma de deliberação parlamentar ou de decisões no que concerne às políticas públicas e à sua implementação. É o debate entre os espaços democráticos tradicionais de democracia representativa e participativa e os fóruns virtuais. Explica a autora que a informação pública disponibilizada na rede pode ser debatida no âmbito virtual, retornando mediante denúncia aos órgãos de controle.[293]

O controle social, nesse caso, deve ser compreendido como o conjunto de instrumentos que serão utilizados pela sociedade capaz de moldar o poder público ao respeito a determinadas diretrizes, implicando o ordenamento da atuação institucional no ambiente social e propondo condições para que sejam alcançados os fins de interesse do grupo social. Esse controle é concebido de forma direta, mediante utilização de mecanismos formais (concedidos pela ordem jurídica) ou informação, não institucionalizados e promovidos pelo campo privado ou público não estatal.[294]

Por meio da tecnologia, mediante utilização da internet, é que se poderão atingir esses novos modelos de integração entre governo e sociedade. A tecnologia e a internet permitiram a ampliação e a abertura de novos canais de participação direta do cidadão na coisa pública, sem que sejam necessários intermediários. Há uma facilitação no acesso à informação dos atos de governo, ampliando-se, de forma qualitativa e quantitativa, o controle exercido por parte da sociedade em relação ao

---

[292] OURA, Maurício Massao; KONO, Carlos Mamori; RODRIGUES, Leonel Cezar; RICCIO, Edson Luiz. O pregão eletrônico como instrumento de controle de oportunismos no processo licitatório público. *Revista de Gestão e Projetos – GeP*, São Paulo, v. 3, n. 2, p 260-281, mai./ago. 2012. Disponível em: https://periodicos.uninove.br/gep/article/view/9465 Acesso em: 09 out. 2022. p. 267.

[293] LIMBERGER, Têmis. *Cibertransparência:* informação pública em rede: a virtualidade e suas repercussões na realidade. Porto Alegre: Livraria do Advogado, 2016. p. 90-91.

[294] MOURA, Emerson Affonso da Costa. Controle Social da Administração Pública, transparência administrativa e a Lei de Acesso à Informação. In: CUEVA, Ricardo Villas Bôas; REIS JÚNIOR, Sebastião Alves dos; LEMOS JÚNIOR, Altair de; ALLEMAND, Luiz Cláudio. *Ouvidorias de Justiça, transparência e a Lei de Acesso à Informação*: direito de todos. Belo Horizonte: Fórum, 2019. p. 103.

Estado. Há, nesse contexto, uma aproximação entre a comunidade e o Estado que permite a realização de escolhas administrativas com ponderação das necessidades sociais.[295]

Não se pode olvidar das realidades brasileiras ao se defender a ampla utilização de mecanismos tecnológicos e de internet para fins de incremento da participação popular. Durante a pandemia de Covid-19, testemunhou-se a urgente necessidade de inserção do mundo análogo no digital, sendo necessária a adaptação de diversos sujeitos da sociedade para prosseguirem com suas atividades: as empresas e o poder público passaram a executar seus trabalhos em sistema de *home office*; as aulas migraram para o campo digital; e o governo viu-se obrigado a agir para internalizar a tecnologia em suas atividades.

Diante da brusca mudança, uma camada da sociedade sofreu com a modernização do agir administrativo. Cite-se como exemplo a necessidade de pagamento do programa denominado "auxílio emergencial" para a população, que gerou grandes filas junto à Caixa Econômica Federal. Dados de 2019 mostram que 6,8% da população brasileira acima dos 15 anos são analfabetos, sendo excluídos do universo digital, e 50% da população de zonas rurais e regiões periféricas e 16,2% das áreas urbanas não têm acesso à Internet. Considerando-se a totalidade do Brasil, 70,07% da população encontram-se ativos na Internet. No que diz respeito aos dados do ensino, 34% dos estudantes da rede pública de ensino não tinham acesso à Internet, e 55% não tinham computador, dificultando que acompanhassem as aulas remotas.[296] No entanto, mesmo diante desses dados, as novas tecnologias estão sendo amplamente utilizadas por parte do poder público, citando-se como exemplo mais significativo o portal "gov.br". Explica Ana Cristina Aguilar Viana:

> Tendo em vista o impacto profundo e a possibilidade de uma nova engenharia da organização estatal, que pode utilizar dessas comodidades de um modo que altere sua própria estrutura, essas tecnologias colocam os modelos tradicionais de governo eletrônico "ultrapassados". Emerge, daí, a necessidade da administração mudar o foco da automação e redução de custos (presente na proposta de governo eletrônico) para enfatizar na co-criação com cidadãos e empresas. Este novo estágio de amadurecimento das tecnologias e seu emprego pelos governos é o símbolo da transformação para o governo digital.

---

[295] MACHADO, Carlos Augusto Alcântara; RESENDE, Augusto César Leite de. Tecnologia, meio ambiente e democracia: reflexões necessárias. *Revista de Investigações Constitucionais*, Curitiba, v. 6, n. 3, p. 749-771, set./dez. 2019. Disponível em: Base HeinOnline. Acesso em: 09 out. 2022. p. 764.

[296] MEDEIROS, Breno Pauli; GOLDONI, Luiz Rogério Franco; BATISTA JÚNIOR, Eliezer de Souza; ROCHA, Henrique Ribeiro da. O uso do ciberespaço pela administração pública na pandemia da COVID-19: diagnósticos e vulnerabilidade. *Revista de Administração Pública*, Rio de Janeiro, p. 650-662, jul-ago 2020. Disponível em: https://www.scielo.br/j/rap/a/x3VKDBRYpkvNb8dmXN4rNyR/?lang=pt Acesso em: 11 out. 2022. p. 654.

Para a OCDE esse novo estágio de maturidade das tecnologias digitais e seu emprego marca a mudança de paradigma de governo eletrônico para governo digital. O principal resultado desta mudança é que o governo digital não reside apenas em disponibilizar serviços *on-line* e alcançar eficiência operacional. Trata-se de abraçar uma nova concepção das TICS como um elemento central da transformação do setor público

Esta mudança tem como um modelo que seja orientado pelo e para o cidadão, com os princípios do governo aberto, o desbloqueio de dados, a inserção do "digital por padrão" (ideia que os serviços digitalizados devem ser os primeiros a estarem disponíveis para as pessoas) e a atenção aos desafios de segurança digital.

Assim, a conversão do governo analógico para o digital constitui o uso otimizado dos canais de comunicação para incrementar o uso dos usuários e também na prestação de serviços. Usuários se transformam também em co-construtores dos serviços. Serviços e relações passam a ter como base a confiança. Trata-se de um processo de digitalização de ponta a ponta que coloca os métodos clássicos de governo eletrônicos como obsoletos, saindo-se da mera eficiência para a construção conjunta.[297]

Diante da evolução na utilização de tais mecanismos, não há razão para que não seja amplamente utilizada a tecnologia da informação para efetivamente aplicar-se o princípio da transparência na administração pública, em se tratando de licitações. Deve-se ter por base que o processo administrativo de planejamento da licitação é público, mas, enquanto documento público e confeccionado mediante documentos físicos, há embargos ao seu acesso: necessidade de deslocamento ao órgão público, pedido de vistas da documentação ao servidor público, extração de cópias para conferência, entre outros entraves provenientes do atraso tecnológico.

Outrossim, ao prescrever a confecção desses documentos de forma eletrônica e com vistas à sociedade, também se faz com que essa sociedade tome conhecimento de sua existência. Destaca-se, aqui, que a publicidade da licitação ocorre com o edital, ou seja, a ampla divulgação somente ocorre na fase externa do processo licitatório; durante a fase interna, o processo tramita sem que seja divulgado pelo poder público, apesar de não haver restrições ao acesso quanto a seu conteúdo. O processo é acessível à comunidade e a órgãos fiscalizatórios; no entanto, para se exercer o direito de acesso, é necessário que se tome conhecimento da existência deste processo. Luciano I. de Castro, investigando mecanismos para tornar a licitação mais robusta a influxos ilícitos, chegou à conclusão de que se devem ter como objetivos a perseguir:

4.1. Aumentar a publicidade das licitações e reduzir os custos de entrada nas licitações públicas.

---

[297] VIANA, Ana Cristina Aguilar. Transformação digital na administração pública: do governo eletrônico ao governo digital. *Revista Eurolatinoamericana de Derecho Administrativo*, Santa Fe, v. 8, n. 1, p. 115-136, ene. /jun. 2021. Disponível em: Base HeinOnline. Acesso em: 09 out. 2022. p. 127-128.

4.2. Formalizar o contato entre o agente público e as empresas concorrentes, e restringir as informações que permitam monitoramento de ações, de forma a dificultar a formação de conluios.

4.3. Diminuir o poder discricionário de agentes públicos para erguer barreiras de entrada.

4.4. Facilitar o monitoramento dos preços praticados, visando aumentar a probabilidade de detecção e punição.

4.5. Preservar a possibilidade de diferenciação de produtos por qualidade, evitando discricionariedade excessiva por parte do agente público.[298]

O aspecto indicado no ponto 4.1 é atingível com a propositura avençada, visto que se estará ampliando a publicidade de aspecto importante do processo licitatório, qual seja, a confecção dos documentos que irão determinar como se prosseguirá a licitação. Os itens 4.3 e 4.4 também são impactados ao lançar-se luz em relação ao processo administrativo, possibilitando a fiscalização e a participação popular. O poder discricionário do gestor público também é impactado, e o processo de escolha é impactado pelo saber ser fiscalizado. Igual inferência se pode realizar a partir do item 4.4, visto que os orçamentos – quando não necessário seu sigilo – estarão expostos, podendo a população compreender quais as empresas que procederam à orçamentação dos itens ao poder público ou que planilhas orientaram a equipe técnica. Maior argumentação merece respeito a possibilidade aventada pelo autor, no item. Celso Antônio Bandeira de Mello exemplifica o relatado pelo autor:

> Não há dúvidas de que, em sua quase totalidade, a ocultação dos orçamentos das contratações públicas nada tem a ver com a segurança da sociedade e do Estado, e, por esta razão, muitos poderiam reputar inconstitucional essa previsão legal.
> Não nos parece, contudo, a melhor solução.
> Na verdade, a lei errva ao chamar de sigilo algo que, no máximo, poderia ser considerado uma suspensão temporária de determinada informação, vocacionada à lisura do certame.
> Explicamos: quando se divulga o valor de referência, isto é, o prazo que a Administração está predisposta a pagar por aquela contratação, os licitantes, influenciados pelo valor cotado pela Administração, não fornecem os preços de acordo com suas reais possibilidades, mas sim em conformidade com aquilo que a Administração erigiu como adequado. Eles irão oferecer o produto por esse mesmo preço mesmo quando poderiam te apresentado um preço muito menor.
> É muito comum – corriqueiro até – que, com o conhecimento do valor de referência, os licitantes apresentem suas propostas com esse exato valor, sem se preocuparem em fornecer seu melhor preço ou identificarem os itens do objeto licitado que poderiam sofrer abatimento ou desconto.

---

[298] CASTRO, Luciano I. de. Combate à corrupção em licitações públicas. *DE – Documentos de Trabajo. Economía*. Universidad Carlos III de Madrid. Departamento de Economía, 2007. Disponível em: https://ideas.repec.org/p/cte/derepe/de070302.html Acesso em: 11 out. 2022. p. 10.

> Todos os participantes afluem ao certame com o mesmíssimo valor, e a competição normalmente gira em torno de poucos centavos ou Reais, já que a renovação das propostas (lances) é sempre muito tímida, não gerando, pois, economia significativa para a Administração.
>
> Quando o orçamento não é divulgado os licitantes devem, de acordo com os elementos fornecidos (estudo técnico preliminar, anteprojeto ou projeto básico, termo de referência etc.), realizar os estudos necessários, identificar os valores unitários dos itens e apresentar uma proposta real, condizente com suas possibilidades, alijados no valor que a Administração cotou para o objeto.[299]

Ao se aplicar ampla publicidade ao processo de planejamento com a disponibilização de seus documentos a tramitar em ambiente eletrônico, não se está procedendo de forma a restringir informações. Ao contrário, o que se está fazendo é possibilitar que ocorra o monitoramento das atividades administrativas. Contudo, é exatamente isso que se almeja. Ao proporcionar amplo e fácil acesso aos documentos, evita-se que ocorra a prática de ilícitos ou que haja o superfaturamento de preços ou sobrepreço, conforme faz crer Celso Antônio Bandeira de Mello.

Na interação entre sociedade e estado, a implementação de política efetiva de dados abertos possibilita sinergia entre os cidadãos e a Administração Pública. Para o Estado, a abertura dos dados incentiva a transparência e a prestação de contas, melhorando a eficiência e a efetividade do gasto público, por possibilitar o cruzamento de dados, a identificação de fraudes e a corrupção, além de refinar a análise do contexto social de atuação do governo. No que diz respeito ao cidadão, proporciona melhor acesso e utilização de serviços, visto que a ampla divulgação dos dados cria condições para obtenção de valor econômico em relação a esses dados, fomentando novos negócios.[300]

Essa concepção exige que o governo passe a patrocinar novos mecanismos de transparência, como instrumento de controle, e não mero atendimento de exigências legais. A garantia de atuação da população necessita que lhe seja fornecida transparência de forma concreta, organizada, com o escopo de reduzir as lacunas de informações existentes entre os que estão inseridos na Administração e os que não estão. Também deve ser incentivada a participação da sociedade: que o cidadão seja participativo no processo de verificação e aplicação dos recursos públicos. A mudança de paradigma, com o fornecimento de dados claros, o convite à participação nos processos fiscalizatórios e o forneci-

---

[299] MELLO, Celso Antônio Bandeira de. *Curso de Direito Administrativo*. São Paulo: Malheiros, 2021. p. 529-530.

[300] VARELLA, Marcelo D.; OLIVEIRA, Clarice G.; MOESCH, Frederico. Salto digital nas políticas públicas: oportunidade e desafios. *Revista Brasileira de Políticas Públicas*, Brasília, v.7, n. 3, p. 560-583, 2017. Disponível em: Base HeinOnline. Acesso em: 10 out. 2022. p. 582.

mento de mecanismos para a realização da participação, implicarão ao cidadão a possibilidade de pleno exercício da cidadania.[301]

4.2. As audiências e consultas públicas e a integração da comunidade na fiscalização do processo licitatório

As audiências públicas são importante mecanismo de efetivação da participação popular direta, concedendo ao povo a possibilidade de manifestar-se sobre questões da coletividade, de colaborar na apresentação de solução de problemas, de opinar quanto a decisões que estão por ser tomadas por parte do poder público. Ou seja, é mecanismo de efetivação da democracia. Ademais, também é obrigatória para a elaboração e a aprovação do plano diretor dos municípios, em conformidade com o artigo 40, § 4º, inciso I, do Estatuto da Cidade. No âmbito da Lei n. 14.133/2021, restou prevista a possibilidade de sua ocorrência no artigo 21, enquanto a Lei do Processo Administrativo (Lei n. 9.784/1999) prevê, em seu artigo 32, sua possibilidade, juntamente com a consulta pública – que também é prevista no artigo 29 da LINDB.

O princípio da soberania popular impõe que se atue de modo a garantir a efetiva participação do povo nas decisões políticas, não somente na formação das instituições de representação. A mera representação não encontra mais espaço no Estado contemporâneo, especialmente no Brasil, em que se percebe insatisfação dos representados em relação ao comportamento de seus representantes. Desse cenário se descortina a necessidade de articulação entre a democracia representativa e democracia participativa. O papel da população nas atividades estatais não deve ser compreendido mais somente como o exercício do voto, sendo imperiosa a concretização da participação do povo, de forma plural, garantidora da vigência e eficácia dos direitos fundamentais, nas atividades do Estado.[302]

Assim, quando a atuação do Estado implicar restrição ao exercício de direitos individuais, deve ser assegurado o direito de ser ouvido, tendo esse direito de manifestação a garantia do direito de defesa, contraditório e devido processo legal. Essa oitiva prévia se projeta para a

---

[301] RICAS, Eugênio Coutinho; ALVES, Luis Fernando Mendonça. Lei de Acesso à Informação e Portal da Transparência: instrumentos de controle social e prevenção à corrupção. *In*: CUEVA, Ricardo Villas Bôas; REIS JÚNIOR, Sebastião Alves dos; LEMOS JÚNIOR, Altair de; ALLEMAND, Luiz Cláudio. *Ouvidorias de Justiça, transparência e a Lei de Acesso à Informação*: direito de todos. Belo Horizonte: Fórum, 2019. p. 148-149.

[302] PEDRA, Adriano Sant'Ana. Participação popular no poder local: o papel do cidadão no aprimoramento das decisões do executivo e do legislativo municipal. *Revista Brasileira de Estudos Políticos*, n. 100, p. 29-56, 2010. Disponível em: Base HeinOnline. Acesso em: 08 out. 2022. p. 50-51.

audiência pública, consistindo em espécie de garantia constitucional do devido processo legal em sentido substantivo, pois realizada em momento anterior à providência de caráter geral que implicará restrições aos direitos fundamentais, garantindo a ampla defesa e o contraditório. O que fundamenta a audiência pública, pelo prisma prático de sua realização, é o interesse público, de se efetivarem atos legítimos; do particular, em apresentar seus argumentos para contribuir na decisão; e do administrador, em reduzir riscos de erros em suas decisões, garantindo bons resultados no agir administrativo.[303]

A realização de uma audiência pública não deve ser concebida como mera formalidade, como requisito legal que deve ser cumprido para que o órgão público atinja a finalidade que almeje. Sua função é promover a discussão, a transparência e a efetiva participação, de forma que a vontade popular possa vir a ser interventora na formação do ato Administrativo. Deve a Administração Pública estar aberta à construção de uma solução juntamente com a comunidade. Diante disso, a audiência pública acaba por ter como característica a oralidade, o debate, o caráter consultivo, pontual e coletivo, bem como a ampla abertura na participação.[304] Aspecto que pode gerar dúvidas quanto a sua efetividade, diz respeito ao seu caráter consultivo, e não decisório.

Ao ser concebida como ato consultivo, ou seja, sem viés decisório e vinculante, diferente de outros mecanismos de interpelação popular (tais como o plebiscito e o referendo), possibilitando que o gestor público decida de maneira diferente do sugerido pela população, pode-se questionar sua eficácia enquanto instrumento democrático. No entanto, deve-se ter a ideia de que a democracia não surge somente no ato decisório; a democracia concilia-se com a participação no processo decisório, seu exercício está associado à participação na tomada de decisão, não necessariamente que a decisão tenha de ser a expressão da vontade da maioria.[305]

Igor Feraz Fonseca, Raimer Rodrigues Rezende, Marília Silva de Oliveira e Ana Karine Pereira acompanharam as audiências públicas realizadas no âmbito da Elaboração do Plano Nacional de Resíduos Sólidos (PNRS); Licitação e Contrato de Permissão dos Serviços de Trans-

---

[303] SOARES, Evanna. Audiência pública no processo administrativo. *Revista de Direito Administrativo*, [S. l.], v. 229, p. 259–284, 2002. DOI: 10.12660/rda.v229.2002.46444. Disponível em: https://bibliotecadigital.fgv.br/ojs/index.php/rda/article/view/46444. Acesso em: 8 out. 2022. p. 264.

[304] ALMEIDA, Natália Silva Mazzutti. *O direito fundamental à participação popular*: audiência pública no processo administrativo federal (Lei 9.784/1999). 2013. 154 f. Dissertação (Mestrado em Ciências Sociais Aplicadas) – Universidade Federal de Uberlândia, Uberlândia, 2013. DOI https://doi.org/10.14393/ufu.di.2013.60. Disponível em: https://repositorio.ufu.br/handle/123456789/13209 Acesso em: 08 out. 2022. p. 102.

[305] MORAES, Anderson Júnior Leal. *Audiências públicas e legitimação da jurisdição constitucional*. Belo Horizonte: Initia Via, 2012. p. 89.

porte Rodoviário Interestadual de Passageiros; Licenciamento das Hidrelétricas de Santo Antônio e Jirau, em Rondônia; e Licenciamento da Hidrelétrica de Belo Monte, no Pará. Do trabalho desenvolvido, apresentam algumas dificuldades enfrentadas e questões relevantes no manejo das audiências públicas, dos quais merecem destaque:

Atos normativos: as audiências ocorriam em observância a atos normativos, determinando-se, nesses atos, como deveriam ocorrer as audiências, o que, por um lado, garantia maior transparência à atuação do Estado e, por outro, aplicava engessamento na participação popular.[306]

Momento de realização das audiências públicas: os instrumentos de consulta devem ser utilizados quando seja possível incorporar demandas e valores dos que estão envolvidos no objeto em debate, podendo envolver a inclusão de pessoas no momento da preparação do ato consultivo.[307]

Escopo das audiências públicas: cuidado na definição do objeto e da temática que será debatida, de forma a não ser demasiadamente amplo ou exageradamente restrito, possibilitando que aos interessados seja garantida a possibilidade de opinarem, e ao gestor, a possibilidade de sistematizar as contribuições dos participantes.[308]

Infraestrutura adequada: realização da solenidade de forma que haja estrutura compatível com o número de participantes e com o tipo de audiência que se está realizando, bem como com os recursos que serão utilizados na condução dos trabalhos.[309]

Capacidade institucional do órgão: a existência de estrutura interna voltada à participação social no órgão auxilia a potencialidade da audiência pública.

Neutralidade e postura pró-debate: para efetividade da audiência pública, necessário que o mediador das intervenções da população e do poder público adote postura neutra e séria, garantindo a legitimidade do processo.[310]

Metodologia do processo participativo: a estruturação de uma metodologia, de forma adequada e clara, seguida com coerência, au-

---

[306] FONSECA, Igor Feraz; REZENDE, Raimer Rodrigues; OLIVEIRA, Marília Silva de; PEREIRA, Ana Karine. Audiências públicas: fatores que influenciam seu potencial de efetividade no âmbito do Poder Executivo Federal. *Revista do Serviço Público*, [S. l.], v. 64, n. 1, p. p. 7-29, 2014. DOI: 10.21874/rsp.v64i1.113. Disponível em: https://revista.enap.gov.br/index.php/RSP/article/view/113. Acesso em: 08 out. 2022. p. 15.

[307] Ibid., p. 16.

[308] Ibid., p. 18.

[309] Ibid., p. 18-19.

[310] Ibid., p. 20.

menta a percepção de legitimidade e seriedade e potencializa a capacidade dos gestores, de compreenderem as propostas.[311]

Devolutiva à sociedade: apresentação para comunidade, de forma clara, da incorporação ou não das contribuições, com apresentação de justificativa, o que implica aumento da percepção de legitimidade do ato.[312]

Por fim, **transparência:** todo o processo deve ser pautado de forma transparente, com a publicidade das informações em todos os processos.[313]

A observação dos aspectos apontados pelos autores demonstra o quão dificultoso e caro é o processo de audiência pública. O estudo se torna relevante para mostrar problemas existentes quanto ao ato participativo em apreciação, pois utilizou dados coletados em audiências públicas que tinham por objeto atos administrativos de grande impacto na vida das comunidades. Esse grande impacto, consequentemente, desperta maior interesse da população e provoca maior participação por parte da sociedade. Também a partir da pesquisa interpreta-se que, se o gestor público não estiver dotado de padrões éticos, as audiências públicas correm o risco de serem manipuladas, apresentando-se dados incompletos ou exaltando-se burocracia que acaba por estagnar a participação popular ou gerar o desinteresse.

É o que se verifica em audiências públicas realizadas pela Agência Reguladora de Saneamento e Energia do Estado de São Paulo – ARSESP –, no que diz respeito a serviços de saneamento básico, nos anos de 2015-2016, que se constatou serem realizadas em horários comercial, dificultando a participação popular. No regulamento das audiências públicas, não se admitiam quaisquer tipos de contribuição (escritas, orais, audiovisuais ou gravadas) no ato da audiência, somente se aceitavam manifestações em que os expositores fossem inscritos e somente o Presidente da audiência e integrantes da mesa poderiam realizar perguntas aos expositores, demonstrando que havia uma forma de mascarar a tomada de decisão sem, efetivamente, empregar a participação popular.[314]

Além da audiência pública, também é possível a realização de consultas públicas, mecanismo mais simples de participação popular.

---

[311] FONSECA, Igor Feraz; REZENDE, Raimer Rodrigues; OLIVEIRA, Marília Silva de; PEREIRA, Ana Karine. Audiências públicas. *Op. cit.*, p. 21.

[312] Ibid., p. 22.

[313] Ibid., p. 23.

[314] OLIVEIRA, José Carlos de; RAVAGNANI, Christopher Abreu. A democracia participativa nos serviços públicos de saneamento básico: estudo de caso das audiências públicas da ARSESP. *Revista da Faculdade de Direito da UFMG*, Belo Horizonte, n. 69, p. 221-238, jul./dez. 2016. Disponível em: Base HeinOnline. Acesso em: 08 out. 2022. p. 231-233.

Consiste em procedimento em que ocorre a divulgação antecipada de minutas de atos de interesse geral, objetivando que, no prazo estabelecido pela Administração Pública ou pela lei, todos os interessados possam ofertar críticas, sugestões ou requerer informações, bem como resolver dúvidas. Toda essa interação deve ser documentada pela Administração Pública e respondida, de forma pública, no período anterior à tomada de decisão, servindo para instruir e embasar a decisão.[315] José dos Santos Carvalho Filho explica quais são as condições necessárias à realização da consulta pública, sob a ótica do processo administrativo federal:

> A primeira reside na *vedação* a que a consulta pública provoque *prejuízo ao interessado*. A despeito de haver matéria de interesse geral discutida no processo, pode ocorrer que a instauração do procedimento, que fatalmente dilarga seu desfecho, cause prejuízo àquele que, afinal, participa diretamente do feito. Nesse caso, terá que prevalecer o interesse do participante direto. Um desses casos, por exemplo, é aquele em que a solução do processo reclama urgência. A própria questão do prejuízo é suscetível de apreciação no processo: se a autoridade entender que deve abrir o período para a consulta pública, cabe ao interessado, se for o caso, demonstrar o prejuízo que a decisão lhe provocará. Não o fazendo, ou sendo improcedente sua alegação, deverá ser mesmo compulsado o público para manifestar-se sobre o assunto objeto do processo.
>
> A segunda condições é que a decisão do administrador tenha expressa *motivação*, ou seja, é necessário que a autoridade aponte em seu ato as razões que o levam a realizar a consulta pública. Sem a motivação, o ato é formalmente ilegal. Com motivação questionável, pode o ato ser anulado pela autoridade competente, havendo recurso interposto pelo interessado. Por isso, a lei referiu-se a "*despacho motivado*".
>
> Por último, a resolução administrativa para implantar a consulta pública deve ocorrer *antes da decisão* a ser proferida no processo (art. 31). Realmente, após ser decidido o processo não teria cabimento a instauração do incidente. Se alguma entidade vier a entender, nessa ocasião, que o assunto é de interesse geral e merece discussão na Administração, deve adotar o direito de petição e providenciar a instauração de novo processo administrativo, hipótese em que assumirá ela própria a condição de interessada.[316]

As exigências para a realização do ato, como se percebe, são menores do que em relação às audiências públicas, pois não há a obrigatoriedade de realização de sessões, somente o recebimento de documentos formulados pelos interessados e a resposta a esses documentos, podendo ser realizado de forma ampla, englobando todos os argumentos apresentados ao poder público.[317] A consulta pública guarda aspectos

---

[315] FORTINI, Cristiana; PEREIRA, Maria Fernanda Pires de Carvalho; CAMARÃO, Tatiana Martins da Costa. *Processo administrativo*: comentários à Lei n. 9.784/1999. Belo Horizonte: Fórum, 2011. p. 139.

[316] CARVALHO FILHO, José dos Santos. *Processo Administrativo Federal*: comentários à Lei n. 9.784, de 29.1.1999. São Paulo: Atlas, 2013. p. 188-189.

[317] É a conclusão que se extrai da leitura do artigo 31, §§ 1º e 2º: "§ 1º A abertura da consulta pública será objeto de divulgação pelos meios oficiais, a fim de que pessoas físicas ou jurídicas possam examinar os autos, fixando-se prazo para oferecimento de alegações escritas." e "§ 2º O comparecimento à consulta pública não confere, por si, a condição de interessado do processo, mas confere

comuns com a audiência pública, no concernente à motivação para sua realização: a gestão colaborativa e o interesse das partes afetadas. Tem como vantagem possibilitar que a Administração busque informações no mercado durante a confecção de projetos básicos ou termos de referência, evitando a aplicação de solução técnica mais onerosa.[318]

A consulta pública é uma técnica de busca de informações com o auxílio da população. A diferença procedimental entre a consulta pública e a audiência pública reside em que a primeira ocorre em sessões orais (de forma presencial ou virtual), debatendo-se temas relevantes de um processo administrativo. Seu caráter é caráter oral e dinâmico, transcorrendo com celeridade e em atos pontuais e variados, podendo ser realizada diversas vezes em um processo administrativo. As consultas, por sua vez, são mais formais e têm por característica serem escritas, sendo comum sua ocorrência por somente uma vez no processo. Admitem a utilização de novos instrumentos tecnológicos, porém são instruídas com documentos prévios elaborados pela Administração Pública, oportunidade em que se estabelece prazo de dias para manifestação voluntária de qualquer pessoa. Assim, seu andamento é lento, sendo indicadas para viabilizar manifestação mais cuidadosa dos consultados no que diz respeito a objetos complexos. Essa abertura apresenta como inconveniente a elevação de custos e a pressão no que diz respeito à duração razoável; no entanto, é compensada pelo ganho na qualidade das decisões e pelo incremento da atividade do Estado.[319]

No âmbito da Lei n. 14.133/2021, também é possibilitado ao gestor público que proceda à realização de audiências públicas ou consultas públicas no que diz respeito à licitação que deseja realizar, conforme previsão do artigo 21, *caput*, e parágrafo único. Essa possibilidade é intrínseca à gestão da transparência e do direito de acesso, que sempre andam juntos, pois não há como se conceber transparência sem acesso. Desse modo, o Estado atua, em alguns momentos, em sentido ativo, apresentando informação ao público ou a certos indivíduos; em outros, atua de forma passiva, abrindo os dados e informações a quem quiser acessar por iniciativa própria.[320]

---

o direito de obter da Administração resposta fundamentada, que poderá ser comum a todas as alegações substancialmente iguais.".

[318] CAPAGIO, Álvaro do Canto; COUTO, Reinaldo. *Nova Lei de Licitações e contratos administrativos*: Lei 14.133/2021. São Paulo: Saraiva Jur, 2021. p. 142.

[319] MARRARA, Thiago. Consultas Públicas: o que mudou com a LINDB? *In*: ZOCKUN, Maurício; GABARDO, Emerson. *O direito administrativo do pós-crise*. Curitiba: Íthala, 2021. Disponível em: https://rcl.adv.br/site/wp-content/uploads/2021/11/2021.-Direito-Administrativo-P%C3%B3s-Crise.pdf#page=444 Acesso em: 06 out. 2022. p. 448-449.

[320] DI PIETRO, Maria Sylvia Zanella; MARRARA, Thiago. Estrutura Geral da Nova Lei: abrangência, objetivos e princípios. *In*: DI PIETRO, Maria Sylvia Zanella. *Licitações e contratos administrativos*: inovações da Lei 14.133, de 1º de abril de 2021. Rio de Janeiro: Forense, 2022. p. 25.

Henrique Savonitti Miranda critica a disposição do artigo 21 da Lei n. 14.133/2021 no que diz respeito à ausência de obrigatoriedade de realização de audiências públicas e/ou consultas públicas, comparando com o artigo 39 da Lei n. 8.666/1993. Para o autor, a nova disposição, ao não contemplar nenhuma situação em que seja obrigatória a realização das audiências ou consultas públicas implica grave retrocesso. É que, para possibilitar a participação popular, por meio das consultas e audiências públicas, será necessária a utilização da discricionariedade por parte do gestor público, que deverá levar em consideração a relevância e o interesse público do objeto a ser licitado, independente do valor que se estima para a futura contratação. Esses mecanismos têm por finalidade favorecer a participação da sociedade no debate quanto a matérias de relevância, antes que a Administração Pública apresente uma decisão; essa é uma forma de prestigiar os direitos fundamentais de quarta dimensão, que impõem a participação popular no controle e na gestão da coisa pública.[321]

Marçal Justen Filho explica que, apesar de o dispositivo não estabelecer requisitos específicos que acabem por tornar compulsória a utilização de mecanismos de participação social, deve haver ressalvas para esse entendimento. É que há casos cuja decisão – de forma autônoma – sobre o que será realizado não compete exclusivamente à entidade ou ao órgão, e há temas aos quais, em razão de sua relevância (política, econômica, social, ambiental etc.), faz-se imprescindível a convocação da sociedade e diante dos quais um posicionamento contrário implica violação ao princípio democrático e ao exercício da cidadania. Sugere o autor a utilização desses mecanismos quando se previrem situações litigiosas, quando houver contratações complexas, com dificuldades relevantes, e quando houver a obrigatoriedade por força de dispositivo legal específico.[322]

Juliano Heinen defende que, para utilização desses instrumentos de participação popular, faz-se necessário evidenciar uma situação relevante e complexa do ponto de vista social. Deve haver conjuntura que necessite da manifestação popular para que se conceda legitimidade ao que será licitado, visto que o artigo 21, por prever a participação popular, também possibilita o apoio às atividades públicas em geral, contribuindo para a qualidade da decisão da autoridade administrativa.[323]

---

[321] MIRANDA, Henrique Savonitti. *Licitações e contrato administrativos*. São Paulo: Thomson Reuters Brasil, 2021. p. 221-223.

[322] JUSTEN FILHO, Marçal. *Comentários à Lei de Licitações e Contratações Administrativas*: Lei 14.133/2021. São Paulo: Thomson Reuters Brasil, 2021. p. 371.

[323] HEINEN, Juliano. *Comentários à Lei de Licitações e Contratos Administrativos*. São Paulo: JusPodivm, 2022. p. 173.

Álvaro do Canto Capagio e Reinaldo Couto argumentam que a licitação se destina a viabilizar a contratação com agentes de mercado para que executem o objeto, e é no campo de conhecimento desses agentes que se encontra maior conhecimento e experiência sobre o que se deseja contratar. Instrumentos como a audiência pública sinalizam gestão direcionada a alinhar o diálogo e manter legitimidade. Ressalvam que se deve ponderar a realização da audiência pública, utilizando-se a proporcionalidade e sendo impertinente a promoção do ato desnecessário, quando o objeto não guarde complexidade ou peculiaridade. Para os autores, o funcionamento da Administração Pública implica elevados custos, não sendo justificável a sua atuação em vazio, sem a finalidade de alcançar algum objetivo.[324]

A solução apontada por parte da doutrina mencionada, e que melhor parece atender ao interesse público, diz respeito à necessidade de realização de audiências públicas nos casos complexos e de grande repercussão no âmbito da comunidade. A utilização de critérios de valor não considera pequenos municípios que dispõem de poucos recursos. Imagine-se a situação de um município com poucos habitantes e baixo orçamento, que necessite decidir sobre as ruas que receberão obras de saneamento básico. O impacto da obra na região poderá ser considerável, mesmo diante de pouco valor dispendido por parte da Administração Pública. A utilização da audiência pública, nesse exemplo, é importante para estabelecer critérios que sejam objetivos e que atendam ao anseio da sociedade.

A questão é saber o que se considerarão obras complexas ou de grande impacto, sendo imprescindível a aplicação da transparência, enquanto dever de motivar e publicidade, por parte do gestor público. Destarte, poderá a comunidade apropriar-se dos argumentos e compreender as razões que levaram ou não à realização da audiência pública.

Mesmo que a ata da sessão de audiência pública não tenha caráter vinculativo à Administração Pública, tal documento acaba por ser de indispensável divulgação, juntamente ao edital. A audiência pública, depois de realizada e documentada, passa a ser relevante ao direito administrativo como fato administrativo, sendo necessário para compor o procedimento a preceder o ato administrativo do edital. Há um fato jurídico preliminar ao edital que tem por finalidade validá-lo.[325] Esse

---

[324] CAPAGIO, Álvaro do Canto; COUTO, Reinaldo. *Nova Lei de Licitações e contratos administrativos*: Lei 14.133/2021. São Paulo: Saraiva Jur, 2021. p. 141.

[325] FIGUEIREDO, Lucia Valle. Instrumentos da Administração Consensual. A Audiência Pública e sua finalidade. *Revista de Direito Administrativo*, [S. l.], v. 230, p. 237-250, 2002. DOI: 10.12660/rda.v230.2002.46344. Disponível em: https://bibliotecadigital.fgv.br/ojs/index.php/rda/article/view/46344. Acesso em: 08 out. 2022. p. 241.

argumento sustenta-se, em especial, pela dicção do artigo 25, § 3º, da Lei n. 14.133/2021, que especifica: "todos os elementos do edital, incluídos minuta de contrato, termos de referência, anteprojeto, projetos e outros anexos, deverão ser divulgados em sítio eletrônico oficial na mesma data de divulgação do edital". Ao exigir-se a apresentação de outros anexos, está a se dizer que os outros documentos que auxiliam na compreensão do objeto a ser licitado devem compor a documentação que será publicizada, sendo os instrumentos de consulta popular mecanismos de colaboração da sociedade na moldagem do objeto licitado, portanto imprescindível que também componham o edital.

A implementação da maior participação popular no processo licitatório também é capaz de empregar menores riscos de atos delitivos por parte de gestores, servidores e empresários mal-intencionados. Ambos os instrumentos instrumentalizam o diálogo entre a Administração e a sociedade, que tem a potencialidade de induzir, pela via da atribuição de maior transparência ao certame, a antecipação e a resolução de problemas que apenas surgiriam no momento da execução do objeto licitado. Aplicam, assim, maior segurança jurídica às licitações públicas.[326]

Há caráter pedagógico na oportunização de participação da sociedade, pois se estabelece oportunidade real de conscientização e educação da população no que se refere a diretrizes e políticas públicas. Contudo, para que isso ocorra e para que seja considerada uma ferramenta útil, o que tiver sido discutido na solenidade – e por via documental – deve ser considerado pelo órgão administrativo no ato de decidir. Isso demonstra que os pleitos, as opiniões e as sugestões ao menos foram apreciados, acarretando maior eficácia nas decisões administrativas e maior legitimidade ao poder estatal.[327]

A legitimidade e a interação indicam ocasionar maior fiscalização por parte da comunidade. Ao participar do processo de criação do ato administrativo, a comunidade sente-se parte da gestão da coisa pública. A participação induz ao pertencimento que, por sua vez, faz despertar o interesse no andamento daquele ato; afinal, há atividade do cidadão no desenvolvimento daquele negócio público. Diferente do controle social, que pressupõe uma decisão pré-constituída, na participação, a decisão ainda será formada (mediante compartilhamento

---

[326] MADUREIRA, Claudio. *Licitações, contrato e controle administrativo*: descrição sistemática da Lei n. 14.133/2021 na perspectiva do Modelo Brasileiro de Processo. Belo Horizonte: Fórum, 2021. p. 169.

[327] OLIVEIRA, Gustavo Henrique Justino de. As audiências e o processo administrativo brasileiro. *Revista de Direito Administrativo*, [S. l.], v. 209, p. 153–167, 1997. DOI: 10.12660/rda.v209.1997.47049. Disponível em: https://bibliotecadigital.fgv.br/ojs/index.php/rda/article/view/47049. Acesso em: 08 out. 2022. p. 161.

entre Estado e Sociedade), e o sujeito participa da construção da solução, enquanto o controle social busca modificar o que já está decidido.[328] A partir do momento em que a população tem controle sobre os atos públicos, estes tendem a ser realizados de melhor forma, pois desejam-se evitar possíveis sanções.[329] Felipe Dalenogare Alves e Mônia Clarissa Henning Leal assim se manifestam:

> De tudo o que foi dito, é de se afirmar que a corrupção não pode ser vista como um problema de Estado, ou seja, um problema das instituições públicas de controle, devendo, antes, ser percebida como um problema que necessita ser combatido pela sociedade como um todo. Este combate se inicia com uma formação voltada à cidadania, associada ao aprimoramento das formas de participação democrática e ao engajamento de cada cidadão no exercício do controle das políticas públicas em todas as suas fases, de modo a ensejar uma inibição das práticas corruptivas, que repercutem diretamente na capacidade do Estado de implementar políticas públicas adequadas e de efetivar os direitos fundamentais, notadamente os direitos fundamentais sociais.[330]

Devem-se lançar luzes aos atos administrativos em sua amplitude, não somente em suas decisões. O processo administrativo deve ser público a ponto de que possa a comunidade participar do convencimento do gestor público e da elaboração de estudos e pareceres, garantindo-se a transparência e, consequentemente, a participação democrática da sociedade, bem como possibilitando melhoria na qualidade da prática dos atos administrativos e a prevenção da corrupção. Como já mencionado, as audiências públicas são procedimentos que envolvem dispêndio financeiro alto e são burocráticas; sua realização com frequência poderá engessar a administração pública, sendo justificada nos casos de obras complexas, que geram grande repercussão na comunidade, como já argumentado. Na realização de consultas públicas, também implicam-se gastos e utilização de tempo de servidores. No entanto, ambos os mecanismos colaboram para a redução da prática de ilícitos.

---

[328] BITENCOURT, Caroline Müller. O controle social a partir do modelo da gestão pública compartilhada: da insuficiência da representação parlamentar à atuação dos conselhos populares como espaços públicos de interação comunicativa. *Revista de Direito Econômico e Socioambiental*, v. 6, n. 2, p. 232-254, julho/dezembro 2015. Disponível em: https://www.researchgate.net/publication/295098576_O_controle_social_a_partir_do_modelo_da_gestao_publica_compartida_da_insuficiencia_da_representacao_parlamentar_a_atuacao_dos_conselhos_populares_como_espacos_publicos_de_interacao_comunicativa. Acesso em: 08 out 2022. p. 246.

[329] RITT, Caroline Fockink; OLIVEIRA, Chaiene Meira de. A necessidade da efetiva participação popular como forma de combate à corrupção eleitoral. *Revista do Ministério Público do RS*, Porto Alegre, n. 83, p. 9-26, maio 2017 – mar. 2018. Disponível em: https://revistadomprs.org.br/index.php/amprs/article/download/144/12 Acesso em: 09 out. 2022. p. 22.

[330] ALVES, Felipe Dalenogare; LEAL, Mônia Clarissa Henning. O controle social como contraponto/ complemento ao controle jurisdicional de políticas públicas: combate à corrupção enquanto empecilho à efetivação dos direitos fundamentais sociais. *Unoesc International Legal Seminar*, Chapecó, v. 2, n. 1, 2013, p. 493–504. Disponível em: https://periodicos.unoesc.edu.br/uils/article/view/4027. Acesso em: 08 out. 2022. p. 501.

Diante da incidência das audiências públicas para objetos de licitação mais complexos e de maior repercussão na comunidade em que o processo virá a ser executado, compreende-se que a melhor alternativa para sua execução é a forma presencial, nos moldes "tradicionais", visto que a interação é mais dinâmica e imediata, perdendo-se um pouco disso no âmbito virtual. No entanto, a consulta pública, ao que parece, é mais passível de utilização de forma digital, e, inclusive, entende-se que deve ser fomentada para o maior número de processos licitatórios possível. Explica-se.

Conforme Fabrício Lopes, a previsão do artigo 21 da Lei n. 14.133/2021 mostra-se adequada e recomendável quando prevê a realização de reuniões por videoconferência. Em especial, durante a pandemia de Covid-19, possibilitando o desenvolvimento das atividades administrativas e mitigando-se a possibilidade de contaminação pela doença. Outros aspectos positivos que destaca são a redução de custos de forma sensível e a possibilidade de participação de maior contingente de pessoas, visto não ser necessário deslocamento.[331]

Partindo das premissas do autor, bem como diante da previsão contida no artigo 17, § 2º,[332] e da instituição do Portal Nacional de Contratações Públicas, sugere-se a ampliação da participação popular, em se tratando de licitação de forma digital, mediante utilização das consultas públicas. A partir da fase externa do certame, os documentos produzidos na licitação devem ser inseridos no âmbito do portal, estando disponíveis para a consulta dos interessados. O que parece ser necessário, conforme já mencionado neste trabalho, é que os documentos da fase de planejamento ou fase interna da licitação também sejam inseridos no portal.

Estando os documentos no âmbito do portal, poder-se-ia utilizar a modelagem de consulta aplicada no portal e-Cidadania (https://www12.senado.leg.br/ecidadania),[333] oportunidade em que a popula-

---

[331] LOPES, Fabrício. Artigo 21. In: SARAI, Leandro. *Tratado da nova lei de licitações e contratos administrativos*: Lei n. 14.133/21 comentada por advogados públicos. São Paulo: JusPodivm, 2022. p. 513.

[332] O § 2º do artigo 16 da Lei n. 14.133/2021 resta assim redigido: "As licitações serão realizadas preferencialmente sob a forma eletrônica, admitida a utilização da forma presencial, desde que motivada, devendo a sessão pública ser registrada em ata e gravada em áudio e vídeo".

[333] O portal e-Cidadania foi criado em 2012 pelo Senado Federal, com a finalidade de estimular e possibilitar maior participação dos cidadãos nas atividades do Senado. O cadastro é facilitado, sendo necessário e-mail válido, informação do nome e cadastro de uma senha de acesso, podendo-se, inclusive, empregar *logins* nas redes sociais para utilização do sistema. Por meio desse sistema, é possível ao cidadão interagir em três vertentes: 1) Ideia Legislativa: enviar e apoiar ideias legislativas, que são sugestões de alteração na legislação vigente ou de criação de novas leis; 2) Evento Interativo: participar de audiências públicas, sabatinas e outros eventos abertos; 3) Consulta Pública: opinar sobre projetos de lei, propostas de emenda à Constituição, medidas provisórias e outras proposições em tramitação no Senado Federal até a deliberação final (sanção, promulgação, envio

ção poderia verificar os documentos que estão sendo produzidos por parte da Administração Pública, bem como expressar sua anuência, concordância, bem como inserir comentários, tirar dúvidas e participar da criação daquele futuro objeto de licitação de forma ativa. Note-se que, para a organização e gestão administrativa, não há a exigência de maiores investimentos ou dispêndio de mão de obra, visto que já se teriam de anexar documentos no PNCP; o que se está sugerindo é, em suma, que se antecipe a juntada desses documentos para a fase de planejamento e que o processo licitatório interno seja produzido digitalmente, de forma pública, com a possibilidade de participação da sociedade.

Caroline Muller Bitencourt e Rogério Gesta Leal apontam algumas medidas – no que diz respeito ao portal e-Cidadania – que, em sua grande parte, aplicam-se à hipótese aqui ventilada. Para os autores, com o escopo de evitar que se caia em mera legitimação formal e que se utilizem robôs para manipular os resultados,[334] faz-se necessário:

- buscar a formatação de modelos de consultas via *online* que minimamente preencham requisitos obrigatórios em seus sítios voltados a comunicação com seus cidadãos;
- aglutinar informações normativas sobre o que está sendo objeto de consulta, para que o cidadão também possa compreender a viabilidade constitucional da propostas e o que ela representa em termos de benefícios coletivo. Pro exemplo: a consulta popular do Senado quanto a necessidade de diminuir o número de deputados e senadores não contém o atual número, nenhuma explicação em relação a sua proporcionalidade em relação a população, o papel desenvolvido, etc. Isso porque, a mera crença que tal situação resolveria em economia aos cofres públicos pode impactar numa representatividade hoje não objeto de preocupação dos cidadãos;
- compartilhamento de informações claras, pesquisas e dados sobre os possíveis benefícios e malefícios da propostas legislativa, que poderia ser com manifestações documentadas ou em vídeos dos próprios legislador favoráveis ou contrários a aprovação dos projetos;
- canais de interação, tais como fóruns de debates para dúvidas e respostas, privilegiando a deliberação, para que os próprios cidadãos possam interagir com argumentos e informações, mediante fiscalização sobre conteúdos a fim de evitar a disseminação de falsas informações;
- breve histórico da propostas legislativa em termos de números, metas, objetivos para que a fiscalização seja posteriormente possível quanto aos atingimentos das promessas via ações legislativas;

à Câmara dos Deputados ou arquivamento). (SOBRE o portal E-Cidadania. *In*: E-Cidadania. [S.l.], [s.d.]. Disponível em: https://www12.senado.leg.br/ecidadania/sobre Acesso em: 09 out. 2022).

[334] BITENCOURT, Caroline Muller; LEAL, Rogério Gesta. Participação democrática e a necessidade de consulta pública quando da elaboração legislativa para configuração das políticas públicas: um olhar sobre as vantagens da democracia deliberativa, p. 123-151 *In:* MAFFINI, Rafael; RAMOS, Rafael. *Nova LINDB: proteção da confiança, Consensualidade, participação democrática e precedentes administrativos*. Rio de Janeiro: Editora Lumen Juris, 2021, p. 139.

- canal de denúncias quanto a possíveis "fraldes" ou disseminação de informações falsas no tocante ao objeto da propostas legislativa;
- fornecimento de *links* para sites governamentais que tragam estudos já formatados e consolidados de possíveis propostas, a exemplo do Ipea, Conselho Nacional de Justiça, INPE e tantos outros;
- pequenos vídeos ou textos explicativos que podem ser fornecidos pelos agentes legislativos proponentes, dentre outros.[335]

A fala dos autores é no sentido de projetos legislativos, e não de licitações; no entanto, em nada prejudica a compreensão do sentido de cada uma das medidas que se deve adotar. Por fim, esses métodos dialógico-democráticos e a participação ativa através da internet exigem a observância dos princípios da universalidade e da igualdade,[336] problemática a que se deve atentar quando da elaboração de eventual sistema de controle.

4.3. Portal nacional das contratações públicas e a necessidade de aprimoramento dos mecanismos de transparência

Novidade inaugurada pela Lei n. 14.133/2021 diz respeito ao Portal Nacional das Contratações Públicas – PNCP. Por força do disposto no artigo 174, o *site* tem por escopo a divulgação centralizada e obrigatória de todos os atos exigidos pela lei. A criação do Portal advém da publicação da Lei n. 14.133/2021 e tem por finalidade centralizar as informações referentes às contratações públicas, aplicando maior transparência à atividade administrativa.

Para que possa atingir esse objetivo, deve ser de navegabilidade fácil e intuitiva, com ferramentas que permitam a busca, a ser realizada por qualquer pessoa, de editais e contratos, mediante informação de nomes de contratantes ou contratadas; características dos produtos e dos contratos; valores e locais em que esses valores tenham sido dispendidos; bem como o estágio do contrato e a modalidade de licitação utilizada.[337]

---

[335] BITENCOURT, Caroline Muller; LEAL, Rogério Gesta. Participação democrática e a necessidade de consulta pública quando da elaboração legislativa para configuração das políticas públicas: um olhar sobre as vantagens da democracia deliberativa. In: MAFFINI, Rafael; RAMOS, Rafael. *Nova LINDB*: proteção da confiança, consensualidade, participação democrática e precedentes administrativos. Rio de Janeiro: Lumen Juris, 2021. p. 139-140.

[336] CANOTILHO, José Joaquim Gomes. *Direito Constitucional e Teoria da Constituição*. Coimbra: Almedina, 2007. p. 1419.

[337] MIRANDA, Henrique Savonitti. *Licitações e contratos administrativos*. São Paulo: Thomson Reuters Brasil, 2021. p. 101-102.

Entre os conteúdos que a lei estabelece como passíveis de serem encontrados no âmbito do portal, estão os planos de contratação anuais, o catálogo eletrônico de padronização, editais de credenciamento e de pré-qualificação, avisos de contratação direta e editais de licitação e respectivos anexos, atas de registro de preços, contratos e termos aditivos, além de notas fiscais eletrônicas, quando for o caso. Tem por funcionalidade ofertar sistemas a serem utilizados pelos órgãos públicos quando do planejamento e da realização do certame.

Um dos sistemas previstos é o de registro cadastral unificado, facilitando a participação das empresas aos certames e reduzindo a burocracia, pois, ao unificar-se o registro cadastral, não há necessidade de cadastro e expedição de certidão junto a cada órgão que se pretende licitar. Também haverá mecanismo para verificação dos preços, com painel para que se realize consulta de preços, bem como banco de preços em saúde e acesso à base nacional de notas fiscais eletrônicas. Esses acessos são de grande relevância para que possa verificar a ocorrência de superfaturamento e sobrepreço no âmbito de licitações, pois o portal terá o banco de dados que possibilitará saber quais os valores médios que vêm sendo adimplidos pelo Poder Público. Deverá ter, também, sistema de planejamento e gerenciamento de contratações, incluindo-se o cadastro de atesto de cumprimento de obrigação, sistema eletrônico para a realização de sessões públicas, acesso ao Cadastro Nacional de Empresas Inidôneas e Suspensas (CEIS) e ao Cadastro Nacional de Empresas Punidas (CNEP).

Aspecto importante que será possível conferir junto ao portal será o sistema de gestão compartilhada com a sociedade de informações referentes à execução do contrato, de forma que seja possível o diálogo com o poder público a partir de textos ou de imagens, acesso a sistema informatizado para acompanhamento de obras e, também, possibilidade de comunicação entre a população e representantes da Administração e do contratado designado para prestar as informações e os esclarecimentos pertinentes, oportunizando a divulgação, na forma de regulamento, de relatório final com informações sobre a consecução dos objetivos que tenham justificado a contratação e eventuais condutas a serem adotadas para o aprimoramento das atividades da Administração.

O acesso ao portal (realizado em 10 de outubro de 2022) demonstra que o *site* está em fase embrionária, não havendo a implementação de todos os itens mencionados na lei. Consta de seu início o acesso a quatro *links*: planos de contratações anuais, contratações, catálogo eletrônico de padronização e legislação. Ainda, no canto superior esquerdo, ao clicar-se em três linhas sobrepostas, tem-se acesso ao Sistema de Acompanhamento de Obras. A consulta ao *site* demonstra que está muito aquém da previsão legislativa, o que implica a necessidade de implementação de melhorias para que se possam atingir as previsões legais.

No entanto, mesmo diante desse cenário de pouco desenvolvimento do portal, convém destacar o que menciona a doutrina quanto a suas previsões. Mônica Antinarelli destaca que, no tocante a obras públicas, contratações mais preocupantes sob o aspecto de possibilidade de desvios de recursos, o modelo adotado agrega conteúdo e publicidade de informações e dados. Destaca a possibilidade de criação de catálogo eletrônico de padronização de compras, serviços e obras; a possibilidade de acompanhamento das obras mediante recursos de imagens e vídeo; bem como a criação de tecnologias e processos integrados que permitam a criação, a utilização e a atualização de modelos digitais. Afirma que o sistema facilita a fiscalização, em especial, por possibilitar que qualquer pessoa envie fotos e vídeos das obras.[338]

Juliano Heinen destaca que o Portal Nacional das Contratações Públicas pode ser considerado um canal de divulgação e transparência e um espaço operacional de licitações e contratos públicos, atribuindo algumas vantagens em sua implementação:

> (a) A Administração Pública poderá perfazer um controle global, instantâneo e comparativo das licitações e contratos administrativos. Empregar padrões de atos, editais e contratos, o que leva a uma diminuição do custo informacional e a uma maior eficiência na contratação. De outro lado, encerram-se os custos econômicos em manter centenas de outros portais de licitação, bem como na publicação de atos administrativos em outros meios que não no PNCP;
>
> (b) Os licitantes passam a contar com único sítio virtual nacional, que passa a fornecer informações universalizadas, centralizadas e sistematizadas. Isso diminui o custo informacional de qualquer interessado em contratar com o Poder Público, bem como tende a aumentar a disseminação das informações. Todo isso fortalece um ambiente mais competitivo e menos complexo. Na prática, os licitantes não precisam ficar pesquisando em uma variedade substancial de portais de licitação;
>
> (c) Os cidadãos podem acompanhar e controlar os processos licitatórios e a execução dos respectivos contratos em tempo real, obtendo as informações em um só lugar. De modo que se qualifica sensivelmente a *accountability* social neste âmbito.[339]

Como bem percebe o autor citado, o portal apresenta potencialidade de aplicar o princípio da transparência, enquanto dever de publicidade, em sua máxima potência. No entanto, sua vantajosidade deve ser vista com ressalvas. É que, ao concentrar as informações de todas as

---

[338] ANTINARELLI, Mônica. Artigos 174 a 176. In: SARAI, Leandro. *Tratado da nova lei de licitações e contratos administrativos*: Lei n. 14.133/21 comentada por advogados públicos. São Paulo: JusPodivm, 2022. p. 1485-1485.

[339] HEINEN, Juliano. *Comentários à Lei de Licitações e Contratos Administrativos*. São Paulo: JusPodivm, 2022, p. 905.

licitações do Brasil, estar-se-á diante de acesso a dados de forma massiva, e, se não forem criados mecanismos de acesso facilitado a esses dados, a situação será de opacidade da transparência. A transparência administrativa sustenta-se no binômio compreensão da informação pública e participação na gestão pública; não existentes essas duas condições ou uma delas, pode-se estar diante de uma administração opaca, que age na sombra, que não cumpre o princípio inevitável de quem gere o dinheiro público, que é prestar contas.[340]

Explica Marçal Justen Filho que a criação do Portal Nacional das Contratações Públicas é uma iniciativa ambiciosa, visto que mantém uma quantidade significativa de informações heterogêneas e de interesse de grande parte da população. Entende que a utilização do portal implica a superação de alguns desafios, como a necessidade de uma estrutura de internet adequada. Ademais, compreende que, diante do grande fluxo de informações, será necessário desenvolver arquitetura interna que assegure a pesquisa, com mecanismos de busca que permitam obter de forma simples e rápida o que se pretende.[341]

Os desafios existem, mas são superáveis. A questão é que o portal precisa ser organizado a fim de que a informação seja entregue de forma simples e rápida. O ideal seria particioná-lo, concentrando-se a informação em razão de sua utilidade. Por exemplo, agrupar-se as informações de cunho fiscalizatório, ou seja, aquelas que têm mais compatibilidade com a atividade de controle externo (contratos em execução, notas, empenhos, etc.). Outra adequação seria criar-se um *link* na página inicial do *site* para que aqueles que participassem de licitações pudessem acessar o sistema sem maiores buscas.

Do mesmo modo, os mecanismos de fiscalização e participação popular devem receber destaque na página inicial do *site*. A tarefa é difícil e deve ser destinada a quem tenha formação compatível para realizar essa organização, inclusive porque a necessidade de modificações é visível para o usuário. Destaca-se a fiscalização das obras públicas, cujo acesso está oculto no *site* e que merece maior destaque, pois é um dos mecanismos fiscalizatórios que se busca implementar com a Lei n. 14.133/2021.

A problemática do excesso de fluxo de dados é a eventual instabilidade no portal, sendo que a Lei, em diversos pontos, não admite alternativa para divulgação das informações que não seja através do Portal Nacional das Contratações Públicas, como no caso da publicidade do

---

[340] MESSA, Ana Flávia. *Transparência, Compliance e Práticas Anticorrupção na Administração Pública*. São Paulo: Almedina, 2019, p. 65-66.

[341] JUSTEN FILHO. Marçal. *Comentários à Lei de Licitações e Contratações Administrativas*: Lei 14.133/2021. São Paulo: Thomson Reuters Brasil, 2021, p. 1716-1717.

edital de licitação (artigo 54) e do contrato (artigo 94). A lei permite a mitigação de utilização de alguns instrumentos jurídicos, desde que justificada, como no caso do artigo 75, § 3º.[342] A exceção é a utilização do Portal para a realização de sessões de forma eletrônica: resta estabelecida no caso dos Municípios com menos de 20.000 habitantes, que têm o prazo de seis anos para adaptar-se, conforme redação do artigo 176.

No entanto, mesmo com esse prazo mais extenso, torna-se importante a prestação de contas para a sociedade, o que, por força da lei, deverá estar concentrada no âmbito do Portal Nacional de Contratações Públicas. Para majorar a confiança da população no poder público, incentivar a participação da comunidade e minorar a ocorrência de ilícitos, faz-se necessário que se adote conduta pautada pela aplicação, em sua máxima potência, do princípio da transparência. Carlos Ramos Hermandez destaca:

> El término transparencia se refiere a una sana administración pública, cuyas premisas principales deben ser: (i) la publicación *proactiva, oportuna y accesible* de toda la información necesaria para conocer y comprender las actuaciones del Gobierno; (ii) la apertura para dar *participación [política]* en la toma de decisiones gubernamentales; y (iii) la *rendición de cuentas* a la ciudadanía sobre todas las gestiones gubernamentales. Esta definición tiene tres vertientes que se deben analizar por separado.
>
> La transparencia por parte del Estado tiene que ser *proactiva*, esto quiere decir que el derecho de acceso no se puede limitar a la mera reacción de un funcionario de gobierno en particular a un pedido de información. Para hacer valer el mandato constitucional de acceso, se deben establecer mecanismos accesibles que promocionen activamente la publicación del contenido de los documentos. Cambiar la cultura de *secretividad* requiere que tanto las personas encargadas de funciones gubernamentales como la población en general entiendan que el acceso a la información pública no es una dádiva o concesión del Estado, o mucho menos un "premio" para ciertos sectores de la sociedad (como los periodistas o medios de comunicación).[343]

Pelo prisma de fornecimento de informação e participação popular é que a internet acaba por ganhar protagonismo. Não há desculpas para sua não utilização: é um meio acessível para que se divulgue a informação pública em tempo real, garantindo o direito de acesso a tudo quanto afete a esfera pessoal e comunitária do indivíduo.[344] Deve-se ter

---

[342] ZOCKUN, Carolina Zancaner; CABRAL, Flávio Garcia. Da eficácia das normas previstas na Nova Lei de Licitações (Lei n. 14.133/2021): análise do PNCP, do SRP e do Registro Cadastral. *Revista de Direito Econômico e Socioambiental*, Curitiba, v. 12, n. 1, p. 101, jan./abr. 2021. Disponível em: https://www.researchgate.net/publication/356304525_Da_eficacia_das_normas_previstas_na_Nova_Lei_de_Licitacoes_Lei_141332021_analise_do_PNCP_do_SRP_e_do_Registro_Cadastral Acesso em: 10 out. 2022. p. 109.

[343] HERNANDEZ, Carlos F. Ramos. Acceso a la Informacion, Transparencia y Participacion Politica. *Revista Juridica Universidad de Puerto Rico*, v. 85, n. 4, p. 1015-1068, 2016. Disponível em: Base HeinOnline. Acesso em: 07 out 2022. p. 1023.

[344] RODRIGUEZ, Jose Alberto Morales. Transparencia: Derecho Fundamental y Antidoto Contra la Corrupcion. *Revista de Derecho Puertorriqueno*, vol. 55, no. Special Issue, 2016, pp. 35-68. HeinOnline. Acesso em 09 out 2022, p. 67-68;

por base que, para analisar-se o fenômeno informático, suas relações e repercussões, deve-se, também, observar aspectos culturais, levando-se em consideração as diversidades de cada Estado e as distinções que podem obstaculizar a informação pública veiculada mediante utilização de novas tecnologias.[345]

A internet vem sendo aplicada como ferramenta para maior transparência na Administração Pública. Juliana Costa Zaganelli e Wallace Vieira de Miranda destacam a Lei de Acesso à Informação, o Marco Civil da Internet, a Política Nacional de Dados Abertos, o Portal e-Democracia e o Gabinete Digital, que consideram uma resposta aos anseios da sociedade. Para os autores, o ambiente virtual é considerado uma ágora, ou seja, um local em que é possibilitada a reunião de cidadãos de norte a sul do país.[346]

O impacto da criação desse ambiente virtual reflete-se em administração e administrados. O administrado detentor da informação acaba por sentir-se mais empoderado, passando a participar do processo de formulação de políticas públicas, além de poder acessar serviços sem que seja necessário deslocamento. O órgão púbico experimenta dinamização dos seus processos, permitindo acesso de múltiplos envolvidos de forma simultânea e contribuindo para a qualidade da decisão administrativa. Também repercute no âmbito financeiro, gerando economia aos cofres públicos, que despendem menos recursos.[347]

Ao se proporcionar ambiente de informação, uma arena pública em que é possível reconhecer-se como integrante do processo de tomada de decisão, se está por criar atmosfera que facilita o controle social. O sentido de ser da transparência somente é alcançável com a conversão da informação em instrumento de ação para a sociedade, o que no Brasil configura um desafio diante da baixa escolaridade da população (com destaque para o uso de instrumentos digitais) e da utilização de linguagem técnica. Nesses aspectos é que se faz necessária a utilização de linguagem mais aproximada do cidadão, entregando a informação de forma clara e compreensível.[348]

---

[345] LIMBERGER, Têmis. *Cibertransparência – informação pública em rede – a virtualidade e suas repercussões na realidade.* Porto Alegre: Livraria do Advogado Editora, 2016, p. 36.

[346] ZAGANELLI, Juliana Costa; MIRANDA, Wallace Vieira de. Marco civil da internet e política pública de transparência: uma análise da e-democracia e do *compliance* público. *Brazilian Journal of Public Policy*, vol. 7, no. 3, 2017, pp. 634-647. HeinOnline. Acesso em 10 out 2022, p. 644.

[347] ALMEIDA, Saulo Eduardo de Carvalho. *Lei de Acesso à Informação e Transparência: proposta de inclusão de informações no portal Transparência UFPB.* 2015. 85 f. Dissertação (Mestrado em Ciência da Informação) – Universidade Federal da Paraíba, João Pessoa, 2015, Disponível em https://repositorio.ufpb.br/jspui/handle/tede/8020. Acesso em 07 out 2022, p. 37.

[348] BITENCOURT, Caroline Muller; RECK, Janriê Rodrigues. Controle da transparência na contratação pública no Brasil – o acesso à informação como forma de viabilizar o controle social da Administração Pública. *Revista do Direito*, n. 49, p. 96-115, 27 set. 2016. Disponível em: https://online.unisc.br/seer/index.php/direito/article/view/7892. Acesso em: 09 out 2022. p. 100-102.

A interpretação da legislação em matéria de contratação pública, diante da necessidade de se abordarem procedimentos para garantia dos direitos advindos dessas relações, deve ser alicerçada de forma a, conscientemente, refletir esses procedimentos na vida prática dos cidadãos. Por esse prisma, as inovações devem ser voltadas à redução de prazos, ao aumento de competição, à simplificação de procedimentos, ou seja, à busca pela eficiência da atividade e pelo aprimoramento da resposta para a sociedade. Ao se tornar mais responsiva, participativa e transparente, com reflexos na maior concessão de acesso à informação e abertura do processo de compra, acaba por experimentar redução dos custos e aumento da competitividade.[349]

Em decorrência da contemporaneidade do Portal Nacional de Contratações Públicas e da baixa aderência dos órgãos públicos no que diz respeito à aplicação da Lei n. 14.133/2021, pois ainda possível a utilização das legislações em processo de revogação, os estudos quanto à qualidade de informação constante do portal são inexistentes. Porém, os argumentos apresentados por Ana Flávia Messa coadunam com o que se pretende expressar em relação ao portal:

> Alinham-se, em favor do governo aberto, argumentos ligados a três enfoques: a) Enfoque do cidadão: a visibilidade no *modus operandi* das políticas governamentais permite maior vigilância e controle na gestão pública, de forma que pode o cidadão reagir contra o exercício arbitrário do poder; b) Enfoque da Administração: a abertura na gestão pública revela uma qualidade da atuação estatal, quer na vertente da eficácia à boa gestão, quer na vertente de que traz um ambiente de segurança que favorece o investimento e estimula o crescimento e o desenvolvimento social; c) Enfoque da Relação Estado-Sociedade: revela um aperfeiçoamento do vínculo do Estado com a sociedade, com uma aproximação e a melhoria do diálogo, e maior legitimação das ações estatais. E para a sociedade em geral, percebemos melhoria na qualidade da democracia, um fortalecimento das instituições, a eficiência na tomada de suas decisões, uma melhoria na organização, o que promove cultura de responsabilidade e cria compromisso de cumprir seus objetivos.
>
> Contra essa formidável enumeração de argumentos favoráveis, existem críticas e/ou objeções: a) Econômica: o investimento técnico e a respectiva manutenção dependem de gastos significativos; b) Pessoal: a viabilização do projeto depende da intermediação de especialistas em tecnologias digitais e processamento de dados; c) Política: argumentos ligados ao enfraquecimento do debate público, à qualidade elitista dos debates realizados na rede – uma exclusão digital dos mais pobres e com baixa escolaridade, bem como limitação seletiva das fontes a serem consultadas, d) Conteúdo: além da dúvida na veracidade, na utilidade e no uso dos dados divulgados, surge o estímulo dos privilégios a algumas pessoas ou empresas na obtenção dos dados, além do excesso

---

[349] BRAGA, Cintia Freire Garcia Vieira; BRAGA, Lamartine Vieira. Aplicação de Tecnologias de Informação e Comunicação na Contratação Publica: a Experiencia Portuguesa. *Brazilian Journal of Public Policy*, v. 1, n. 3, p. 123-144, December 2011. Disponível em: Base HeinOnline. Acesso em: 09 out 2022. p. 128.

de transparência de forma a entravar a iniciativa da administração ou prejudicar sua eficiência.[350]

No mesmo sentido, devido à similitude de objetivos entre o PNCP e os Portais de Transparência e acesso à informação existentes, quais sejam, de prestar contas para a população, autorizando a utilização de estudos quanto aos últimos para fins comparativos, Cláudio Augusto Ferreira Di Marco e Eliana Tadeu Terci realizaram pesquisa buscando aferir indiretamente a opinião dos usuários quanto à qualidade dos portais criados para atender ao estabelecido na Lei de Transparência e na Lei de Acesso à Informação dos municípios do Estado de São Paulo. Realizando pesquisa exploratória e descritiva, coletaram dados com dirigentes de entidades da rede Observatório Social do Brasil. Concluíram os autores que:

> Este estudo buscou identificar se as inovações institucionais que ocorreram nos últimos anos, visando assegurar a publicitação da gestão pública (os portais de transparência e de acesso à informação), têm sido eficazes em facilitar o controle social e a promoção da *accountability*. A pesquisa restringiu-se à avaliação dos Observatórios Sociais identificados como os principais usuários dos portais e revelou que, apesar de todos os municípios manterem os portais em funcionamento, ainda há muitas falhas e limitações.
>
> Na avaliação dos entrevistados, apesar das críticas relativas à falta de divulgação dos portais, à complexidade da linguagem utilizada na apresentação dos dados, bem como quanto ao atendimento descuidado em relação a solicitações e imprecisão nas respostas fornecidas, os portais são o meio mais eficaz para possibilitar o exercício do controle social e efetivação da *accountability*. Faltam-lhe mecanismos de avaliação e correção, e os Observatórios Sociais, enquanto usuários preferenciais, disponibilizam-se a contribuir para a melhora do sistema.
>
> A pesquisa contribui também para evidenciar que ainda há muito descuido dos gestores quanto à prestação de informações e com a qualidade das respostas; as informações têm sido incompletas e imprecisas, o que indica a necessidade da formação de competência para atendimento à população, formas de cobrança efetiva e criação de meios de fiscalização e punição ao descumprimento da legislação.
>
> Nesse sentido, seria fundamental a criação de Conselhos de Transparência e/ou Controle Social, que, juntamente aos Observatórios Sociais, funcionassem como canais de avaliação da comunicação, oferecendo sugestões de adequação ao entendimento das demandas.[351]

Infere-se da pesquisa mencionada a importância da qualidade da informação que é inserida no âmbito dos portais da transparência, devendo tal inserção ser realizada de forma clara e sem robustez.

---

[350] MESSA, Ana Flávia. *Transparência, Compliance e Práticas Anticorrupção na Administração Pública*. São Paulo: Almedina, 2019. p. 169-170.

[351] DI MARCO, Cláudio Augusto Ferreira; TERCI, Eliana Tadeu. Transparência municipal e controle social: a visão dos Observatórios Sociais sobre os portais de transparência e acesso à informação. *Interações (Campo Grande)*, [S. l.], v. 23, n. 2, p. 313–330, 2022. Disponível em: https://interacoes.ucdb.br/interacoes/article/view/2885. Acesso em: 09 out. 2022. p. 326.

Ademais, também verifica-se a necessidade de cuidado ao atendimento das demandas propostas. Resume-se que a qualidade da informação é ponto importante e não atendido pelo poder público, o que se presume estar garantido diante da disposição do artigo 176, § 4º, da Lei n. 14.133/2021, que prescreve a adoção do formato de dados abertos e a observância das exigências previstas na Lei de Acesso à Informação.

No entanto, o portal poderia ir mais além. Da leitura da Lei, extrai-se que o Portal Nacional das Contratações Públicas não representa mecanismo de interação entre a sociedade e o poder público. Ao proceder à acumulação de tantas funções em um único lugar, faltou ao legislador concentrar mecanismos que possibilitassem a emissão de opiniões e pareceres quanto às contratações públicas, por parte da população. O portal não deve ser instrumento meramente consultivo, mas participativo da população. A prevenção da prática de ilícitos não ocorre somente com a entrega da informação, mas com a inserção do interessado no processo de confecção daquela informação.

4.4. Os documentos que compõem o edital e a transparência enquanto motivação

O edital é peça inaugural do certame, contendo todos os requisitos para que a proposta apresentada pela empresa seja considerada classificada e que, após análise documental, a empresa seja considerada habilitada para ver o contrato assinado com a administração pública. O princípio da vinculação ao instrumento convocatório implica que as disposições do edital ditarão a participação de todos no certame, bem como os meios em que será executado o contrato, sendo um convite para que aqueles que preencherem os requisitos venham a participar da competição.

Diante desse convite à competição, o artigo 25 da Lei n. 14.133/2021 estabelece os requisitos de validade do edital. Para que seja considerado inserido na legalidade, o edital deve conter o objeto da licitação e as regras relativas à convocação, ao julgamento, à habilitação, aos recursos e às penalidades da licitação, à fiscalização e à gestão do contrato, à entrega do objeto e às condições de pagamento, enfim, todo o regramento que irá gerir a participação dos interessados e a posterior execução daquele contrato. Esse regramento estabelecido, diante da complexidade de execução de obras públicas e do poder discricionário do gestor público, pode acabar por ser interpretado de forma a implicar o direcionamento do certame para determinada empresa – em especial, diante da inalterabilidade do edital, como leciona Celso Antônio Bandeira de Mello:

> 15. A ausência de obrigação aludida não exime a Administração de acatar fiel e rigorosamente os termos estabelecidos no edital. Pelo contrário: sua sujeição a eles é concebida em teor tão estrito que gera, inclusive, a consequência denominada de "imutabilidade do edital". Isto significa que, iniciada a licitação, as regras fixadas se tornam imodificáveis durante todo o transcurso do certame. Não cabem alterações que, se existentes desde o princípio, teriam atraído para a licitação o interessa de outros eventuais participantes ou removido obstáculos jurídicos à afluência de terceiros. Igualmente descabem, como é natural, modificações suscetíveis de causar algum prejuízo a qualquer dos que já sejam proponentes, encarados de per si, ou reciprocamente considerados. Do mesmo modo e por iguais razões não são toleráveis alterações que modifiquem as cláusulas do contrato, quer durante a licitação, quer após o encerramento dela, por ocasião da lavratura da avença.
>
> Daí não se deve inferir, todavia, a impossibilidade de correções ou retificações no edital, desde sua publicação e antes de eclodirem as fases ulteriores do procedimento.[352]

A forma estanque de se lidar com o edital – e boa parte das normas que envolvem licitações – tem por finalidade garantir a isonomia entre todos os concorrentes. Geraldo Ataliba lecionava que o favorecimento é prescrito pelo direito público brasileiro; inclusive, a licitação existe para evitar que haja o favorecimento de alguém. A igualdade de todos perante a lei norteia a elaboração legislativa no Brasil, sendo que a finalidade principal da licitação é evitar – de todas as formas – que haja algum tipo de favorecimento para qualquer licitante.[353]

Joel de Menezes Niebuhr explica que a licitação é processo administrativo condicionante da celebração de contrato. É uma espécie de limitação à atuação da Administração Pública, impondo maiores rigores aos quais se sujeitam os particulares, assim o sendo em decorrência da necessidade de tratar todos os interessados com igualdade. Afirma que tratar de licitação pública é o mesmo que tratar do princípio da isonomia, pois é em razão do princípio que existe a licitação.[354]

Dessa obsessão pela igualdade em licitações, decorre a potencialização de exigências formais a serem cumpridas pelos licitantes para que consigam ver-se habilitados nos certames. Ou seja, o formalismo passa a dominar as licitações de maneira que, em vez de se buscar a

---

[352] MELLO, Celso Antônio Bandeira de. O edital nas Licitações. *Doutrinas Essenciais de Direito Administrativo*, v. 4, p. 289-306, nov. 2012, DTR\2013\136. Disponível em: Base RT Online. Acesso em: 10 out. 2022.

[353] ATALIBA, Geraldo. Licitações: princípio constitucional da isonomia – favorecimento de licitante é causa de nulidade – lei que define crime de responsabilidade dos prefeitos – publicidade das licitações. *Doutrinas Essenciais de Direito Administrativo*. V. 4, p. 241-260, nov/2012, DTR\2013\132. Disponível em: *Base de dados Revista dos Tribunais – RT*. Acesso em: 10 out. 2022.

[354] NIEBUHR, Joel de Menezes. *Licitação Pública e contrato administrativo*. 5ª ed. Belo Horizonte: Fórum, 2022. p. 31.

melhor oferta, passa-se a contratar quem melhor atenda às exigências do edital. O conhecimento prático de licitação demonstra que boa parte daqueles habilitados, diante de exigências escabrosas em editais, fazem-no mediante auxílio de agentes administrativos, tanto para estabelecê-las quanto para cumpri-las. Nesse sentido, a pouca atenção ao princípio da competição e a demasiada preocupação com a igualdade e a formalidade implicam a redução do universo de licitantes, como se coadunando com formas sutis de corrupção.[355]

Sutil é a diferença entre formalidades necessárias e formalidades abusivas, que direcionam o futuro contrato. Já se apresentaram alguns casos de direcionamento do edital no item 2.4 deste trabalho, de forma mais geral, cabendo aprofundar-se um pouco mais no assunto quanto à forma como é realizado esse direcionamento e alguns dispositivos utilizados para tanto. Novamente, vale a ressalva de que, devido à pouca utilização da Lei n. 14.133/2021 por parte dos órgãos públicos, os casos envolvendo direcionamento do edital com base na novel legislação são escassos.

O direcionamento de edital é realizado mediante a interpretação da legislação de forma que se possa facilitar o acesso de empresa ao contrato público. A aplicação da lei ao certame é realizada de modo que se acabe por excluir licitantes, proporcionando vantagem para aquele que tiver sido previamente estabelecido como o "vencedor" da disputa. Também tem por finalidade reduzir o número de empresas competidoras, ampliando a possibilidade de vitória mediante redução de concorrência. Essa eliminação espúria da concorrência pode ocorrer na fase de apresentação das propostas e na fase de habilitação das empresas.

As exigências que limitam a competição têm uma finalidade. Como destaca Carlos Ari Sundfeld, as exigências limitam a competição ao certame, por resultarem em alijamento daqueles que não são capazes de atender a elas. No entanto, a limitação não é ilegítima. Trata-se de fazer prevalecer o interesse público, mediante proteção do erário do risco de contratar empresas desclassificadas, em detrimento do interesse privado, que deseja obter o maior número possível de negócios. Na habilitação das empresas, o que se busca é auferir se os concorrentes têm condições de participar do certame e executar o contrato. Sua justificativa é justamente a de que a futura contratação tem de ser realizada com aquele que tenha qualificação para tanto, que esteja regularmente estabelecido, seja idôneo e técnica e economicamente capaz.[356]

---

[355] MOREIRA NETO, Diogo de Figueiredo. Licitações e contratos administrativos (observações par hoje e para amanhã). *Revista de Direito Constitucional e Internacional*, v. 3/1993, p. 168-181, abr-jun 1993, DTR\1993\188. Disponível em Base RT Online. Acesso em: 10 out. 2022.

[356] SUNDFELD, Carlos Ari. Invalidade do edital da licitação por incompatibilidade entre a exigência de habilitação técnica e a admissão de subcontratação total. *Pareceres*, v. 3, p. 343-354, abr. 2012, DTR\2013\7132. Disponível em Base RT Online. Acesso em: 10 out. 2022.

A possibilidade de exclusão de licitantes, mediante direcionamento do edital, diz respeito ao estabelecimento de critérios para habilitação que gerem menor capacidade de atendimento pelas empresas, oportunidade em que se restringe a competitividade. As empresas, ao verificarem que não dispõem da documentação comprobatória necessária para participar do certame, sequer procedem à tentativa de habilitação.

O artigo 62 da Lei n. 14.133/2021 prescreve que a fase de habilitação da licitação é o momento em que se irá verificar o conjunto de informações e documentos para que se ateste a capacidade do pretenso contratado em executar o objeto licitado. Deve a exigência documental limitar-se ao estritamente necessário à execução do objeto e compreende a qualificação jurídica; técnica; fiscal, social e trabalhista; e econômico-financeira. Dois aspectos merecem destaque: a habilitação jurídica e a habilitação técnica, mais comumente utilizadas para busca de direcionamento de certames.

Artifício utilizado para exclusão de participantes do certame é o estabelecimento no edital de objeto social específico para fins de habilitação.[357] O artigo 66 da Lei n. 14.133/2021 prescreve que, quando cabível, poder-se-á exigir a autorização para o exercício da atividade a ser contratada, ou seja, será possível exigir similaridade entre objeto do contrato social e objeto a ser licitado.

A questão pode parecer simples ou de baixa relevância;[358] contudo, assim não é. O objeto social da empresa implicará o tratamento tributário que a empresa receberá, podendo adimplir com mais ou menos tributos em consonância com a atividade que desempenhará; também, estabelecerá as licenças que deverá ter; e repercutirá, ainda, em quem serão as pessoas físicas responsáveis por gerir aquela pessoa jurídica.[359] Pode-se utilizar essa exigência para fins de direcionamento do edital, determinando a compatibilidade entre objeto social e objeto a ser licitado, ou, ainda, admitir a contratação de pessoa jurídica com objeto social incompatível com o objeto contratado, garantindo vantagem competitiva em relação às demais, decorrente de vantagem tributária de que disponha ou desnecessidade de obtenção de determinada licença.

---

[357] O artigo 66 da Lei n. 14.133/2021 prescreve: "A habilitação jurídica visa a demonstrar a capacidade de o licitante exercer direitos e assumir obrigações, e a documentação a ser apresentada por ele limita-se à comprovação de existência jurídica da pessoa e, quando cabível, de autorização para o exercício da atividade a ser contratada".

[358] Para Juliano Heinen, a habilitação jurídica não se mostra complexa, pois tem por finalidade demonstrar que o licitante é capaz de exercer direitos e assumir obrigações, oportunidade em que a lei buscou simplificar ao máximo os documentos quanto ao aspecto jurídico. (HEINEN, Juliano. *Comentários à Lei de Licitações e Contratos Administrativos*. São Paulo: JusPodivm, 2022. p. 419-420).

[359] SARAI, Leandro. Artigo 66. In: SARAI, Leandro. *Tratado da nova lei de licitações e contratos administrativos*: Lei n. 14.133/21 comentada por advogados públicos. São Paulo: JusPodivm, 2022. p. 746-747.

Mas não só isso. Ao tratar de obras públicas, duas questões são indispensáveis ao gestor público quando estiver verificando a existência das garantias para execução da obra. A primeira compreende a comprovação de disponibilidade de corpo técnico com qualificação suficiente para responsabilizar-se pela obra (capacidade técnico-profissional). Porém, não basta amontoar profissionais em seus registros, sendo necessário que comprove ter estrutura administrativa, com método organizacional, capaz de suportar a execução do objeto do contrato. Surge, nesse sentido, a necessidade de comprovar a disposição de conjunto de qualidades para operar de modo eficaz, sendo necessário comprovar a capacidade técnico-operacional, auferível mediante desempenhos anteriores das empresas.[360]

A documentação relativa à qualificação técnico-profissional e técnico-operacional foi regulamentada no artigo 67 da Lei e é utilizada para muitos conchavos no âmbito de licitações, buscando que a licitação seja direcionada. Apesar de conter no *caput* a expressão "será restrita", indicando que essas são as exigências máximas cabíveis para fins de habilitação, as licitações de obras públicas ultrapassam as exigências da Lei. A problemática principal reside na exigência de atestados de capacidade técnico-profissional (artigo 67, I), por execução de obra ou serviço de características semelhantes, e técnico-operacional (art. 67, XX), de características similares de complexidade tecnológica e operacional equivalente ou superior.[361]

Comuns são os debates quanto à similaridade da obra que será executada com os atestados apresentados, buscando-se a inabilitação de determinada empresa. O TCU firmou entendimento (Acórdãos n. 1.585/2015-P, 134/2017-P, 2.575/2018-P) no sentido de ser irregular a

---

[360] SUNDFELD, Carlos Ari. Requisitos de habilitação técnica para obras e o controle judicial do ato de inabilitação. *Pareceres*, v. 3, p. 129-140, abr. 2013, DTR\2013\7108. Disponível em: Base RT Online. Acesso em: 10 out. 2022.

[361] A lei apresenta alguns limitadores quanto a essas exigências, o que poderá vir a diminuir a tentativa de direcionamento das licitações. No § 1º, restringe a exigência de atestados de comprovação de serviços anteriores a parcelas de maior relevância, atribuindo que estas são as que tenham valor igual ou superior a 4% do valor total estimado da contratação. Ainda, autoriza, conforme § 2º, a exigência de atestados com quantidades mínimas de até 50% das parcelas previstas no § 1º Assim, poderá o poder público exigir a execução específica de determinado objeto do edital, desde que sejam maiores em quantitativo do que 4% da totalidade do objeto executado e, para tanto, está autorizado a exigir a comprovação, por meio de atestados, de até 50% daquele objeto. Exemplifica-se para facilitar a compreensão. Determinado município deseja construir uma praça. Ao elaborar o projeto, o gestor público compreende que, na persecução do interesse público, na praça deverá ser construída fonte com iluminação decorativa e esguichos de água de forma síncrona, assemelhada à *Dubai Foutain*, atração turística de Dubai, consistente em uma fonte que oferece show de águas em horários específicos. (informação disponível em https://thedubaimall.com/en/entertain-detail/the-dubai-fountain-1. Acesso em: 11 out. 2022). Para execução do objeto a ser contratado, após realização de estudos, entende-se que será necessária a comprovação de capacidade técnica de determinados metros quadrados de instalação hidráulica. Desse quantitativo, poderá ser exigida a comprovação, mediante atestados técnicos, de até 50% do objeto a ser licitado.

delimitação pelo edital de tipologia específica de obras, devendo ser admitida a apresentação de atestados que comprovem a realização de empreendimentos de natureza similar. O entendimento deriva do conceito de compatibilidade, que é diferente de identidade. O que o legislador considerou importante é que o atestado mostrasse que o licitante executou obras parecidas, e não iguais, levando em consideração quantidade e prazos.[362]

As condições inapropriadas para incentivar a competição não surgem com o edital, mas são mascaradas por esse ato. A problemática inicia quando do tramitar da fase preparatória da licitação, quando há maior discricionariedade por parte do gestor e seus assessores, que poderão delimitar o objeto a ser licitado, interpretando os limites da lei de forma a praticar o ilícito. Não se está aqui a criticar a discricionariedade administrativa.

Wallace Paiva Martins Júnior explica que a discricionaridade é inspirada pelo dever de boa administração, estando relacionada à eficiência. Compreende-se com um mecanismo para o cumprimento do dever de se alcançar a finalidade legal. É a margem de liberdade para escolha, entre as alternativas possíveis, daquela que melhor atenda ao interesse público específico, tendo espaço livre para avaliação do motivo e eleição – mediante conveniência e oportunidade, quando permitido em lei, subordinando-se à competência, à forma e às finalidades legais.[363] É um dever-poder do administrador, após interpretação e confronto entre normas e fatos, restando indeterminação quanto à hipótese legal, proceder à apreciação subjetiva para estabelecimento da decisão capaz de melhor atender às determinações da lei.[364]

Em inúmeras oportunidades, cabe à administração pública decidir como procederá no âmbito de licitações de obras públicas, podendo estabelecer a descrição do objeto que será licitado, como será licitado, quais as exigências que serão estabelecidas no edital. Diante do arcabouço de regras contidas na licitação, cabe ao gestor e a sua equipe de assessoramento delimitar as normas e a intensidade de aplicação de cada uma para o certame que está por ser planejado. Por exemplo, podem ser estabelecidos quantitativos mínimos a serem comprovados no atestado técnico, cabendo ao administrador público estabelecer quais

---

[362] SANTOS, Franklin Brasil; SOUZA, Kleberson Roberto de. *Como combater a corrupção em licitações*: detecção e prevenção de fraudes. Belo Horizonte: Fórum, 2020. p. 93.

[363] MARTINS JÚNIOR, Wallace Paiva. A discricionariedade administrativa à luz do princípio da eficiência. *Revistas dos Tribunais*, v. 789/2001, p. 62-85, jul/2001, DTR\2001\589. Disponível em: Base RT Online. Acesso em: 10 out. 2022.

[364] SUNDFELD, Carlos Ari. Discricionariedade e revogação do ato administrativo. *Revista de Direito Administrativo e Infraestrutura*, v. 6/2018, p. 379-390, jul-set/2018, DTR\2018\19363. Disponível em: Base RT Online. Acesso em: 10 out. 2022.

são esses quantitativos. Do mesmo modo, pode-se exigir a comprovação de garantias mínimas de capacidade financeira para execução da obra que será licitada, cabendo também ao gestor estabelecer quais serão estes critérios.

Marçal Justen Filho explica que o edital consagra regras em que o conteúdo e pertinência decorrem de informações e decisões produzidas durante a fase preparatória da licitação, ou seja, o regramento do edital não é realizado a partir de escolhas subjetivas e originais da autoridade. As escolhas realizadas advêm das informações e conclusões produzidas durante o procedimento interno da licitação.[365]

No entanto, mesmo diante da compreensão de que o edital é o resultado do processo interno, o § 3º do artigo 25, ao descrever os elementos do edital que devem ser divulgados na internet, não menciona as decisões tomadas no âmbito desse tramitar interno. Estabelece que, com o edital, devam ser incluídos minuta de contrato, termos de referência, anteprojeto, projetos e outros anexos. Assim como o edital, os documentos mencionados caracterizam a finalização de um ato administrativo; são um extrato do processo de decisão, mas não demonstram as escolhas e renúncias realizadas pelo gestor público.

Evidente que a regra conduz à publicidade dos documentos, possibilitando um controle social da licitação de forma mais intensa, qualificando o nível de informação da disputa.[366] Contudo, torna-se relevante a necessidade de ampla divulgação da fase interna do processo administrativo, como anexo ao edital de licitação, na medida em que possibilitará que a população compreenda as razões de realização do certame e das decisões tomadas, proporcionando a capacidade de melhor fiscalizar o emprego do dinheiro público. A fiscalização do uso dos recursos públicos também diz respeito ao juízo de conveniência e oportunidade executado pelo gestor público. Exemplifica-se.

Parece ser consenso que investimentos em educação devem ser sempre realizados, pois, quanto mais dinheiro empregado nesse setor, mais satisfeita estará a população. Contudo, há diversos meios de se empregar dinheiro nessa área. Pode-se proceder à construção de escolas e de quadras poliesportivas, à realização de reformas ou, então, à contratação de cursos de capacitação para professores da rede de ensino. O que irá possibilitar a verificação do bom emprego do recurso público diz respeito à motivação do gestor público em proceder à abertura daquele processo administrativo de contratação e à visualização

---

[365] JUSTEN FILHO, Marçal. *Comentários à Lei de Licitações e Contratações Administrativas*: Lei 14.133/2021. São Paulo: Thomson Reuters Brasil, 2021. p. 409.

[366] HEINEN, Juliano. *Comentários à Lei de Licitações e Contratos Administrativos*. São Paulo: JusPodivm, 2022. p. 204-205.

dos estudos elaborados e argumentos apresentados pelo gestor e seus auxiliares. A resposta aos questionamentos das razões para não reformar determinada escola, do motivo de ter contratado palestra para determinado grupo de professores ou construído uma nova escola em bairro que já tenha tal edificação em funcionamento somente é possível mediante a visualização do processo interno da licitação.

À população somente será possível auferir se foram atendidos seus anseios se tomar conhecimento desses motivos, das razões expostas pelo gestor para realização da contratação. Apesar de a inserção como regra do processo administrativo licitatório dever ser executada em meios eletrônicos, com filmagens em áudio e vídeo do certame em caso de realização de forma presencial (artigo 17, § 2º da Lei n. 14.133/21), isso não se mostra suficiente para que se possa efetivar o exercício da atividade fiscalizatória pela população. A entrega de conhecimento do tramitar do processo, não somente na fase externa, mas também na interna, e das razões de existir daquele processo licitatório são fundamentais para juízo de valor, incentivando a organização popular no sentido de barrar quando da realização de compras desnecessárias ou atos falhos de gestão.

A motivação alicerça-se em duas vertentes: i) a administração pública é gestora de bens e interesses de terceiros, ou seja, ao gerir esses interesses, deve sempre motivar as decisões que toma; ii) a motivação é intrínseca ao Estado Democrático de Direito, hipótese que sua não consecução viola os direitos e garantias do cidadão.[367]

Nesse contexto, é de se compreender como decorrente do princípio transparência e do dever de motivação que, nos editais de licitação, constem os motivos que induzem o gestor público a proceder à contratação do objeto daquele edital. É fundamental que, juntamente com os documentos ou no corpo do edital, constem as razões oriundas do processo interno de licitação que demonstrem – de forma clara e precisa – o porquê da escolha de contratação realizada pelo gestor, os requisitos estabelecidos e demais informações que possibilitem compreender a totalidade do ato administrativo. Somente mediante a entrega de informações nesse sentido é que poderá o povo avaliar se está ocorrendo o bom emprego dos recursos públicos, bem como se está ocorrendo a busca de alguma vantagem ilícita mediante utilização do certame.

---

[367] CASTRO, Taiane Lobato de. Motivação e invalidades do ato administrativo. 2008. 204 f. Dissertação (Mestrado em Direito) – Pontifícia Universidade Católica de São Paulo, São Paulo, 2008. Disponível em: https://tede.pucsp.br/handle/handle/8142 Acesso em: 09 out. 2022. p. 91.

5. Considerações finais

Este trabalho teve por finalidade o estudo do princípio da transparência e sua relação no âmbito de licitações que envolvam obras públicas, com base na Lei n. 14.133/2021, e da forma como isso pode contribuir para ilidir a ocorrência de ilícitos no âmbito desses certames. Nesse sentido, procurou-se demonstrar a amplitude da concepção de transparência e sua utilização para o fim que se investigou.

Não se pretendeu esgotar o tema referente a fraudes e práticas de ilícitos em licitações, mas apontar alguns problemas recorrentes nos procedimentos e que poderiam vir a implicar desperdícios de verbas públicas. Também, não se abordaram os crimes inseridos no Código Penal com a publicação da Lei n. 14.133/2021, visto que a ideia era demonstrar que, mesmo diante da alteração legislativa ocorrida, não há melhorias no sistema capazes de evitar a ocorrência das falhas constatadas outrora.

O primeiro capítulo apresentou a concepção da transparência no ordenamento, compreendendo-se a transparência como princípio intrínseco ao princípio democrático, sendo a publicidade seu subprincípio. Ou seja, a transparência é o núcleo duro do princípio da publicidade, e este último é mecanismo para apresentação da transparência. Estabelecida a amplitude de incidência da transparência, necessário investigar o que essa concepção implica, concluindo-se que o princípio em estudo pressupõe o agir administrativo de forma que seja possível à população compreender as razões do agir administrativo, que lhe sejam entregues ferramentas para o controle do Estado e que se afasta a opacidade administrativa, prestigiando-se o princípio democrático.

Ainda, no referido capítulo, estudou-se a relação da Lei de Acesso à Informação com a atividade desempenhada pelo Estado e as ferramentas de que dispõe o cidadão para acesso ao que é executado. Também se estudou, de forma breve, o rol de princípios descritos no âmbito do artigo 5º da Lei n. 14.133/2021 e a forma como se relacionarão com a atividade administrativa de planejar, contratar e executar um contrato administrativo.

O segundo capítulo teve a finalidade de se compreender o processo administrativo que envolve a execução da licitação de obras públicas. Para tanto, procedeu-se à estruturação da fase de planejamento da obra, estudando-se as modalidades licitatórias e os critérios de julgamento que podem ser adotados. Posteriormente, buscou-se compreender os procedimentos externos da licitação e a forma como se desenrola o processo que estabelece a contratação mais vantajosa para a Administração Pública. Ao final, investigaram-se as falhas que têm implicação na ocorrência de ilícitos no âmbito de licitações, demonstrando-se casos corriqueiros de desvios de conduta nesses procedimentos.

Por fim, o último capítulo apresentou os mecanismos de prevenção constantes no âmbito da Lei n. 14.133/2021, passando-se a estudar a maior transparência na fase de planejamento e competição do processo licitatório. Estudou-se a possibilidade de utilização das audiências públicas e a integração da comunidade como forma de majorar a fiscalização na realização dos certames. Também se verificou se as informações que serão fornecidas no âmbito do Portal Nacional das Contratações Públicas são suficientes e se merecem complementação e, por fim, explanou-se a respeito da necessidade de complementação dos documentos que devem acompanhar o edital.

Nesse sentido, buscou-se estabelecer a compreensão de que o processo licitatório necessita de complementação, demonstrando-se insuficientes as previsões contidas na Lei n. 14.133/2021 para prevenir a ocorrência de ilícitos nos certames. Propôs-se como hipótese capaz de atender a essa necessidade a ampla incidência do princípio da transparência, enquanto fomento a participação popular, necessidade de motivação dos atos administrativos e ampla divulgação dos processos administrativos.

A fiscalização por parte da sociedade necessita de fomento mediante a entrega de informações, de forma clara, por meio da utilização de ferramentas que lhe facilitem o acesso aos atos administrativos, possibilitando que auxilie os mecanismos de controle interno e externo na fiscalização da Administração Pública. Ademais, para que esta compreensão seja plena, não basta que lhe seja entregue somente o ato administrativo, como uma decisão ou o edital, mas também o processo ao qual foi submetido o gestor público e que o levou a formar sua convicção.

No processo, poderá a comunidade – e os órgãos de fiscalização – compreender as escolhas realizadas. A prática de ilícitos não compreende somente o desvio de dinheiro, mas também a má gestão administrativa, e, para se atingir pleno conhecimento dos caminhos cognitivos trilhados pelo gestor em seu agir, necessita que este seja exposto, publicizado. Nesse contexto, também faz-se importante a motivação, pois nela constarão as razões que levam a que a decisão seja tomada, facilitando a compreensão por parte dos interessados.

Ademais, a internet é relevante ferramenta de transmissão de dados, tanto que a Lei n. 14.133/2021 cria o Portal Nacional das Contratações Públicas. No entanto, o Portal necessita ir além. Deve-se aproveitar a criação desse grande conglomerado de informações para que se possam entregar as informações necessárias, bem como se aplicar transparência nos trâmites interno e externo do processo licitatório. O Portal Nacional das Contratações Públicas pode ser considerado como avanço quando se trata de publicidade, porém pouco contribuiu para a efetivação da transparência na administração pública.

Em síntese, o presente trabalho demonstrou que há necessidade de implementação de melhorias na interpretação das disposições da Lei de Licitações e que o princípio da transparência pode vir a contribuir para essas melhorias e para prevenir a ocorrência de ilícitos no âmbito dos certames de licitações de obras públicas.

Quanto às perspectivas futuras de tratamento do tema aqui proposto, compreende-se serem necessários estudos no sentido de se criarem mecanismos para facilitar e majorar a participação da comunidade nos procedimentos licitatórios, bem como para expandir as ferramentas de controle existentes e aperfeiçoar a informação constante na internet.

Referências

ALEXY, Robert. *Teoria dos Direitos Fundamentais*. São Paulo: Malheiros, 2015.

ALMADA, Maria Paula *et al*. A transparência do Executivo Federal brasileiro: uma comparação entre os governos Dilma Rousseff e Jair Bolsonaro. Opinião Pública [online]. 2022, v. 28, n. 1 p. 169-199. Disponível em: <https://doi.org/10.1590/1807-01912022281169>. Epub 08 Jun 2022. Disponível em: https://doi.org/10.1590/1807-01912022281169. Acesso em: 07 ago. 2022.

ALMEIDA, Natália Silva Mazzutti. O direito fundamental à participação popular: audiência pública no processo administrativo federal (Lei 9.784/1999). 2013. 154 f. Dissertação (Mestrado em Ciências Sociais Aplicadas) – Universidade Federal de Uberlândia, Uberlândia, 2013. DOI https://doi.org/10.14393/ufu.di.2013.60. Disponível em: https://repositorio.ufu.br/handle/123456789/13209 Acesso em: 08 out. 2022.

ALMEIDA, Saulo Eduardo de Carvalho. *Lei de Acesso à Informação e Transparência*: proposta de inclusão de informações no portal Transparência UFPB. 2015. 85 f. Dissertação (Mestrado em Ciência da Informação) – Universidade Federal da Paraíba, João Pessoa, 2015. Disponível em: https://repositorio.ufpb.br/jspui/handle/tede/8020. Acesso em: 07 out. 2022.

ALVES, Felipe Dalenogare; LEAL, Mônia Clarissa Henning. O controle social como contraponto/ complemento ao controle jurisdicional de políticas públicas: combate à corrupção enquanto empecilho à efetivação dos direitos fundamentais sociais. *Unoesc International Legal Seminar*, Chapecó, v. 2, n. 1, 2013, p. 493–504. Disponível em: https://periodicos.unoesc.edu.br/uils/article/view/4027. Acesso em: 08 out. 2022.

AMAUCHI, Vander; WIESE, Ricardo S. Licitações de projetos: o concurso de arquitetura da Universidade Federal do Pampa. *In*: ENCONTRO NACIONAL DE TECNOLOGIA NO AMBIENTE CONSTRUÍDO, 17, 2018. *Anais do XVII Encontro Nacional de Tecnologia do Ambiente Construído*. Porto Alegre: ANTAC, 2018. p. 2448–2454. Disponível em: https://eventos.antac.org.br/index.php/entac/article/view/1642. Acesso em: 25 set. 2022.

AMORIM, Victor Aguiar Jardim de. Modalidades e Rito Procedimento da Licitação. *In*: DI PIETRO, Maria Sylvia Zanella. *Licitações e contratos administrativos*: inovações da Lei 14.133, de 1º de abril de 2021. Rio de Janeiro: Forense, 2022.

——. Agentes Públicos. *In*: ROCHA, Wesley; VANIN, Fábio Scopel; FIGUEIREDO, Pedro Henrique Poli de. *A nova Lei de Licitações*. São Paulo: Almedina, 2021.

ANTINARELLI, Mônica. Artigos 174 a 176. *In*: SARAI, Leandro. *Tratado da nova lei de licitações e contratos administrativos*: Lei n. 14.133/21 comentada por advogados públicos. São Paulo: JusPodivm, 2022.

ARAGÃO, Alexandre Santos de. O diálogo competitivo na nova lei de licitações e contratos da administração pública. *Revista de Direito Administrativo*, Rio de Janeiro, v. 280, n. 3, p. 41-66, set/dez. 2021. Disponível em: https://bibliotecadigital.fgv.br/ojs/index.php/rda/article/view/85147 Acesso em: 20 set. 2022.

ARRUDA, Carmen Silvia Lima de. *O Princípio da transparência*. São Paulo: Quartier Latin, 2020.

ATALIBA, Geraldo. Licitações: princípio constitucional da isonomia – favorecimento de licitante é causa de nulidade – lei que define crime de responsabilidade dos prefeitos – publicidade das licitações. *Doutrinas Essenciais de Direito Administrativo*. V. 4, p. 241-260, nov/2012, DTR\2013\132. Disponível em: *Base de dados Revista dos Tribunais – RT*. Acesso em: 10 out. 2022.

BARRETO, Lucas Hayne Dantas. Artigo 25. *In*: SARAI, Leandro. Tratado da nova lei de licitações e contratos administrativos – Lei n. 14.133/21 comentada por advogados públicos. São Paulo: JusPodivm, 2022.

BARROSO, Luis Roberto; BARCELLOS, Ana Paula de. O começo da história. A nova interpretação constitucional e o papel dos princípios no direito brasileiro. Revista de Direito Administrativo, [S. l.], v. 232, p. 141–176, 2003. Disponível em: https://bibliotecadigital.fgv.br/ojs/index.php/rda/article/view/45690. Acesso em: 03 ago. 2022.

BINENBOJM, Gustavo. *Uma teoria do direito administrativo*: direitos fundamentais, democracia e constitucionalização. Rio de Janeiro: Renovar, 2014.

BITENCOURT, Caroline Muller; LEAL, Rogério Gesta. Participação democrática e a necessidade de consulta pública quando da elaboração legislativa para configuração das políticas públicas: um olhar sobre as vantagens da democracia deliberativa. *In:* MAFFINI, Rafael; RAMOS, Rafael. *Nova LINDB*: proteção da confiança, consensualidade, participação democrática e precedentes administrativos. Rio de Janeiro: Lumen Juris, 2021.

———; LEAL, Rogério G. Consequencialismo das decisões e os valores jurídicos abstratos a partir da Lei 13.655/18: uma análise crítica sob a perspectiva da (in)segurança jurídica. *In*: MAFFINI, Rafael; RAMOS, Rafael (org.). *Nova LINDB*: consequencialismo, deferência judicial, motivação e responsabilidade do gestor público. Rio de Janeiro: Lumen Juris, 2020.

———; RECK, Janriê Rodrigues. Controle da transparência na contratação pública no Brasil – o acesso à informação como forma de viabilizar o controle social da Administração Pública. *Revista do Direito*, n. 49, p. 96-115, 27 set. 2016. Disponível em: https://online.unisc.br/seer/index.php/direito/article/view/7892. Acesso em: 09 out 2022.

———. O controle social a partir do modelo da gestão pública compartida: da insuficiência da representação parlamentar à atuação dos conselhos populares como espaços públicos de interação comunicativa. *Revista de Direito Econômico e Socioambiental*, v. 6, n. 2, p. 232-254, julho/dezembro 2015. Disponível em: https://www.researchgate.net/publication/295098576_O_controle_social_a_partir_do_modelo_da_gestao_publica_compartida_da_insuficiencia_da_representacao_parlamentar_a_atuacao_dos_conselhos_populares_como_espacos_publicos_de_interacao_comunicativa. Acesso em: 08 out 2022.

———; RECK, Janriê Rodrigues. A construção de categorias de observação do contrato público e suas relações com a corrupção a partir de uma perspectiva processualista. *In*: LEAL, Rogério Gesta. *Patologias corruptivas*: as múltiplas faces da hidra (recurso eletrônico). Santa Cruz do Sul: EDUNISC, 2015.

BITTENCOURT, Sidney. *Contratando sem licitações*: contratação direta por dispensa ou inexigibilidade. São Paulo: Almedina, 2021.

BOBBIO, Norberto. *El futuro de la democracia*. Tradução de José F. Fernández Sanillán. México: Fondo de Cultura Económica, 1986.

BONATTO; Hamilton. Licitação na modalidade concurso para contratação de projetos arquitetônicos e complementares e a busca do melhor resultado. Disponível em: https://repositorio.ufsc.br/handle/123456789/222979. Acesso em: 19 set. 2022.

BRAGA, Cintia Freire Garcia Vieira; BRAGA, Lamartine Vieira. Aplicação de Tecnologias de Informação e Comunicação na Contratação Pública: a Experiência Portuguesa. *Brazilian Journal of Public Policy*, v. 1, n. 3, p. 123-144, December 2011. Disponível em: Base HeinOnline. Acesso em: 09 out. 2022.

BRANDÃO, Celmário Castro; MENDONÇA, Ana Valéria Machado; SOUSA, Maria Fátima de. Performance of the ministry of health in addressing the Covid-19 pandemic in Brazil. SciELO Preprints, 2022. DOI: 10.1590/SciELOPreprints.4270. Disponível em: https://preprints.scielo.org/index.php/scielo/preprint/view/4270. Acesso em: 07 set. 2022.

BRASIL. Controladoria Geral da União. Portal da Transparência do Governo Federal. Disponível em www.portaltransparencia.gov.br/contratos. Acesso em: 15 set. 2022.

———. *Decreto-Lei n. 4.657, de 04 de setembro de 1942*. Lei de introdução às normas do Direito Brasileiro. Disponível em: http://www.planalto.gov.br/ccivil_03/decreto-lei/del4657compilado.htm.Acesso em: 27 out. 2022.

———. *Lei n. 12.527, de 18 de novembro de 2011*. Regula o acesso a informações previsto no inciso XXXIII do art. 5º, no inciso II do § 3º do art. 37 e no § 2º do art. 216 da Constituição Federal; altera a Lei nº 8.112, de 11 de dezembro de 1990; revoga a Lei nº 11.111, de 5 de maio de 2005, e dispositivos da Lei nº 8.159, de 8 de janeiro de 1991; e dá outras providências. Disponível em: http://www.planalto.gov.br/ccivil_03/_ato2011-2014/2011/lei/l12527.htm. Acesso em: 27 out. 2022.

──. *Lei n. 14.133, de 01 de abril de 2021*. Lei de licitações e contratos administrativos. Brasília, DF: Presidência da República, 2021. Disponível em: http://www.planalto.gov.br/ccivil_03/_ato2019-2022/2021/lei/L14133.htm. Acesso em: 27 out. 2022.

──. Secretaria de Gestão. *Comunicado n. 10/2022*. Transição entre a Lei n. 14.133, de 2021, e as Leis n. 8.666, de 1993, n. 10.520, de 2002, e os arts. 1º a 47-A da Lei n. 12.462, de 2011. Brasília, DF, 01 set. 2022. Disponível em: https://www.gov.br/compras/pt-br/acesso-a-informacao/comunicados/comunicado-no-10-2022-transicao-entre-a-lei-no-14-133-de-2021-e-as-leis-no-8-666-de-1993-no-10-520-de-2002-e-os-arts-1o-a-47-a-da-lei-no-12-462-de-2011 Acesso em: 16 set. 2022.

──. Superior Tribunal de Justiça. *AgInt no REsp n. 1.620.661/SC*. Administrativo e Processual Civil. Agravo Interno no Recurso Especial Licitação. Inabilitação. [...]. Requerente: Estado de Santa Catarina. Requerido: TV O Estado Florianópolis Ltda. Requeridos: Capella, Fogaça e Suzin Advogados Associados. Relator: Ministro Og Fernandes, Segunda Turma, 3/8/2017, DJe de 9/8/2017. Disponível em: https://www.jusbrasil.com.br/jurisprudencia/stj/860723263/inteiro-teor-860723273. Acesso em: 25 out. 2022.

──. ──. *Suspensão de liminar e de sentença: n. 3123 – BA (2022/0172196-7)*. Relator: Ministro Humberto Martins, 05/06/2022. Disponível em: https://www.stj.jus.br/sites/portalp/SiteAssets/documentos/noticias/SLS3123.pdf Acesso em: 20 jul. 2022

──. Supremo Tribunal Federal. *ADI n. 6347 MC-Ref*. Constitucional e administrativo. Restrições genéricas e abusivas à garantia constitucional de acesso à informação. Ausência de razoabilidade. Violação aos princípios da publicidade e transparência. Suspensão do artigo 6º-b da Lei 13.979/11, incluído pela MP 928/2020. Medida cautelar referendada. Requerente: Rede Sustentabilidade. Relator: Ministro Alexandre de Moraes, Tribunal Pleno, julgado em 30/04/2020. Disponível em: https://portal.stf.jus.br/processos/detalhe.asp?incidente=5881595. Acesso em: 25 out. 2022.

──. ──. *ADI n. 2444*. Ação direta de inconstitucionalidade. Lei nº 11.521/2000 do Estado do Rio Grande do Sul. Obrigação do Governo de divulgar na imprensa oficial e na internet dados relativos a contratos de obras públicas. Ausência de vício formal e material. Princípio da publicidade e da transparência. Fiscalização. Constitucionalidade. Requerente: Governo do Estado do Rio Grande do Sul. Relator: Ministro Dias Toffoli, Tribunal Pleno, julgado em 06/11/2014. Disponível em: https://redir.stf.jus.br/paginadorpub/paginador.jsp?docTP=TP&docID=7631030. Acesso em: 25 out. 2022.

──. ──. *ADI 2361*. Ação Direta de Inconstitucioonalidade. Legitimidade da requerente e pertinência temática. Rstrição das competências constitucionais do Tribunal de Contas [...]. Requerente: Associação dos Membros dos Tribunais de Contas do Brasil – ATRICON. Requerido: Governo do Estado do Ceará. Relator: Ministro Marco Aurélio, Tribunal Pleno, julgado em 24/09/2014. Disponível em: https://redir.stf.jus.br/paginadorpub/paginador.jsp?docTP=AC&docID=347563. Acesso em: 25 out. 2022.

──. ──. *ADPF 854 MC-Ref*. Relator(a): Rosa Weber, Tribunal Pleno, julgado em 11/11/2021. Disponível em: https://portal.stf.jus.br/processos/detalhe.asp?incidente=6199750. Acesso em: 25 out. 2022.

──. ──. *RE n. 865401*. Direito Constitucional. Direito fundamental de acesso à informação de interesse coletivo ou geral. Recurso extraordinário que se funda na violação do art. 5º, inciso XXXIII, da Constituição Federal [...]. Recorrente: Marcos Antônio Ribeiro Ferraz. Recorrido: Antônio Vez de Melo. Relator: Dias Toffoli, 25/04/2018. Disponível em: https://jurisprudencia.stf.jus.br/pages/search/sjur392966/false. Acesso em: 05 set. 2022.

──. ──. *RE n. 766390 AgR*. Agravo regimental no Recurso Extraordinário. Constitucional. Princípios da Publicidade e da Transparência. Ausência de violação à intimidade e à privacidade. [...]. Relator: Ministro Ricardo Lewandowski, Segunda Turma, julgado em 24/06/2014. Disponível em: https://www.jusbrasil.com.br/jurisprudencia/stf/25232728/inteiro-teor-133960215. Acesso em: 25 out. 2022.

──. ──. *RE n. 670422*. Direito Constitucional e Civil. Transexual. Identidade de gênero. Direito subjetivo à alteração do nome e da classificação de gênero no assento de nascimento. Possibilidade independentemente de cirurgia de procedimento cirúrgico de redesignação. [...]. Requerente: STC. Requerido: Oitava Câmara Cível do Tribunal de Justiça do Estado do Rio Grande do Sul. Relator: Ministro Dias Toffoli. DJe: 09/03/2020. Disponível em https://redir.stf.jus.br/paginadorpub/paginador.jsp?docTP=TP&docID=752185760 Acesso em: 03 ago. 2022.

──. Tribunal de Contas da União. Acórdão n. *4506/2022*. Representação de licitante apontando supostas irregularidades em concorrência promovida pela Petrobras para contratar o Desenvolvimento, Sustentação e Suporte Técnico em Soluções de Software na Plataforma SAP. Relator: Jorge Oliveira, 09/08/2022. Disponível em: https://pesquisa.apps.tcu.gov.br/#/redireciona/acordao-completo/%22ACORDAO-COMPLETO-2545230%22. Acesso em: 11 set 2022.

_____. _____. *Acórdão n. 1007/2022-Plenário*. Pedido de reexame em representação. Restrição à competitividade na contratação de obras com recursos da Fundação Nacional de Saúde. Argumentos recursais incapazes de alterar a deliberação recorrida. Conhecimento. Negativa de provimento. Relator: Jorge Oliveira, 11/05/2022. Disponível em: https://pesquisa.apps.tcu.gov.br/#/documento/acordao-completo/edital%2520E%2520licita%25C3%25A7%25C3%25A3o%2520E%2520cl%25C3%25A1usula%2520restritiva%2520E%2520obra.SUMARIO%2520/%2520/DTRELEVANCIA%2520desc%252C%2520NUMACORDAOINT%2520desc/8/%2520 Acesso em: 05 out. 2022.

_____, _____. *Acórdão n. 2458/2021-Plenário*. Administrativo. Consulta. Viabilidade de utilização do art. 75 da Lei 14.133/21 enquanto inviável a comunicabilidade direta entre o Sistema Contrata e o Portal Nacional de Contratações Públicas. Possibilidade em caráter transitório e excepcional. Recorrente: Secretaria-Geral de Administração do Tribunal de Contas da União. Relator: Augusto Nardes, 13/10/2021. Disponível em: http://contas.tcu.gov.br/sisdoc/ObterDocumentoSisdoc?codPapelTramitavel=69551685 Acesso em: 10 set. 2022.

_____. _____. *Acórdão n. 2032/2021-Plenário*. Processo do tipo desestatização (DES) relacionado à licitação a ser conduzida pela Agência Nacional de Telecomunicações (Anatel) para a conferência de autorizações de uso de radiofrequências nas faixas de 700 MHz, 2,3 GHz, 3,5 GHz e 26 GHz associadas à prestação do Serviço Móvel Pessoal (SMP), também conhecido como serviço de telefonia móvel, destinadas à implementação de redes móveis de 5ª geração, ou seja, em tecnologia 5G. Recorrentes: Responsáveis: Leonardo Euler de Morais (Presidente da Anatel); Emmanoel Campelo de Souza Pereira (Conselheiro); Moisés Queiroz Moreira (Conselheiro); Carlos Manoel Baigorri (Conselheiro); Vicente Bandeira de Aquino Neto (Conselheiro). Relator: Raimundo Carneiro, 25/08/2021. Disponível em: http://contas.tcu.gov.br/sisdoc/ObterDocumentoSisdoc?codPapelTramitavel=69192659 Acesso em: 10 set. 2021.

_____. _____. *Acórdão n. 1542/2021-Plenário*. Denúncia. Pregão eletrônico para registro de preços. Fornecimento de ambiente profissional multimídia. Suspensão cautelar de novas adesões. Oitivas: I) falhas na elaboração da estimativa de preços [...]. Relator: Marcos Bemquerer, 30/06/2021. Disponível em: https://contas.tcu.gov.br/sagas/SvlVisualizarRelVotoAcRtf?codFiltro=SAGAS-SESSAO-ENCERRADA&seOcultaPagina=S&item0=753648 Acesso em: 05 out 2022.

_____. _____. *Acórdão n. 179/2021-Plenário*. Representação. Pregão eletrônico para registro de preços. Suposta desclassificação indevida. Improcedência. Indeferimento de medida cautelar. Arquivamento. Ciência aos interessados. Recorrente: Ism Gomes de Matos Eireli. Relator: Raimundo Carneiro, 03/02/2021. Disponível em: http://contas.tcu.gov.br/sisdoc/ObterDocumentoSisdoc?codPapelTramitavel=67303601 Acesso em: 10 set. 2022.

_____. _____. *Acórdão n. 4061/2020-Plenário*. Objeto do processo: Licitação: 1/2020 – Contratação de empresa para execução de obras de Engenharia na Construção de Escola com 12 (doze) salas de aula do Projeto Padrão FNDE, no município de Ipirá – BA. Indícios de restrição indevida à competitividade. Relator: Raimundo Carneiro, 08/12/2020. Disponível em: https://conecta-tcu.apps.tcu.gov.br/tvp/65376839 Acesso em: 05 out. 2022.

_____. _____. *Acórdão n. 1534/2020-Plenário*. Representação. Sistema FIEP. Concorrência. Possíveis irregularidades. Conhecimento do feito e suspensão cautelar do certame pelo acórdão 2.040/2019-TCU-PLENÁRIO [...]. Recorrente: Representante: José Eugênio Souza de Bueno Gizzi. Relator: André de Carvalho. Disponível em: https://pesquisa.apps.tcu.gov.br/#/documento/jurisprudencia-selecionada/*/KEY:JURISPRUDENCIA-SELECIONADA-93255/score%20desc,%20COLEGIADO%20asc,%20ANOACORDAO%20desc,%20NUMACORDAO%20desc/0/sinonimos%3Dtrue Acesso em: 18 set. 2022.

_____. _____. *Acórdão n. 548/2016-Plenário*. Representação. pregão eletrônico. Fornecimento e instalação de cabeamento estruturado. Ausência de certificação da Anatel. Aprovação de solução tecnológica vedada no edital. Conhecimento. Audiência. Acolhimento das razões de justificativa em relação ao primeiro ponto. [...]. Relator: José Mucio Monteiro, 09/03/2016. Disponível em: https://pesquisa.apps.tcu.gov.br/#/documento/acordao-completo/*/KEY%253AACORDAO-COMPLETO-1649294/DTRELEVANCIA%2520desc/0/sinonimos%253Dfalse. Acesso em: 25 out. 2022.

_____. _____. *Acórdão n. 2829/2015 – TCU – Plenário*. Representação. Pregão para registro de preços. Equipamentos de redes. Suposto direcionamento da licitação. Audiência dos gestores. Considerações acerca da descrição do objeto da licitação e das hipóteses de direcionamento. Existência de outras marcas e modelos que poderiam atender ao objeto. [...] Relator: Bruno Dantas, 04/11/2015. Disponível em: https://pesquisa.apps.tcu.gov.br/#/documento/acordao-completo/*/KEY%253AACORDAO-COMPLETO-1543360/DTRELEVANCIA%2520desc/0/sinonimos%253Dfalse. Acesso em: 25 out. 2022.

_____. _____. *Acórdão n. 1375/2015 – TCU – Plenário*. Representação com pedido de medida cautelar. Irregularidades no pregão eletrônico para registro de preços. Desclassificação indevida de propostas de menor valor. Comprometimento da competitividade e da economicidade do certame. Cancelamento da ata. [...] Relator: Bruno Dantas, 03/06/2015. Disponível em: https://pesquisa.apps.tcu.gov.br/#/documento/acordao-completo/*/KEY%253AACORDAO-COMPLETO-1436752/DTRELEVANCIA%2520desc/0/sinonimos%253Dfalse. Acesso em: 25 out. 2022.

_____. _____. *Acórdão n. 4202/2014-TCU- Segunda Câmara*. Tomada de contas especial. Não aprovação da prestação de contas. Recursos transferidos para a construção de um abatedouro municipal. Irregularidades na execução do convênio. [...] Relator: Raimundo Carreiro, 23/09/2014. Disponível em: https://pesquisa.apps.tcu.gov.br/#/redireciona/acordao-completo/%22ACORDAO-COMPLETO-1318472%22 Acesso em: 25 out. 2022.

_____. _____. *Acórdão n. 5181/2012-Primeira Câmara*. Relatório de auditoria. FOC FUNASA. Restrição à competitividade de licitação. Julgamento do certame em desacordo com o edital. Ausência do depósito da contrapartida. Audiência dos responsáveis. Rejeição de parte das razões de justificativa. Multa. Relator: Walton Alencar Rodrigues, 28/08/2012. Disponível em: https://pesquisa.apps.tcu.gov.br/#/documento/acordao-completo/*/KEY%253AACORDAO-COMPLETO-1244797/DTRELEVANCIA%2520desc/0/sinonimos%253Dfalse. Acesso em: 25 out. 2022.

_____. _____. *Acórdão n. 1711/2012-Plenário.* Os serviços técnicos necessários à estruturação de projeto de parceria público-privada relativo à modernização, eficientização, expansão, operação e manutenção da infraestrutura de rede de iluminação pública são, em regra, serviços comuns, licitados na modalidade de pregão. Relator: Vital do Rêgo. Disponível em: https://pesquisa.apps.tcu.gov.br/#/redireciona/acordao-completo/%22ACORDAO-COMPLETO-1238541%22. Acesso em: 18 set. 2022.

_____. _____. *Acórdão n. 1515/2010-Plenário, TC-008.137/2009-6*. FISCOBRAS 2009. 2ª fase do perímetro de irrigação Tabuleiros Litorâneos/PI. Indício de sobrepreço nos tubos de ferro e aço. Preços globais compatíveis. ICMS contabilizado em percentual indevido. [...] Disponível em: https://pesquisa.apps.tcu.gov.br/#/documento/publicacao/jogo%2520E%2520planilha%2520E%2520obra/%2520/DTRELEVANCIA%2520desc/3/%2520 Acesso em: 06 out. 2022.

_____. _____. *Acórdão n. 841/2010-Plenário*. Relator: José Mucio Monteiro. Disponível em: https://pesquisa.apps.tcu.gov.br/#/documento/sumula/servi%25C3%25A7o%2520comum%2520de%2520engenharia%2520preg%25C3%25A3o%2520/DTRELEVANCIA%2520desc%252C%2520NUMEROINT%2520desc/0/sinonimos%253Dtrue Acesso em: 18 set. 2022.

_____. _____. *Acórdão n. 915/2009-Plenário*. Relator: José Jorge, 06/05/2009. Disponível em: https://pesquisa.apps.tcu.gov.br/#/redireciona/acordao-completo/%22ACORDAO-COMPLETO-1126801%22. Acesso em: 25 out 2022

_____. _____. *Referencial de combate a fraude e corrupção*: aplicável a órgãos e entidades da Administração Pública. Brasília, DF: TCU, Coordenação-Geral de Controle Externo dos Serviços Essenciais ao Estado e das Regiões Sul e Centro-Oeste (Coestado), Secretaria de Métodos e Suporte ao Controle Externo (Semec), 2ª ed., 2018. Disponível em: https://portal.tcu.gov.br/data/files/A0/E0/EA/C7/21A1F6107AD96FE6F18818A8/Referencial_combate_fraude_corrupcao_2_edicao.pdf. Acesso em: 25 out. 2022.

_____. _____. *Relatório Anual de Atividades do TCU*: 2021. Brasília, DF: TCU, 2022. Disponível em: https://portal.tcu.gov.br/relatorio-anual-de-atividades-do-tcu.htm. Acesso em: 25 out. 2022.

_____. _____. Representação n. *008.276/2007-3*. Acordão n. 3117/2008. Interessado: George Santoro Advogados. Entidade: Conselho Regional de Psicologia 5ª Região. Relator: André de Carvalho, 26/08/2008. Disponível em: https://pesquisa.apps.tcu.gov.br/#/redireciona/processo/827620073. Acesso em: 10 set 2022.

_____. _____. *Resolução n. 341, de 31 de agosto de 2022*. Dispõe sobre o enquadramento dos bens de consumo nas categorias de qualidade comum e de luxo, no âmbito do Tribunal de Contas das União. Brasília: Sessão Ordinária do Plenário, 2022. Disponível em: https://pesquisa.apps.tcu.gov.br/#/documento/acordao-completo/1.999%252F2022/%2520/DTRELEVANCIA%2520desc%252C%2520NUMACORDAOINT%2520desc/0/%2520. Acesso em: 17 set. 2022.

_____. _____. *Súmula 257*. O uso do pregão nas contratações de serviços comuns de engenharia encontra amparo na Lei 10.520/2022. Brasília, DF: Tribunal de Constas da União, 2010. Disponível em https://pesquisa.apps.tcu.gov.br/#/documento/sumula/servi%25C3%25A7o%2520comum%2520de%2520engenharia%2520preg%25C3%25A3o%2520/DTRELEVANCIA%2520desc%252C%2520NUMEROINT%2520desc/0/sinonimos%253Dtrue Acesso em:18 set. 2022.

――――. Tribunal Regional Federal da 4ª Região. *ACR 2005.70.13.005223-1*. Sétima Turma. Penal e processual. Novo julgamento de apelação. Falsidade ideológica. Documento público e particular. Art. 299 do CP. Prescrição. Ocorrência. Fraude à licitação [...]. Relatora: Salise Monteiro Sanchotene, 22/08/2013, Disponível em: https://jurisprudencia.trf4.jus.br/pesquisa/inteiro_teor.php?orgao=1&documento=5971262&termosPesquisados=ZnJhdWRlIGxpY2l0YWNhbyBvYnJhIGNvbmxlaW8gZW1wcmVzYXMg Acesso em: 04 out. 2022.

BRITO, Bruna Ohana Silva; FELÍCIO, Giovanna Oliveira; SILVA, Anne Herecleia de Brito e. Os benefícios e os desafios na utilização do pregão eletrônico na administração pública municipal. *Revista da ESDM*, Porto Alegre/RS, v. 8, n. 15, p. 7-18, 2022. Disponível em: http://revista.esdm.com.br/index.php/esdm/article/view/181 Acesso em: 28 set. 2022.

CABRAL, Flávio Garcia. Artigo 169. *In*: SARAI, Leandro. *Tratado da nova lei de licitações e contratos administrativos*: Lei n. 14.133/21 comentada por advogados públicos. São Paulo: JusPodivm, 2022.

CALIL, Ana Luiza. Motivação administrativa: passado, presente e futuro no direito administrativo brasileiro. *In*: MAFFINI, Rafael; RAMOS, Rafael (org.). *Nova LINDB*: consequencialismo, deferência judicial, motivação e responsabilidade do gestor público. Rio de Janeiro: Lumen Juris, 2020.

CAMARA, Rafael Rodrigues Pessoa de Mello. Aspectos Gerais da Nova Lei de Licitação e Contratação Pública. *In*: ROCHA, Wesley; VANIN, Fábio Scopel; FIGUEIREDO, Pedro Henrique Poli de. *A Nova Lei de Licitações*. Coimbra: Grupo Almedina, 2021. Disponível em: https://integrada.minhabiblioteca.com.br/#/books/9786556273785/. Acesso em: 16 set. 2022.

CAMELO, Bradson; NÓBREGA, Marcos; TORRES, Ronny Charles L. de. *Análise econômica das licitações e contratos*: de acordo com a Lei n. 14.133/2021 (Nova Lei de Licitações). Belo Horizonte: Fórum, 2022.

CANHADAS, Fernando Augusto Martins. *O direito de acesso à informação pública*: o princípio da transparência administrativa. Curitiba: Appris, 2018.

CANOTILHO, José Joaquim Gomes. *Direito Constitucional e Teoria da Constituição*. Coimbra: Almedina, 2007.

CANTÓ, Ignasi Gomis. *El Grand Paris Express, un nuevo modelo de organización de la metrópolis*. 2019. Trabalho de Conclusão de Curso – Universitat Politécnica de Valência, 2019. Disponível em: https://core.ac.uk/display/275644268?source=2 Acesso em: 20 set. 2022.

CAPAGIO, Álvaro do Canto; COUTO, Reinaldo. *Nova Lei de Licitações e contratos administrativos*: Lei 14.133/2021. São Paulo: Saraiva Jur, 2021.

CARRIJO, Adriano. Artigo 46. *In*: SARAI, Leandro. *Tratado da nova lei de licitações e contratos administrativos*: Lei n. 14.133/21 comentada por advogados públicos. São Paulo: JusPodivm, 2022.

CARVALHO FILHO, José dos Santos. *Processo Administrativo Federal*: comentários à Lei n. 9.784, de 29.1.1999. São Paulo: Atlas, 2013.

CARVALHO, Samuel Silas dos Santos; ALMEIDA, Mariza Gonçalves; ARENAS, Marleno Valério dos Santos. Governança nas contratações públicas sob a perspectiva da nova lei de licitações e contratos administrativos. *Brazilian Journal of Development*, Curitiba, v. 8, n. 4, p. 23703-23724, abr. 2022. Disponível em: https://brazilianjournals.com/ojs/index.php/BRJD/article/view/46040 Acesso em: 07 out. 2022.

CASTRO, Luciano I. de. Combate à corrupção em licitações públicas. *DE – Documentos de Trabajo. Economía*. Universidad Carlos III de Madrid. Departamento de Economía, 2007. Disponível em: https://ideas.repec.org/p/cte/derepe/de070302.html Acesso em: 11 out. 2022.

CASTRO, Luis Rodrigo de. Transparencia, una noción extensiva com diferentes impicaciones prácticas. *Revista Española de la transparência – RET*, Madrid, n. 14, p. 159-180, 2022. Disponível em: https://www.revistatransparencia.com/ojs/index.php/ret/article/view/201 Acesso em: 04 set. 2022.

CASTRO, Rodrigo Pironti Aguirre de; ZILIOTTO, Mirela Miró. A obrigatoriedade de *compliance* nas contratações públicas pela nova lei de licitações. *In*: ZOCKUN, Maurício; GABARDO, Emerson; *O direito administrativo do pós-crise*. Curitiba: Íthala, 2021. Disponível em: https://rcl.adv.br/site/wp-content/uploads/2021/11/2021.-Direito-Administrativo-P%C3%B3s-Crise.pdf#page=377 Acesso em: 07 out. 2022.

CASTRO, Taiane Lobato de. Motivação e invalidades do ato administrativo. 2008. 204 f. Dissertação (Mestrado em Direito) – Pontifícia Universidade Católica de São Paulo, São Paulo, 2008. Disponível em: https://tede.pucsp.br/handle/handle/8142 Acesso em: 09 out. 2022.

COSTA NETO, José Serafim da. Nova lei de contratações públicas: mudanças relevantes. *In Verbis*, Natal, v. 49, n. 1, p.285-318, jan./jun. 2021. Disponível em: http://www.inverbis.com.br/index.php/home/article/view/123 Acesso em: 22 set. 2022.

DELGADO, José Augusto. O princípio da moralidade administrativa e a constituição de 1988. Revista dos Tribunais, v. 680/1992, p. 34-46, jun. 1992. Disponível em: Base RT Online. Acesso em: 11 set 2022.

DI MARCO, Cláudio Augusto Ferreira; TERCI, Eliana Tadeu. Transparência municipal e controle social: a visão dos Observatórios Sociais sobre os portais de transparência e acesso à informação. *Interações (Campo Grande)*, [S. l.], v. 23, n. 2, p. 313–330, 2022. Disponível em: https://interacoes.ucdb.br/interacoes/article/view/2885. Acesso em: 09 out. 2022.

DI PIETRO, Maria Sylvia Zanella. *Direito Administrativo*. 35ª ed. Rio de Janeiro: Forense, 2022.

——; MARRARA, Thiago. Estrutura Geral da Nova Lei: abrangência, objetivos e princípios. *In*: DI PIETRO, Maria Sylvia Zanella. *Licitações e contratos administrativos*: inovações da Lei 14.133, de 1º de abril de 2021. Rio de Janeiro: Forense, 2022.

DINIZ, Anderson Morais. Artigo 165. *In*: SARAI, Leandro. *Tratado da nova lei de licitações e contratos administrativos*: Lei n. 14.133/21 comentada por advogados públicos. São Paulo: JusPodivm, 2022.

DWORKIN, Ronald. *Levando os Direitos a Sério*. São Paulo: Martins Fontes, 2002.

FENILI, Renato. *Governança em aquisições públicas*: teoria e prática à luz da realidade. Rio de Janeiro: Impetus, 2018.

FERNANDES, André Dias; COUTINHO, Débora de Oliveira. A nova Lei de Licitações, as encomendas tecnológicas e o diálogo competitivo. *Revista Brasileira de Políticas Públicas*, Brasília, v. 11, n. 3., p. 60-78, 2021. Disponível em: https://www.publicacoesacademicas.uniceub.br/RBPP/article/view/8059 Acesso em: 29 set. 2022.

FERREIRA FILHO, Manoel Gonçalves. *Direitos humanos fundamentais*. São Paulo. Saraiva, 2009.

FIGUEIREDO, Lucia Valle. Instrumentos da Administração Consensual. A Audiência Pública e sua finalidade. *Revista de Direito Administrativo*, [S. l.], v. 230, p. 237-250, 2002. DOI: 10.12660/rda. v230.2002.46344. Disponível em: https://bibliotecadigital.fgv.br/ojs/index.php/rda/article/view/46344. Acesso em: 08 out. 2022.

FONSECA, Igor Ferraz; REZENDE, Raimer Rodrigues; OLIVEIRA, Marília Silva de; PEREIRA, Ana Karine. Audiências públicas: fatores que influenciam seu potencial de efetividade no âmbito do Poder Executivo Federal. *Revista do Serviço Público*, [S. l.], v. 64, n. 1, p. p. 7-29, 2014. DOI: 10.21874/rsp. v64i1.113. Disponível em: https://revista.enap.gov.br/index.php/RSP/article/view/113. Acesso em: 08 out. 2022.

FORTINI, Cristiana; PEREIRA, Maria Fernanda Pires de Carvalho; CAMARÃO, Tatiana Martins da Costa. *Processo administrativo*: comentários à Lei n. 9.784/1999. Belo Horizonte: Fórum, 2011.

FRIEDRICH, Denise Bittencourt; LEAL, Rogério Gesta. Aplicabilidade do dever de transparência e de informação da iniciativa privada frente ao princípio da sustentabilidade ética nos contratos públicos. *Revista Eurolatinoamericana de Derecho Administrativo*, Santa Fe, v. 2, n. 2, jul./dic. 2015, p. 67-84. DOI: www.dx.doi.org/10.14409/ rr.v2i2.5164. Disponível em: https://www.redalyc.org/journal/6559/655968556004/655968556004.pdf Acesso em: 03 set. 2022.

GARCIA, Flávio Amaral. *Licitações e contratos administrativos*: casos e polêmicas. 5ª ed. São Paulo: Malheiros, 2018.

——; RIBEIRO, L. C. Licitações públicas sustentáveis. Revista de Direito Administrativo, [S. l.], v. 260, p. 231-, 2012. DOI: 10.12660/rda.v260.2012.8836. Disponível em: https://bibliotecadigital.fgv.br/ojs/index.php/rda/article/view/8836. Acesso em: 11 set. 2022.

GARCIA, Ricardo Letizia. *A economia da corrupção* – teoria e evidências – uma aplicação ao setor de obras rodoviárias no Rio Grande do Sul. 2003. Tese de Doutorado (Economia) – Universidade Federal do Rio Grande do Sul, UFRGS, Porto Alegre, 2003. Disponível em: https://lume.ufrgs.br/handle/10183/5271. Acesso em: 03 out. 2022.

GERCWOLF, Susana; Zanon, Patricie Barricelli. Programas de compliance e incentivos no combate à corrupção no Brasil. *In:* NOHARA, Irene Patrícia; PEREIRA, Flávio de Leão Bastos Pereira. *Governança, compliance e cidadania*. São Paulo: Thomson Reuters Brasil, 2019.

GIOVANINI, Wagner. Programas de compliance e anticorrupção: importância e elementos essenciais. *In*: DE PAULO, Marco Aurélio Borges; DE CASTRO, Rodrigo Pironti. *Compliance, gestão de riscos e combate à corrupção*. Integridade para o desenvolvimento. Belo Horizonte: Fórum, 2019.

GONÇALVES, Marcelo. O princípio da proporcionalidade na aplicação das sanções previstas na Lei Federal do Pregão. *Revista Digital de Direito Administrativo*, [S. l.], v. 8, n. 1, p. 155-170, 2021. DOI: 10.11606/issn.2319-0558.v8i1p155-170. Disponível em: https://www.revistas.usp.br/rdda/article/view/162991. Acesso em: 11 set. 2022.

GUARIDO, Fernanda Alves Andrade; FREITAS, Daniel Castanha. Vinculação da Administração Pública às "Orientações Gerais da Época": os Precedentes Administrativos do art. 24 da LINDB para além da segurança jurídica e os obstáculos à boa governança. *In*: VALIATI, Thiago Priess; HUNGARO, Luis Alberto; CASTELLA, Gabriel Morettini e. *A Lei de Introdução e o direito administrativo brasileiro*. Rio de Janeiro: Lumen Juris, 2019.

GUIDI, José Eduardo. *Engenharia legal aplicada aos labirintos das obras públicas*: soluções aos aspectos subjetivos da legislação. São Paulo: Leud, 2022.

HAN, Byung-Chul. *La sociedade de la transparencia*. Tradução de Raúl Gabas. Barcelona: Heder, 2013.

HEINEN, Juliano. Comentários à Lei de Licitações e Contratos Administrativos. São Paulo: JusPodivm, 2022.

——. *Curso de Direito Administrativo*. São Paulo: JusPodivm, 2022.

HERNANDEZ, Carlos F. Ramos. Acceso a la Informacion, Transparencia y Participacion Politica. *Revista Juridica Universidad de Puerto Rico*, v. 85, n. 4, p. 1015-1068, 2016. Disponível em: Base HeinOnline. Acesso em: 07 out 2022.

I JORNADA DE DIREITO ADMINISTRATIVO. *Enunciados aprovados*. Disponível em: https://www.cjf.jus.br/cjf/corregedoria-da-justica-federal/centro-de-estudos-judiciarios-1/publicacoes-1/cjf/corregedoria-da-justica-federal/centro-de-estudos-judiciarios-1/publicacoes-1/Jornada%20de%20Direito%20Administrativo%20-%20Enunciados%20aprovados/?_authenticator=f147b8888b42ee73c25f9f3ea62580 93fadd0b5a). Acesso em: 24 out. 2022.

JAQUES, Marcelo Dias; SPENGLER, Fabiana Marion. Novas perspectivas para a advocacia pública no Brasil: a Lei n. 13.140/2015 e a função consultivo-preventiva como instrumentos de solução de conflito. *Prisma Jur*, São Paulo, v. 15, n. 2, p. 111-147, jul/dez, 2016. Disponível em: https://periodicos.uninove.br/prisma/article/view/7098 Acesso em: 07 out. 2022.

JUSTEN FILHO, Marçal. *Comentários à Lei de Licitações e Contratações Administrativas*: Lei 14.133/2021. São Paulo: Thomson Reuters Brasil, 2021.

——. *Curso de Direito Administrativo*. São Paulo: Revista dos Tribunais, 2014.

LEAL, Rogério Gesta. Imbricações necessárias entre moralidade administrativa e probidade administrativa. *A&C – Revista de Direito Administrativo & Constitucional*, Belo Horizonte, a. 14, n. 55, p. 87-107, jan./mar. 2014. Disponível em: http://www.revistaaec.com/index.php/revistaaec/article/view/104/307. Acesso em: 07 set. 2022.

——. *Patologias corruptivas nas relações entre Estado, administração pública e sociedade*: causas, consequências e tratamentos. Santa Cruz do Sul: EDUNISC, 2013.

LÉVY, Pierre. *Cibercultura*. Tradução de Carlos Irineu da Costa. São Paulo: Editora 34, 2010.

LIBÓRIO, Daniela Campos. Princípio da publicidade: critérios para sua efetividade. *In*: MARRARA, Thiago (coord.). *Princípios de direito administrativo*. 2ª ed. rev., ampl. e atual. Belo Horizonte: Fórum, 2021.

LIMA, Danielle Pinheiro Diógenes. *Compliance*: prevenção de responsabilidades nos negócios e contratos. Rio de Janeiro: Lumen Juris, 2018.

LIMBERGER, Têmis. *Cibertransparência*: informação pública em rede – a virtualidade e suas repercussões na realidade. Porto Alegre: Livraria do Advogado, 2016.

——. Cibertransparência. Informação pública em rede e a concretização dos direitos sociais: a experiência dos municípios gaúchos. *Quaestio Iuris*, Rio de Janeiro, v. 08, n. 04, p. 2651-2669, 2015. Número Especial. Disponível em: https://www.e-publicacoes.uerj.br/index.php/quaestioiuris/article/view/20942/15321. Acesso em: 02 set. 2022.

——; BUNCHAFT, Maria Eugenia. Novas tecnologias e direitos humanos: uma reflexão à luz da concepção de esfera pública. Espaço Jurídico Journal of Law [EJJL], [S. l.], v. 17, n. 3, p. 843–868, 2016. DOI: 10.18593/ejjl.v17i3.7578. Disponível em: https://periodicos.unoesc.edu.br/espacojuridico/article/view/7578. Acesso em: 03 set. 2022.

LOPES, Fabrício. Artigo 21. *In*: SARAI, Leandro. *Tratado da nova lei de licitações e contratos administrativos*: Lei n. 14.133/21 comentada por advogados públicos. São Paulo: JusPodivm, 2022.

LOUREIRO, Carlos Henrique Benedito. Artigo 81. *In*: SARAI, Leandro. *Tratado da nova lei de licitações e contratos administrativos*: Lei n. 14.133/21 comentada por advogados públicos. São Paulo: JusPodivm, 2022.

LOUREIRO, Marcelo. Artigo 17. *In*: SARAI, Leandro. *Tratado da nova lei de licitações e contratos administrativos*: Lei n. 14.133/21 comentada por advogados públicos. São Paulo: JusPodivm, 2022.

LUÑO, Antonio-Enrique Pérez. *¿Cibercidadaní@ o ciudadaní@.com?* Barcelona: Editorial Gedisa, 2004.

MACHADO, Carlos Augusto Alcântara; RESENDE, Augusto César Leite de. Tecnologia, meio ambiente e democracia: reflexões necessárias. *Revista de Investigações Constitucionais*, Curitiba, v. 6, n. 3, p. 749-771, set./dez. 2019. Disponível em: Base HeinOnline. Acesso em: 09 out. 2022.

MADUREIRA, Cláudio Penedo. O STF e a Responsabilização de Advogados Públicos Pareceristas. Direito Público, [S. l.], v. 19, n. 102, 2022. DOI: 10.11117/rdp.v19i102.3455. Disponível em: https://www.portaldeperiodicos.idp.edu.br/direitopublico/article/view/3455. Acesso em: 25 set. 2022.

MADUREIRA, Claudio. *Licitações, contrato e controle administrativo*: descrição sistemática da Lei n. 14.133/2021 na perspectiva do Modelo Brasileiro de Processo. Belo Horizonte: Fórum, 2021.

MAFFINI, Rafael da Cás; HEINEN, Juliano. Análise acerca da aplicação da lei de introdução às normas do direito brasileiro (na redação dada pela Lei n. 13.655/2018) no que concerne à interpretação de normas de direito público: operações interpretativas e princípios gerais de direito administrativo. Revista de Direito Administrativo, v. 277, n. 3, p. 247-278, set./dez. 2018. Disponível em: https://lume.ufrgs.br/handle/10183/187741 Acesso em: 03 set. 2022.

———; RAMOS, Letícia Ayres; WARPECHOWSKI, Ana Cristina Moraes. O pioneirismo da Constituição do estado do Rio Grande do Sul de 1989 e as inovações da Lei de Introdução às Normas do Direito Brasileiro. *Revista Eletrônica do TCE-RS*. Porto Alegre: Tribunal de Contas do Estado do Rio Grande do Sul, 2019. Edição Especial. p. 87-103. Disponível em: https://www.lume.ufrgs.br/handle/10183/197500 Acesso em: 03 set. 2022.

MARINANGELO, Rafael; DONATO, Priscila Bigotte; MONNERAT, Nelson Winandy. *Licitações de obras públicas na perspectiva do TCU*. Lisboa: Lisbon International Press, 2019.

MARQUES NETO, Floriano de Azevedo. Art. 23 da LINDB: O equilíbrio entre mudança e previsibilidade na hermenêutica jurídica. Revista de Direito Administrativo, [S. l.], p. 93-112, 2018. DOI: 10.12660/rda.v0.2018.77651. Disponível em: https://bibliotecadigital.fgv.br/ojs/index.php/rda/article/view/77651. Acesso em: 07 ago. 2022.

MARRARA, Thiago. Consultas Públicas: o que mudou com a LINDB? *In*: ZOCKUN, Maurício; GABARDO, Emerson. *O direito administrativo do pós-crise*. Curitiba: Íthala, 2021. Disponível em: https://rcl.adv.br/site/wp-content/uploads/2021/11/2021.-Direito-Administrativo-P%C3%B3s-Crise.pdf#page=444 Acesso em: 06 out. 2022.

MARTINS JÚNIOR, Wallace Paiva. Princípio da publicidade. *In*: MARRARA, Thiago (coord.). *Princípios de direito administrativo*. 2ª ed. rev., ampl. e atual. Belo Horizonte: Fórum, 2021.

———. Princípios Jurídicos. *In*: DI PIETRO, Maria Sylvia Zanella; MARTINS JÚNIOR, Wallace Paiva. *Tratado de Direito Administrativo – V. 1*: Teoria Geral e princípios do Direito Administrativo. São Paulo: Thomson Reuters Brasil, 2019.

———. A discricionariedade administrativa à luz do princípio da eficiência. *Revistas dos Tribunais*, v. 789/2001, p. 62-85, jul/2001, DTR\2001\589. Disponível em Base RT Online. Acesso em: 10 out. 2022.

MARTINS, Paula Lígia. Acesso à Informação: um direito fundamental e instrumental. *Acervo*, v. 24, n. 1, p. 233-244, 17 fev. 2012. Disponível em: https://revista.an.gov.br/index.php/revistaacervo/article/view/381 Acesso em: 07 ago. 2022.

MEDEIROS, Breno Pauli; GOLDONI, Luiz Rogério Franco; BATISTA JÚNIOR, Eliezer de Souza; ROCHA, Henrique Ribeiro da. O uso do ciberespaço pela administração pública na pandemia da COVID-19: diagnósticos e vulnerabilidade. *Revista de Administração Pública*, Rio de Janeiro, p. 650-662, jul-ago 2020. Disponível em: https://www.scielo.br/j/rap/a/x3VKDBRYpkvNb8dmXN4rNyR/?lang=pt Acesso em: 11 out. 2022.

MEIRELLES, Hely Lopes. Licitação: julgamento objetivo. Revista dos Tribunais, v. 642/1989, p. 7-11, abr. 1989, DTR\1989\6. Disponível em: Base RT – Online. Acesso em: 10 set 2022.

_____. Licitações e contratos administrativos. Revista de Direito Administrativo, [S. l.], v. 105, p. 14-34, 1971. DOI: 10.12660/rda.v105.1971.35800. Disponível em: https://bibliotecadigital.fgv.br/ojs/index.php/rda/article/view/35800. Acesso em: 15 set. 2022.

MELLO, Celso Antônio Bandeira de. *Curso de Direito Administrativo*. São Paulo: Malheiros, 2021.

_____. O edital nas Licitações. *Doutrinas Essenciais de Direito Administrativo*, v. 4, p. 289-306, nov. 2012, DTR\2013\136. Disponível em: Base RT Online. Acesso em: 10 out. 2022.

MELLO, Shirlei Silmara de Freitas. Motivação, publicidade e controle: algumas reflexões. *In*: MARRARA, Thiago (coord.). *Princípios de direito administrativo*. 2ª ed. rev., ampl. e atual. Belo Horizonte: Fórum, 2021.

MESSA, Ana Flávia. Transparência, Compliance e Práticas Anticorrupção na Administração Pública. São Paulo: Almedina, 2019.

MIRANDA, Henrique Savonitti. *Licitações e contratos administrativos*. São Paulo: Thomson Reuters Brasil, 2021.

MODELO das Três Linhas do IIA 2020: uma atualização das três linhas de defesa. *In*: INSTITUTO dos Auditores Internos do Brasil. [S.l.], 20 jul. 2020. Disponível em: https://iiabrasil.org.br/noticia/novo-modelo-das-tres-linhas-do-iia-2020. Acesso em: 24 out. 2022.

MORAES, Alexandre de. *Constituição Federal Comentada*. Rio de Janeiro: Forense, 2018.

MORAES, Anderson Júnior Leal. *Audiências públicas e legitimação da jurisdição constitucional*. Belo Horizonte: Initia Via, 2012.

MOREIRA NETO, Diogo de Figueiredo. Licitações e contratos administrativos (observações par hoje e para amanhã). *Revista de Direito Constitucional e Internacional*, v. 3/1993, p. 168-181, abr-jun 1993, DTR\1993\188. Disponível em Base RT Online. Acesso em: 10 out. 2022.

MOTTA, Fabrício. Publicidade administrativa e sua conformação constitucional. *In*: MARRARA, Thiago (coord.). *Princípios de direito administrativo*. 2ª ed. rev., ampl. e atual. Belo Horizonte: Fórum, 2021.

MOURA, Emerson Affonso da Costa. Controle Social da Administração Pública, transparência administrativa e a Lei de Acesso à Informação. *In:* CUEVA, Ricardo Villas Bôas; REIS JÚNIOR, Sebastião Alves dos; LEMOS JÚNIOR, Altair de; ALLEMAND, Luiz Cláudio. *Ouvidorias de Justiça, transparência e a Lei de Acesso à Informação*: direito de todos. Belo Horizonte: Fórum, 2019.

MUKAI, Toshio. Da aplicabilidade do princípio da moralidade administrativa e do seu controle jurisdicional. Doutrinas Essenciais de Direito Administrativo, v. 1, p. 991-997, nov. 2012, DTR\1993\321. Disponível: Base RT Online. Acesso em: 11 set 2022.

NAKAMURA, André Luiz dos Santos. A infraestrutura e a corrupção no Brasil. *Revista Brasileira de Estudos Políticos*, Belo Horizonte, n. 117, p. 97-126, jul./dez. 2018. Disponível em: Base HeinOnline. Acesso em: 07 out. 2022.

NASU, Vitor Hideo; BORGES, Yana Miranda; SILVA, Breno Gabriel da. O perfil dos solicitantes dos pedidos de acesso à informação: análise com os dados da plataforma Fala.BR de 2012 a 2021. Revista da CGU, [S. l.], v. 14, n. 25, p. 33-49, 2022. DOI: 10.36428/revistadacgu.v14i25.447. Disponível em: https://revista.cgu.gov.br/Revista_da_CGU/article/view/447. Acesso em: 07 set. 2022.

NEVES, Cleuler Barbosa das; NAVES, Fernanda de Moura Ribeiro. Controle concomitante de editais de licitação de obras como política pública de prevenção à corrupção. *Fórum Administrativo – FA*, Belo Horizonte, a. 19, n. 220, p. 20-32, jun. 2019. Disponível em: https://www.academia.edu/40395795/Controle_concomitante_de_editais_de_licita%C3%A7%C3%A3o_de_obras_como_pol%C3%ADtica_p%C3%BAblica_de_preven%C3%A7%C3%A3o_%C3%A0_corrup%C3%A7%C3%A3o Acesso em: 05 out. 2022.

NIEBUHR, Joel de Menezes. *Licitação Pública e contrato administrativo*. 5ª ed. Belo Horizonte: Fórum, 2022.

_____. Regime emergencial de contratação pública para o enfrentamento à pandemia de COVID-19. Belo Horizonte: Fórum, 2020.

_____. Fase preparatória das licitações. *In*: NIEBUHR, Joel de Menezes. *Nova Lei de Licitações e Contratos Administrativos*. Curitiba: Zenite, 2020. E-book.

NOBRE JÚNIOR, Edilson Pereira. *As normas de Direito Público na Lei de Introdução ao Direito brasileiro*: paradigmas para interpretação e aplicação do Direito Administrativo. São Paulo: Contracorrente, 2019.

NOHARA, Irene Patrícia Diom. *Direito Administrativo*. Barueri: Atlas, 2022.

——. Lei Anticorrupção empresarial e compliance: programa de compliance efetivo e cultura de integridade. *In*: NOHARA, Irene Patrícia; PEREIRA, Flávio de Leão Bastos Pereira. *Governança, compliance e cidadania*. São Paulo: Thomson Reuters Brasil, 2019.

——. Modalidades. *In*: DI PIETRO, Maria Sylvia Zanella. *Tratado de Direito Administrativo*: licitação e contratos administrativos. São Paulo: Thomson Reuters Brasil, 2019.

——. Motivação do Ato Administrativo na Disciplina de Direito Público da LINDB. *In*: VALIATI, Thiago Priess; HUNGARO, Luis Alberto; CASTELLA, Gabriel Morettini e. *A Lei de Introdução e o direito administrativo brasileiro*. Rio de Janeiro: Lumen Juris, 2019.

——. Natureza Jurídica. *In*: DI PIETRO, Maria Sylvia Zanella. *Tratado de Direito Administrativo*. V. 6. São Paulo: Thomson Reuters Brasil, 2019.

OHLWEILER. Leonel Pires. A efetividade do acesso às informações administrativas e o direito à boa administração pública: questões hermenêuticas sobre a transparência na administração pública e a Lei 12-527-11. *In*: SARLET, Ingo Wolfgang; MARTOS, José Antonio Montilla; RUARO, Regina Linden. *Acesso à informação como direito fundamental e dever estatal*. Porto Alegre, Livraria do Advogado, 2016.

OLIVEIRA, Gustavo Henrique Justino de. As audiências e o processo administrativo brasileiro. *Revista de Direito Administrativo*, [S. l.], v. 209, p. 153–167, 1997. DOI: 10.12660/rda.v209.1997.47049. Disponível em: https://bibliotecadigital.fgv.br/ojs/index.php/rda/article/view/47049. Acesso em: 08 out. 2022.

OLIVEIRA, José Carlos de; RAVAGNANI, Christopher Abreu. A democracia participativa nos serviços públicos de saneamento básico: estudo de caso das audiências públicas da ARSESP. *Revista da Faculdade de Direito da UFMG*, Belo Horizonte, n. 69, p. 221-238, jul./dez. 2016. Disponível em: Base HeinOnline. Acesso em: 08 out. 2022.

OLIVEIRA, Rafael Carvalho Rezende de. O papel da advocacia pública no dever de coerência na Administração Pública. *Revista Interdisciplinar do Direito – Faculdade de Direito de Valença*, [S. l.], v. 19, n. 2, p. 153-172, 2021. DOI: 10.24859/RID.2021v19n2.1183. Disponível em: https://revistas.faa.edu.br/FDV/article/view/1183. Acesso em: 07 out. 2022.

——. *Licitações e Contratos Administrativos*: teoria e prática. São Paulo: Método, 2020.

OLIVEIRA, Rafael Santos de; RAMINELLI, Francieli Puntel. O direito ao acesso à informação na construção da democracia participativa: uma análise da página do conselho nacional de justiça no Facebook. *Sequência (Florianópolis)* [online], n. 69, p. 159-182, 2014. Disponível em: <https://doi.org/10.5007/2177-7055.2014v35n69p159>. Epub 29 jan. 2015. Acesso em: 07 ago. 2022.

OLIVEIRA, Rafael Sérgio Lima de. *O diálogo competitivo brasileiro*. Belo Horizonte: Fórum, 2021. Disponível em: https://divulgacao.editoraforum.com.br/ebook-gratuito-dialogo-competitivo-brasileiro-nova-lei-de-licitacoes Acesso em: 15 set. 2022. E-book.

OLKOWSKI, Gustavo Ferreira *et al*. Planejamento de licitação de obras públicas de edificação e saneamento. Belo Horizonte: Fórum, 2019.

OLVERA, Miguel Alejandro López. Participación ciudadana y acceso a la información pública. *In*: VILLANUEVA, Ernesto. *Derecho de la información*: culturas y sistemas jurídicos comparados. México: Universidad Nacional Autónoma de México, 2007.

OURA, Maurício Massao; KONO, Carlos Mamori; RODRIGUES, Leonel Cezar; RICCIO, Edson Luiz. O pregão eletrônico como instrumento de controle de oportunismos no processo licitatório público. *Revista de Gestão e Projetos – GeP*, São Paulo, v. 3, n. 2, p 260-281, mai./ago. 2012. Disponível em: https://periodicos.uninove.br/gep/article/view/9465 Acesso em: 09 out. 2022.

PALUDO, Augustinho V.; OLIVEIRA, Antonio G. *Governança organizacional pública e planejamento estratégico*: para órgãos e entidades públicas. Indaituba: Editora Foco, 2021.

PEDRA, Adriano Sant'Ana. Participação popular no poder local: o papel do cidadão no aprimoramento das decisões do executivo e do legislativo municipal. *Revista Brasileira de Estudos Políticos*, n. 100, p. 29-56, 2010. Disponível em: Base HeinOnline. Acesso em: 08 out. 2022.

PEDRA, Anderson Sant'Ana; TORRES, Ronny Charles Lopes de. O papel da assessoria jurídica na nova Lei de Licitações e Contratos Administrativos (Lei n. 14.133/2021). *Revista Jurídica da Procuradoria-Geral do Estado do Paraná*: Direito do Estado em Debate, p. 89-136. Curitiba: NCA – Comunicação e Editora Ltda., 2022.

RAMALHO, Hilton Martins de Brito; ALMEIDA, Aléssio Tony Cavalcanti de; FRAGA, Alcimar Alves. Detecção de casos suspeitos de conluio em licitações públicas: uma aplicação do algoritmo *a priori* de aprendizado de máquina para o Estado da Paraíba. *Teoria e Prática em Administração*, [S. l.], v. 10, n. 2, p. 5-22, 2020. DOI: 10.21714/2238-104X2020v10i2-51526. Disponível em: https://periodicos.bbn.ufpb.br/index.php/tpa/article/view/51526. Acesso em: 04 out. 2022.

RÊGO, Eduardo de Carvalho. Princípios Jurídicos Previstos no Projeto da Nova Lei de Licitações. *In*: NIEBUHR, Joel de Menezes *et. al. Nova Lei de Licitações e Contratos Administrativos*. Curitiba: Zenite, 2020. E-book.

RICAS, Eugênio Coutinho; ALVES, Luis Fernando Mendonça. Lei de Acesso à Informação e Portal da Transparência: instrumentos de controle social e prevenção à corrupção. *In*: CUEVA, Ricardo Villas Bôas; REIS JÚNIOR, Sebastião Alves dos; LEMOS JÚNIOR, Altair de; ALLEMAND, Luiz Cláudio. *Ouvidorias de Justiça, transparência e a Lei de Acesso à Informação*: direito de todos. Belo Horizonte: Fórum, 2019.

RIDAO I MARTÍN, Joan. La colaboración público-privada en la provisión de infraestructuras de servicio público. Revisión crítica y alternativas al actual marco regulador. *Revista catalana de derecho público*, n. 45, p.191-214, 2012. Disponível em: http://revistes.eapc.gencat.cat/index.php/rcdp/article/view/109 Acesso em: 01 out. 2022.

RIO GRANDE DO SUL. Tribunal de Justiça do Estado do Rio Grande do Sul. Ação Penal – Procedimento Ordinário n. 70039637988. Quarta Câmara Criminal. PREFEITO MUNICIPAL – LICITAÇÃO – FRAUDE – CONTRATAÇÃO DE EMPRESA PARA COLETA DE LIXO – SINALIZAÇÃO PROBATÓRIA – RECEBIMENTO DA DENÚNCIA. Ajuste ou combinação para fraudar licitação, entre Prefeito Municipal e empresários da coleta de lixo, havendo sinalização de que todas as empresas concorrentes [...] Relator: Gaspar Marques Batista, 14/04/2011. Disponível em: https://www.tjrs.jus.br/buscas/jurisprudencia/exibe_html.php. Acesso em: 04 out. 2022.

——. Tribunal de Justiça do Estado do Rio Grande do Sul. Apelação Criminal n. 50004328620178210127. Quarta Câmara Criminal. EMBARGOS DE DECLARAÇÃO. CONTRADIÇÃO. OMISSÃO. INEXISTÊNCIA. ACORDO DE NÃO PERSECUÇÃO PENAL. DISCUSSÃO NÃO DEVOLVIDA NO RECURSO. TIPICIDADE. DOLO. REDISCUSSÃO DO MÉRITO. PREQUESTIONAMENTO. 1. Não há contradição ou omissão no acórdão, quando a discussão vertida nos embargos de declaração não foi [...] Relator: Julio Cesar Finger, 03/02/2022. Disponível em: https://www.tjrs.jus.br/buscas/jurisprudencia/exibe_html.php. Acesso em: 04 out. 2022.

——. ——. Apelação Criminal n. 70075473306. Quarta Câmara Criminal. APELAÇÃO CRIMINAL. ART. 90 DA LEI 8.666/93. Fraude a licitação. Ajuste entre concorrentes. Preliminares afastadas. Regularidade das interceptações telefônicas. Provas da autoria e materialidade. Manutenção da condenação dos recorrentes. Prescrição em relação aos réus absolvidos. [...] Relator: Julio Cesar Finger, 26/09/2019. Disponível em: https://www.tjrs.jus.br/buscas/jurisprudencia/exibe_html.php. Acesso em: 04 out. 2022.

RITT, Caroline Fockink; OLIVEIRA, Chaiene Meira de. A necessidade da efetiva participação popular como forma de combate à corrupção eleitoral. *Revista do Ministério Público do RS*, Porto Alegre, n. 83, p. 9-26, maio 2017 – mar. 2018. Disponível em: https://revistadomprs.org.br/index.php/amprs/article/download/144/12 Acesso em: 09 out. 2022.

RODOTÀ, Stefano. *El derecho a tener derechos*. Tradução de José Manuel Revuelta López, Madrid: Editora Trotta, 2014.

RODRIGUEZ, Jose Alberto Morales. Transparencia: Derecho Fundamental y Antidoto Contra la Corrupción. *Revista de Derecho Puertorriqueno*, v. 55, n. special issue, p. 35-68, 2016. Disponível em: Base HeinOnline. Acesso em: 09 out. 2022.

ROVAI, Armando Luiz; MESSA, Ana Flavia. Das publicações legais e sua obrigatoriedade. *Revista de Direito Bancário e do Mercado de Capitais*. vol. 93. ano 24. p. 181-236. São Paulo: Ed. RT, jul.-set./2021. Disponível em: Base RT Online. Acesso em: 10 out 2022.

RUARO, Regina Linden; LIMBERGER, Têmis. Administração Pública e novas tecnologias: o embate entre o público e o privado – análise da resolução 121/2010 do CNJ. Novos Estudos Jurídicos, v. 16, n. 2, p. 121–134, 2011. Disponível em: https://periodicos.univali.br/index.php/nej/article/view/3276. Acesso em: 02 set. 2022.

RUFATO, Pedro Evandro de Vicente; SILVA, Vinícius de Oliveira e. *Combate à corrupção nos municípios brasileiros*. Leme: Mizuno, 2021.

SANTANA, Jair Eduardo; CAMARÃO, Tatiana; CHRISPIM, Anna Carla Duarte. *Termo de Referência*: o impacto da especificação do objeto e do termo de referência na eficácia das licitações e contratos. Belo Horizonte: Fórum, 2020.

SANTOS, Franklin Brasil; SOUZA, Kleberson Roberto de. *Como combater a corrupção em licitações*: detecção e prevenção de fraudes. Belo Horizonte: Fórum, 2020.

SANTOS, Marcus Gouveia dos. A advocacia pública como instituição essencial ao estado de direito democrático e social. *REI – Revista Estudos Institucionais*, [S. l.], v. 5, n. 2, p. 422-440, 2019. DOI: 10.21783/rei.v5i2.396. Disponível em: https://www.estudosinstitucionais.com/REI/article/view/396. Acesso em: 07 out. 2022.

SANTOS, Rodrigo Valgas dos. *Direito Administrativo do medo*: risco e fuga da responsabilização dos agentes púbicos. São Paulo: Thomson Reuters Brasil, 2020.

SANTOS, Wanderley Guilherme dos. Democracia. *In*: AVRITZER, Leonardo; BIGNOTTO, Newton; GUIMARÃES, Juarez; STARLIN, Heloísa Maria Murgel. *Corrupção*: ensaios e críticas. Belo Horizonte: Editora UFMG, 2012.

SARAI, Leandro. Artigo 7º *In*: SARAI, Leandro. *Tratado da nova lei de licitações e contratos administrativos*: Lei n. 14.133/21 comentada por advogados públicos. São Paulo: JusPodivm, 2022.

——. Artigo 66. *In*: SARAI, Leandro. *Tratado da nova lei de licitações e contratos administrativos*: Lei n. 14.133/21 comentada por advogados públicos. São Paulo: JusPodivm, 2022.

SARLET, Ingo Wolfgang; MOLINARO, Carlos Alberto. O direito à informação na ordem constitucional brasileira: breves apontamentos. *In*: SARLET, Ingo Wolfgang; MARTOS, José Antonio Montilla; RUARO, Regina Linden. *Acesso à informação como direito fundamental e dever estatal*. Porto Alegre, Livraria do Advogado, 2016.

SCHIER, Adriana da Costa Ricardo; MELO, Juliane Andrea de Mendes Hey. O direito à participação popular como expressão do Estado Social e Democrático de Direito. *A&C – Revista de Direito Administrativo & Constitucional*, Belo Horizonte, a. 17, n. 69, p. 127-147, jul./set. 2017. DOI: 10.21056/aec.v17i69.825. Disponível em: http://www.revistaaec.com/index.php/revistaaec/article/view/825. Acesso em: 07 ago 2022.

SILVA FILHO, João Antonio da. *Tribunais de Contas no Estado Democrático e os desafios do controle externo*. São Paulo: Contracorrente, 2019.

SILVA, Sérvio Túlio Teixeira e. Inteligência artificial na análise de patologias corruptivas: delimitação jurisprudencial nas decisões do TCU do conceito aberto de cláusula restritiva ao caráter competitivo em editais de licitação. 2020. Dissertação (Mestrado em Direito e Políticas Públicas) – Universidade Federal de Goiás, Goiânia, 2020. Disponível em: https://repositorio.bc.ufg.br/tede/handle/tede/11119?mode=simple. Acesso em: 24 out. 2022.

SILVEIRA, Pedro Afonso Domingos; SILVA, Rosane Leal da. A implementação da Lei de Acesso à Informação Pública no Brasil e a cultura do sigilo: análise dos portais do Poder Executivo Federal. *Revista da Faculdade de Direito UFPR*, Curitiba, v. 65, n. 3, p. 85-114, set./dez. 2020. DOI: http://dx.doi.org/10.5380/rfdufpr.v65i3.68473. Disponível em: https://revistas.ufpr.br/direito/article/view/68473. Acesso em: 31 dez. 2020.

SOARES, Evanna. Audiência pública no processo administrativo. *Revista de Direito Administrativo*, [S. l.], v. 229, p. 259–284, 2002. DOI: 10.12660/rda.v229.2002.46444. Disponível em: https://bibliotecadigital.fgv.br/ojs/index.php/rda/article/view/46444. Acesso em: 8 out. 2022.

SOBRE o portal E-Cidadania. *In*: E-Cidadania. [S.l.], [s.d.]. Disponível em: https://www12.senado.leg.br/ecidadania/sobre Acesso em: 09 out. 2022.

SOUZA, Rodrigo Pagani de; ALENCAR, Letícia Lins de. O dever de Contextualização na Interpretação e Aplicação do Direito Público. *In*: VALIATI, Thiago Priess; HUNGARO, Luis Alberto; CASTELLA, Gabriel Morettini e. *A Lei de Introdução e o direito administrativo brasileiro*. Rio de Janeiro: Lumen Juris, 2019.

SUNDFELD, Carlos Ari. Art. 24 da LINDB e a segurança jurídica no Direito Tributário. *Revista de Direito Tributário Contemporâneo*, v. 29, a. 6, p. 35-50, abr./jun. 2021. São Paulo: Editora RT. Disponível em: https://dspace.mj.gov.br/handle/1/6932. Acesso em: 07 ago. 2022.

——. Discricionariedade e revogação do ato administrativo. *Revista de Direito Administrativo e Infraestrutura*, v. 6/2018, p. 379-390, jul-set/2018, DTR\2018\19363. Disponível em: Base RT Online. Acesso em: 10 out. 2022.

_____. Requisitos de habilitação técnica para obras e o controle judicial do ato de inabilitação. *Pareceres*, v. 3, p. 129-140, abr. 2013, DTR\2013\7108. Disponível em: Base RT Online. Acesso em: 10 out. 2022.

_____. Invalidade do edital da licitação por incompatibilidade entre a exigência de habilitação técnica e a admissão de subcontratação total. *Pareceres*, v. 3, p. 343-354, abr. 2012, DTR\2013\7132. Disponível em: Base RT Online Acesso em: 10 out. 2022.

TABORDA, Maren Guimarães. Realismo, natureza das coisas e publicidade: discussão sobre os critérios hermenêuticos da Lei 13.655/2018. *In*: MAFFINI, Rafael; RAMOS, Rafael (orgs.) *Nova LINDB*: consequencialismo, deferência judicial, motivação e responsabilidade do gestor público. Rio de Janeiro: Lumen Juris, 2020.

_____. *O princípio da publicidade e a participação na administração pública*. 2006. Tese (Doutorado em Direito) – Programa de Pós-Graduação em Direito, Universidade Federal do Rio Grande do Sul – UFRGS, Porto Alegre, 2006. Disponível em https://seer.ufrgs.br/ppgdir/article/view/51622/0. Acesso em: 13 ago. 2021.

THE DUBAI FOUNTAIN. *In*: The Dubai Mall. Disponível em: https://thedubaimall.com/en/entertain-detail/the-dubai-fountain-1. Acesso em: 11out. 2022.

TIMM, Luciano Benetti; TONIOLO, Guiliano. A aplicação do princípio da eficiência a administração pública: levantamento bibliográfico e estudo da jurisprudência do TJRS. *Brazilian Journal of International Law*, v. 4, n. 2, p. 43-54, jul./ dez. 2007. Disponível em: Base HeinOnline. Acesso em 07 set 2022.

TOLEDO, Paco. El nuevo enfoque del control del sistema nacional de control. *In*: BARCO, Carlos Alza. *Gestión Pública*: balance y perspectivas: VI Seminário de Reforma del Estado. Lima: Fondo Editoril de La Pontificia Universidad Católica del Perú, 2012.

TREVISAN, Leonardo Simchen. Administrative Morality, a Blurry Concept. *Atuação: Revista Jurídica do Ministério Publico Catarinense*, 34, p. 30-64, 2021. Disponível em: Base HeinOnline. Acesso em: 07 set 2022.

VARELLA, Marcelo D.; OLIVEIRA, Clarice G.; MOESCH, Frederico. Salto digital nas políticas públicas: oportunidade e desafios. *Revista Brasileira de Políticas Públicas*, Brasília, v.7, n. 3, p. 560-583, 2017. Disponível em: Base HeinOnline. Acesso em: 10 out. 2022.

VASCONCELOS, Cristiane Beuren. O Princípio da Eficiência: uma análise de sua conformação na Constituição de 1988. *Revista Justiça do Direito*, v. 16, n. 1, p. 133-144, 2002. Disponível em: Base HeinOnline. Acesso em: 07 set 2022.

VAZ, Paulo Afonso Brum. Licitação. Linhas gerais e aspectos destacados. Doutrinas Essenciais de Direito Administrativo, v. 4, p. 155-188, nov. 2012, DTR\1999\472. Disponível em: Base RT – Online. Acesso em: 10 set 2022.

VERÍSSIMO, Carla. *Compliance*: incentivo à adoção de medidas anticorrupção. São Paulo: Saraiva, 2017.

VIANA, Ana Cristina Aguilar. Transformação digital na administração pública: do governo eletrônico ao governo digital. *Revista Eurolatinoamericana de Derecho Administrativo*, Santa Fe, v. 8, n. 1, p. 115-136, ene. /jun. 2021. Disponível em: Base HeinOnline. Acesso em: 09 out. 2022.

WITTMANN, Cristian Ricardo; PEDROSO, Anayara Fantinel. Programa de *compliance* como exigência em licitações: análises em prol da qualificação do processo licitatório no contexto da lei 14.133/2021. *Revista Brasileira de Políticas Públicas*, Brasília, v. 11, n. 3, p. 206-226, 2021. Disponível em: https://www.publicacoesacademicas.uniceub.br/RBPP/article/view/8048 Acesso em: 07 out. 2022.

ZAGANELLI, Juliana Costa; MIRANDA, Wallace Vieira de. Marco Civil da Internet e política pública de transparência: uma análise da e-democracia e do *compliance* público. *Brazilian Journal of Public Policy*, v. 7, n. 3, p. 634-647, 2017. Disponível em: Base HeinOnline. Acesso em: 10 out. 2022.

ZANITELLI, Leandro Martins. Pragmatismo Judicial e Igualdade. *Brazilian Journal of International Law*, v. 4, n. 1, p. 169-193January/July 2007. Disponível em: Base HeinOnline. Acesso em: 07 set 2022.

ZOCKUN, Carolina Zancaner; CABRAL, Flávio Garcia. Da eficácia das normas previstas na Nova Lei de Licitações (Lei n. 14.133/2021): análise do PNCP, do SRP e do Registro Cadastral. *Revista de Direito Econômico e Socioambiental*, Curitiba, v. 12, n. 1, p. 101, jan./abr. 2021. Disponível em: https://www.researchgate.net/publication/356304525_Da_eficacia_das_normas_previstas_na_Nova_Lei_de_Licitacoes_Lei_141332021_analise_do_PNCP_do_SRP_e_do_Registro_Cadastral Acesso em: 10 out. 2022.